第四十二卷

MOOK 悦读

主编 / 褚钰泉　一本关于书的书　阅读趣味尽在其中

42

二十一世纪出版社集团
21st Century Publishing Group

图书在版编目(CIP)数据

悦读. 第四十二卷/褚钰泉主编. --南昌:二十一世纪出版社,2015.8
ISBN 978-7-5568-1017-8

Ⅰ.①悦… Ⅱ.①褚… Ⅲ.①书评-选集 Ⅳ.①G236

中国版本图书馆CIP数据核字(2015)第153585号

悦　读(第四十二卷)

主　　编	褚钰泉
责任编辑	熊　炽　张海虹
特约编辑	林　韵
美术编辑	徐　泓
出版发行	二十一世纪出版社 (江西省南昌市子安路 75 号　330025) yuedumook@126.com
出 版 人	张秋林
经　　销	新华书店
印　　刷	南昌市红星印刷有限公司
版　　次	2015年8月第1版　2015年8月第1次印刷
开　　本	730mm×1092mm　1/16
印　　张	13
字　　数	290千字
书　　号	ISBN 978-7-5568-1017-8
定　　价	20.00元

如发现印装质量问题,请寄本社图书发行公司调换　0791-86524997

卷首语

彭小莲最近写了篇《面对历史》，文中所述颇令人感动，我们当即决定在本卷刊出。

彭小莲是彭柏山的女儿。彭柏山在上世纪三十年代参加中国共产党，受到鲁迅的关照，长期担任党在思想战线的领导工作，可是一九五五年受“胡风问题”的株连，在“文革”中含冤而死。文中作者诉说了如何面对历史的感悟，相信读者会从中受到启迪。

在发来文稿时，作者说起，最近因搬家清理旧书，没地方安放父亲留下的全部精装本《列宁全集》、《斯大林全集》和《联共布党史》、《毛泽东选集》以及马克思和恩格斯的著作，计划捐赠给市图书馆，没想到被拒绝。又联系了一所重点大学，同样遭到回绝，辗转找到一家区级图书馆，问讯也没人答复。由于不甘心以每斤一角五分的价作废纸处理，于是煞费苦心寻找这些书的需要者，一包包不辞辛劳邮寄赠送，期望书有所值发挥作用。

此事令人感慨万千。我们一直崇尚马列主义、提倡学习马列著作。为何这些著作如今连赠送都找不到对象呢？马克思主义的一些书还是值得认真读的，特别是领导和从事相关理论研究的人。如今有些人，常以“马列主义者”自居，在他们眼中，这也“右”了，那也“偏”了。明明是一些还原历史，阐明真理的文章，他们可以嗅出异样的味道。其实这些人的“马列主义”只是过去教科书和语录本中的几句条条，须知，马克思、恩格斯一贯认为，理论是发展的，不是靠背得烂熟并机械地加以重复的教条。就拿对社会主义的看法来说，马克思、恩格斯从早期到晚年的论述就有不小的变化。如果今天再以自己背得出的几句“马列”的话，来看待当今生活，来指责别人，那一定会闹笑话的。从这个意义上说，真应该把马克思主义的一些著作仔细地读一读。

目录 Contents

李新与《中华民国史》

◎陈铁健

胜朝必记亡朝事

中国古代设史官，传闻自黄帝始。设馆修史，则由唐代开其先声。已亡的前朝之史必修，执政的本朝史事必记，历代相沿，已成定制。

一九四九年，中华人民共和国宣告成立，中华民国结束其三十七年统治，寿终正寝。国民党遁居台湾，虽延用“中华民国”旗号，制造“两个中国”假象，已为世界鄙弃。新中国建立不久，董必武、吴玉章等即提议编纂《中华民国史》，同时重修清史。一九五六年，国家首次将《中华民国史》列入全国科学发展规划。一九七一年，全国出版工作会议，国务院总理周恩来指示要编纂出版《中华民国史》。身居要位、代上行事的江青也有同样批示。这是她做大量坏事时，难得做的一件好事。

李新先生在论史说今，1998年10月1日摄于家中

《中华民国史》既已列入全国出版计划，人民出版社社长王子野就将这项任务交给中国科学院近代史研究所副所长李新。李新是中国革命史专家，又极富组织能力，由他主持编纂《中华民国史》，可谓得人。李新遂与所长刘大年、副所长黎澍商定，由他起草编纂报告，以期获得正式授权。

一九七二年八月八日，近代史研究所关于编纂《中华民国史》和三部资料的报告，送交中国科学院哲学社会科学部转呈郭沫若院长、国务院科教组组长刘西尧。刘西尧九月三日批示：“搞中华国民史是江青同志的指示。这件事是要做的。”刘将报告转交国务院办公厅主任吴庆彤，获准。九月九日，刘西尧将报告送交中国科学院院长郭沫若，郭亦批示同意。至此,《中华民国史》编纂工作报批手续完备无误。

一九七二年九月,中国科学院近代史研究所成立中华民国史研究组(1978年9月改称研究室),副所长李新兼任组长,姜克夫、曲跻武为副组长。刚从河南“五七干校”回京的一批年轻学者,成为研究组的主要成员。李新提出“来者欢迎,去者欢送”,首批报名者二十七人,最多时达五十人。民国史研究室主任先后继任者孙思白、李宗一、王学庄、汪朝光、金以林。副主任为朱信泉、韩信夫、曾业英、王奇生、罗敏等。

国家“六五”出版计划,将《中华民国史》项目列入其中。中国社会科学院与近代史研究所,亦将其列为重点课题,并获国家社会科学基金资助。中华民国史,作为独立的史学分支学科宣告诞生。

中国大陆开展中华民国史研究的消息,传到台湾,引起一片惊诧。有人说:“这一事件,犹如台风过境。”“如果他们的皇皇巨著数十册数百册出现在国内外的书架上,到那时我们只有被迫接受缺席审判了。”此话虽言过其实,却也道出某些台湾学者的复杂心情。

其实,中华民国史学科的建立和发展,对于实现大陆与台湾地区的民族和解,最终完成祖国统一大业,具有良好的促进作用。诚如杨天石所说:民国历史上,中国国民党曾经是革命的、爱国的政党,有过辛亥革命、反对袁世凯复辟、护法、北伐、抗日等光荣历史,和中共有过两次合作。胡锦涛在纪念抗战胜利六十周年的报告中说:“中国国民党和中国共产党领导的抗日军队,分别担负着正面战场和敌后战场的作战任务,形成了共同抗击日本侵略者的战略态势。以国民党为主体的正面战场,组织了一系列大仗,特别是全国抗战初期的淞沪、忻口、徐州、武汉等战役,给日军以沉重打击。”杨天石当时在台北参加学术活动,亲耳听到国民党主席马英九欣喜地说:“胡锦涛主席也充分肯定我们国民党在抗战中的作用。”近年来,两岸研究民国史的学者已经取得很多共识,并启动多项民国史合作研究课题。同是中国人,有什么纠结不能解开?研究民国史,对相关历史作出实事求是的科学的研究和阐释,有助于揭示历史真相,剔除其中谬误,消除误解,共同面向未来。可谓“度尽劫波兄弟在,相逢一笑泯恩仇”,前景值得乐观。当然,这要靠时间和实践加以检验。

拒受乱命为著史

中华民国史编纂任务,落到近代史研究所后,并非一帆风顺。一九七五年一度狂风骤起,浊浪排空,险些打翻已经扬帆启锚的这艘航船。说来话长。

一九九八年十一月二十四日,李新因腹部不适到北京医院就诊,医生看后留他住院观察。我到医院看他,谈及现代史与民国史研究,他准备写两篇回忆编写《中国新民主革命通史》《中华民国史》两部书的文章。其中,中华民国史遭遇的一场危机,谈得详细具体。记得一九九七年秋天,他交给我《怀乔木》一文打印稿和原稿，让我对照有无缺漏。我看后，对他说打印稿删去国务院政治研究室要求停止民国史编纂的那一番争论。他说，不能删，应立即重新打印恢复原貌。这段文字与他在住院期间谈话，内容完全相同。他说，

李新先生(左)和作者，1989 年 8 月。李新先生在北京大学会见美国学者李又宁时，由李又宁拍摄

一九七二年，我从河南的“五七干校”回到北京，接受了主编《中华民国史》的任务。一九七五年邓小平复出后，(胡)乔木担任了国务院政治研究室主任。在刘大年的怂恿下，政研室要学部停止《中华民国史》的编写工作。刘大年以近代史研究所所长的身份，向黎澍和我(当时我们两人都是副所长)传达学部的这一荒唐决定。我质问刘大年，为什么要取消编写《中华民国史》？他说，我们编写民国史，就等于承认两个中国。我说，中华民国存在于一九一二至一九四九年的中国大陆上是客观历史事实；至于台湾，现在并不代表中国。这些事实，全世界都是承认的。我们现在干吗要加以否认？如果我们否认，那才是害怕台湾搞两个中国，等于承认它搞两个中国还有一定的道理。我指着墙上中国历代年表图对他说，你看，这个年表上不是明明白白地写着……宋、元、明、清、中华民国(1912 年—1949 年)、中华人民共和国(1949 年—)吗？这个多年以前就出版了的历史年表并没有承认两个中国的错误，难道我们现在编写民国史就有承认两个中国的错误？这是什么逻辑？未免太荒唐了吧！刘大年没有理，说不过，只好推说这是国务院的决定。我说，我们编写《中华民国史》就是国务院的决定，而且是周恩来总理亲自决定的，难道你不知道？你们明明知道，为什么要做出荒唐的决定，让周总理自己打自己的嘴巴？我们在黎澍家里，从下午一直辩论到晚上，刘大年总是输理，但他最后还是那句话：你有理，你找乔木谈去。黎澍很少说话，他从谈话中看出当时的形势，认为我是拗不过去的，就诚恳地对我说，胳膊拧不过大腿，李新，别自讨无趣了！……晚上在黎澍那里分手的时候，真正是不欢而散，三个人都很不高兴。

接着，学部临时党组书记林修德(应为学部临时领导小组，由林修德、刘仰峤、宋一平三人组成，林为召集人——笔者注)找我谈话。他说，根据国务院政研室的决定，要停止编写民国史。我说，为了编写民国史，近代史研究所成立中华民国史研究组，编制五十人，不是你通知我，由我去照办的吗？怎么现在又要停止编写了，这是什么道理？他说，我也不知道什么道理？但是，这是政研室的决定，要我们坚决执行。我说，要我们编写民国史，是中央的决

定，周总理主持的出版计划上有明文规定，国务院、中国科学院和学部都有书面指示，吴庆彤秘书长和郭沫若院长兼学部主任也有书面的批示，现在既然要停编民国史，就应该有明确的书面指示，并要说明以前的指示作废。林修德这时感到为难。我说，党组不要为难，就说李新要等到有书面的指示后才肯停止民国史的编写。当天晚上，党组成员宋一平找我去谈话。他说，你和乔木在延安那么熟，你有意见，何不找他当面谈一谈？他极力要我去找乔木，并为我要了车子。我和宋也是老熟人，碍于情面，只好答应他马上就去。但我在下楼的时候心想：乔木是老上级，如果见面时他摆出老上级的架子，要我一定得服从当前的指示，那我怎么办呢？不好说话。于是我走到车子前对司机说，今天不去了，回头再说。

回到家里，我觉得不去见乔木是对的。我相信他们发不出书面指示，而我们继续编写民国史就谁也无法阻止了。不久，邓小平又下台了，政研室也随之解体。

毛泽东“批邓”，胡被迫揭发邓，邓虽体谅其“软弱”，却引起全党正直党员的不满。几人帮倒台后，一九七七年哲学社会科学部改称中国社会科学院，胡乔木出任首任院长。为鼓动社科院学者解放思想，重归学术，胡乔木思想颇为开放，一时大讲“史学家做党和政府的助手，不是意味着做应声虫。如果做应声虫，那就不需要科学”。又说：“我不倾向于提倡科学要为政治服务的口号。如果借口有政治需要，就要求历史科学违背历史的真实，篡改客观事实，那样将不仅破坏历史科学，也将破坏社会主义政治。历史学家当然要拒绝这种破坏历史科学的做法。”据李新回忆，在一次全院大会上，胡乔木在报告中说：“看来研究历史，应从多方面、多角度来研究，李新他们研究民国史，不是也搞出成绩来了吗？”民国史研究室的人听了很高兴，说胡乔木同志作了自我批评。李新心想，领导人的自我批评，原来是这样的。一九八一年九月，《中华民国史》第一编（全一卷，上、下册）问世。一九八三年春节前，社科院在人民大会堂举行团拜。我随李新见到当年是国务院政研室副主任、如今已是中宣部长的邓力群迎面走来。邓对李新说：“民国史我看过了，写得不错。有些人还说你们要搞两个中国呢。”究竟是谁说搞两个中国？邓部长没有明说。走出大会堂，李新与同行者相视一笑，仿佛在说：嗨！左右逢源的宣传家啊！时过不久，全国开展的“清理精神污染”，弄得鸡飞狗跳，怨声载道，幸被贤者制止。一九八六年，邓小平说：邓力群要把我们往“左”的方面拉。孰是孰非，历史自有定评。

前不久，惊闻邓力群以百岁高龄辞世，惜其壮志未酬，而后继乏人。犹忆一九九〇年秋应召到他东城新鲜胡同寓中拜见，他热情邀我到他主持的当代中国研究机构任事，我婉谢盛情，辞而未就。道不同，不相与谋。今日思之，依然。

设计师的大手笔

中华民国史研究室原副主任曾业英，在近代史研究所建所六十周年接受访谈时，说过一段精准的话：李新是规划和完成中华民国史编纂任务的“总设计师、总指挥”，“是大陆民国研究的唯一奠基人，功不可没，他对民国史的设计，堪称大手笔。”这话，绝非过誉。

李新提出，民国史编纂的总目标是写一部书——《中华民国史》，编三种资料——《中华民国大事记》《中华民国人物志》（包括人物传、人物表、人名辞典）、《中华民国的政治、经济和文化》（专题资料）。

关于《中华民国史》

李新指出，要把帝国主义、封建主义、官僚资本主义和民族资本主义四种势力由盛而衰、分合消长及它们之间的联系，写清楚，就构成民国史的主要内容。中华民国兴亡的历史过程，也贯穿共产党的出现、成长壮大及其领导革命的过程。民国史不同于中共党史和革命史，主要侧重民国时期统治阶级及其政权的历史。即孙中山创立中华民国，北洋军阀的统治，国民党的统治，直至灭亡的历史。无庸讳言，这是一部断代政治史，而非反映民国历史全貌的断代通史，这既是特点，也是不足。

时值“文革”动乱，中共党史已被高层一再鼓吹的“党内十次路线斗争”论弄得千疮百孔，不成样子。如果把中共党史纳入民国史，会增加很多麻烦。把中共党史除外，这正是李新的高明之处。他相信，编写一部具有较高学术水平的中华民国的信史，是完全可能的。只要让史料说话，就可以避免泛政治化的缺陷，保证历史的客观公正。

一九八一年九月，积九年之功（资料准备六年，写作三年），《中华民国史》第一编全一卷上下两册（李新主编，李宗一、王学庄、耿云志、杨天石执笔）由中华书局出版。国内史学界誉之为“一部史实翔实，立论公允，格调清新的优秀著作”，对中国近代史研究领域有所开拓。国外史学界认为民国史的编纂，证明中国史学界“准备用实事求是的历史观来研究从南京临时政府到国民党政府时代的历史”，预计这种研究将会获得迅速发展。

中华书局陆续出版的《中华民国史》分为三编十二卷十五册。第一编“中华民国的创立”，包括“中华民国创立时期”（1905年—1911年）和南京临时政府时期（1912年1月—1912年3月）；第二编“北洋政府统治时期”（1912年—1928年）；第三编“国民党政府统治时期”（1927年—1949年）。编著者：李宗一、王学庄、耿云志、杨天石、曾业英、朱宗震、周天度、徐辉琪、彭明、牛大勇、习五一、徐焰、周兴旺、张学继、任建树、郑则民、齐福霖、李义彬、汪朝光、陶文钊、黄道炫，以及所外其他人士。

关于《中华民国大事记》

李新草拟《编写〈中华民国大事记〉的要求》，明确规定，这部大事记是便于供人查考的工具书，应该“大事突出，要事不漏”。“观点正确，内容充实，材料准确，文字简明”。具体内容分为六大类，一百一十七项细目，一百六十七条典型条目，要求编写者参照执行。在编写过程中，全组人员以主动创新精神，在放宽字数、查找第一手资料、开展专题研究、坚守定制及严格审稿等方面，都有良好的发挥。以坚守定制为例。大事记规定以反映民国时期政府的活动为主要内容，但在实际编写中曾出现偏离体例问题。一九三八年，举世闻名的国军台儿庄大捷，仅列七条，而同时八路军、新四军游击战则列十七条。于是，主事者与参写人员对台儿庄会战开展专题研究，使条目增至三十一条，做到“大事突出”。以此为例，举一反三，纠正缺失，使全书体例得到统一。

一九九七年二月，由李新总编，韩信夫、姜克夫主编，王述曾校阅的《中华民国大事记》五册，由中国文史出版社出版，为后来的修订打下良好基础。编写者：韩信夫、姜克夫、章伯锋、钟碧容、罗文起、蔡静仪、张允侯、胡柏立、刘明逵、郭永才、张友坤、钟卓安、王明湘、范明礼、齐福霖，以及所外人士。

关于《中华民国人物传》

李新为编写民国人物传，制定了指导思想和基本原则：充分占有材料，认真进行研究；用白话叙述文，简练明白；用事实说话，不作过多评论；力求真实，不清楚或有疑者，不写或存疑；既有全貌，又有重点，详略得当；先内部刊印征求意见，改定后再正式出版。

原拟编成人物传、人物表、人名辞典三种。因种种原因，后二种未完成。选择一九〇五年同盟会创立至一九四九年南京国民政府结束时期的人物。包括革命活动家、烈士；改良派人士；党派与政团代表；历届国会或相当于国会的议长、议员和代表；北洋政府首脑、总长、次长、都督、将军、督军、督理、督办、都统和省长；护国、护法等政府的首脑、部长、军长、师长；民间自发反抗人士；国民政府时期参与重要事件的集团军司令、军团长、军长、师长；国民政府首脑、院长、部长和省市重要省长、市长；两广、福建事变的重要人物；伪满洲国等六个傀儡政权中的大汉奸；列强侵华的“外国顾问”；金融、工商、文化、教育、科技、医药各界知名人士；少数民族、宗教界、华侨知名人士；帮会、土匪、黄色工会的重要分子等等，共计一千一百十六人。

有人质疑，编写《中华民国人物传》是否为反面人物树碑立传？李新在民国史研究组全体会议上明确表示，应当理直气壮地为反面人物立传，不管是清末皇帝、南北军阀、袁世凯、吴佩孚、段祺瑞、张作霖、蒋介石、汪精卫，都要为其立传，关键是观点正确，事实确凿，是非功罪绝不掩饰。

一九七八年至二〇〇五年九月，《民国人物传》十二卷陆续出齐，收入传记八百六十一篇，约三百八十万字。二〇一一年更名《中华民国史人物传》（8 卷本），收入传记九百余篇，约计六百万字。编著者：孙思白、朱信泉、宗志文、严如平、熊尚厚、娄献阁、赵利栋等，所内外参加写作者甚多。

关于《中华民国政治、经济和文化》专题资料

此事，敦请曲跻武（后为王晶尧）负责策划。李新未提出具体方案，要求大家搜集民国时期政治、军事、经济、文化方面的原始资料，汇成专题，写出简介。希望参加者在实践中，自行摸索。经过四年努力，专题资料第一辑于一九七六年十一月，在不定期出版的内部刊物《中华民国史资料丛稿·专题资料》上发表。由中华书局刊印，在全国发行。其目的在于组织协作，征求意见，反映工作进展情况。《丛稿》共出版四十四辑，最多发行达一万多份。其中，民国名人辞典十二辑，民国初年至抗日战争等军事史料二十六辑，其他六辑。一九七九年二月，专题资料组拟定《中华民国史资料》选题五百六十五项，其中政治一百六十一项，军事八十五项，经济两百项，文化八十九项，综合三十项。内容庞大复杂，且此时人员多已转向撰写民国史稿，绝大多数选题未能付诸实现。恰如李新预判，编写民国史，非全国大协作不可，不能仅靠我们自己几条枪，关起门来做。他一直期盼各地学者一起来研究民国史，并且已经与上海、成都等地的学者进行合作。一九九三年，南京大学在张宪文主持下，成立南大民国史研究中心。收到邀请函后，李新让我到南京，代表他参加成立大会并宣读他草拟的贺信。随后，东北、华南、西南、西北，纷纷开展民国史研究。民国史走出“险学”境地，渐成“显学”之势。

二〇一一年，辛亥革命百年之际，李新总主编的《中华民国史》十二卷，《中华民国史大事记》十二卷，《中华民国史人物传》八卷，总共三十六卷、两千两百万字的巨著，中华书局一次性推出。近代史研究所《中华民国史》编纂工程宣告完成。三十七年的中华民国，四十年的编纂历程，正如韩信夫所说：“近代史研究所老中青三代人的心愿得以实现，这是集体智慧的结晶，是大协作的产物，是民国史研究领域的一座丰碑！”

革命者与学问家

二〇〇四年二月五日，李新逝世于北京医院，享年八十六岁。住院时间长达六年之久，虽瘫痪在床，却心系学术研究，念念不忘民国史编纂工作。

李新入院前，一九九八年一月至十一月下旬，他到近代史所次数较多，我到万寿路寓所看他也较以往多些。十月二日，现代史研究室（今称革命史研究室）和《中国新民主革命通史》写书组同仁，连同研究生共二十人，齐集先生家中恭祝他的八十寿辰。当李玉贞把祝寿蛋糕送到他手上时，先生满面春风，与大家拍照。午饭时，先生喝了彭明带来的茅台酒，谈兴更浓，畅叙民国史、革命史研究成绩和今后规划，鼓励大家深入研究，写出新作。十月六日，李新到近代史所，送来他写给武汉抗战暨中山舰遇难六十周年国际学术研讨会的贺信贺联，交我带到武汉代他宣读。

1997年9月3日，近代史所现代史研究室及书写组成员在万寿路李新先生家聚会，祝贺李新先生八秩之寿

同时，把他刚出版的回忆录续集送给民国史室和现代史室的同仁。

李新从一九九〇年代初，开始写他参加革命的经历，以备组织考察确认工龄起始年限，办理离休手续。开篇之作《巴山风雨》，记述他在一九三五年冬担任重庆学联主席，领导川东“一二·九”学生救亡运动时的经历，经组织调查证明完全属实，毫无虚假。以此为起点，先生先后写成两本回忆录，从一九三五年写到一九六五年“文革”前夕，共二十多篇，近四十万字。

李新原来没有写回忆录的念头，甚至觉得自己没有资格写回忆录。一九五〇年代，李新随吴玉章住在成都金牛坝，协助吴老写留法勤工俭学时期的回忆录。恰好陈毅外长从国外回来住此，李新拜访陈毅，谈留法事甚详。李新说代陈毅把这段历史写出。陈毅说，留法时，吴老已是名流，我还是娃娃呢，我没有资格写回忆录。李新想，“陈毅尚且说他没有资格写回忆录，那么，我还有什么资格呢？”可是，“我亲身经历过的一些历史事实，却被一些大名鼎鼎的‘史学家’为了政治目的而把它歪曲了，我的良心使我感到有责任把他纠正过来，因而我必须写回忆录。……至于够不够资格，我就不管它了。”

李新是一位心忧天下，关爱苍生，不爱钱，不求官，爱读书，讲真话，既不整人又善于保护自己的真正革命者。一九三六年冬，刚满十八岁的李新加入中国共产党。一九三八年初，与同学四五人徒步奔赴延安。陕北公学毕业后，到八路军西安办事处任招生委员。一九三九年返延安，任《中国青年》助编(主编胡乔木)。同年秋任西北青年救国会第二剧团指导员兼团长，率团赴华北抗日前线。其后，历任中共北方局青训班主任，中共北方局、晋冀鲁豫中央局组织部组织科长、青委书记，中共河南杞县县委书记。一九四六年，任北平军事调处执行部整军小组成员、第十八集团军北平办事处滕代远公馆中校秘书兼党支部书记。撤离北平后，任中共河北永年县委书记兼围城司令部政治委员。一九四八年任华北局青委负责人，同年任

1996年3月18日，李新先生在北京大学作中国现代史讲座

华北大学一部副主任，兼正定分校主任。一九五〇年初，参予中国人民大学筹办工作，历任校教务部副部长、校党委副书记、中国革命史教研室主任、历史研究所所长，兼任校团委书记。一九五六年起，开始治学。一九六一至一九六二年，协助吴玉章撰写《辛亥革命》回忆录和《历史文集》。旋辞一切行政职务，调至近代史研究所协助范文澜编著《中国通史简编》，任研究员、通史组组长、副所长。一九八〇至一九八六年，任中共中央党史研究室副主任、研究员，一九九七年离休。兼任北京大学、清华大学、南京大学、中山大学等校教授，国务院学位委员会批准的第一批博士生导师。

建国初期，李新有机会出任中共中央西南局青委书记与西南军政委员会秘书长，未就。弃政从文，进而治学，是他的最佳选择，完成了一位政治革命者向文化学者的转型。如果当年步入仕途，以他的才能、魅力和人际关系，他会获得在党政部门进一步擢升的机会，绝不会在四十多年后离休时止于副部级。当然，即使官阶再高，他依然会两袖清风，家徒四壁。八十岁生日前后，电视机屏幕模糊，电冰箱已难制冷。家中两个书架、一套沙发、办公桌椅，全是由公家借来的旧品。十月中旬，水电费和电话费约八百元，竟无钱交付，只好向近代史所刘敬坤借一千元。随后拿到稿费一千八百元，交城内家用一千元，剩下八百元聊供维持西郊日常生活。万寿路的部长、副部长楼群中，像李新这样清贫之家，几近于无。不少登临先生之门的朋友，都会由衷地说：如果天下高官都像李新一样清廉，那中国就真正是像高调社会主义者所标榜的幸福世界了，不必再问“你幸福了吗？”

唯其是真正而非虚假的革命者，李新才有着令人景仰的真诚理想和献身热忱，才有着春风化雨般的感人话语和燃情魅力。作家王蒙在他的自传《半生多事》中，专辟《我要革命》一章，写下他十一岁（1946年）在家中聆听李新一席话，便决心走向革命的故事。这段文字十分精彩，无法减掉一字一句，只好全文照录，与读者分享：

日本投降后父亲（王锦第，教育家——笔者注）从青岛回来了，暂时消消停停。一天晚上他往家里带来一位尊贵的客人，是文质彬彬的李新同志。当时，由国、共、美国三方组成的“军事调处执行部”正在搞国共的停战，驻北平的调处小组的共方首席代表是叶剑英将军。李新同志似是在叶将军身边工作。李新同志一到我们家就掌握了一切的主导权。他先是针对我刚刚发生的与姐姐的口角给我讲批评与自我批评的道理，讲得我哑口无言，五体投地，体会到一个全新的思考与做人的路子，也是一个天衣无缝，严密妥帖，战无不胜的论证方式。对于我来说，这是一个做圣人的路子，遇事先自我批评，太伟大了。自我批评一开始也让我有些丢面子，感到勉强，但是你逃脱不开李新同志的分析，只能跟着他走，服气之后——你无法不服气的——想通了之后，其舒畅与光明无与伦比。

紧接着李新叔叔知道我正在奉学校之命准备参加全市的中学生讲演比赛。比赛是第十一战区政治部举办的，要求讲时事政治的内容。父亲先表示对此不感兴趣。李新叔叔却说一定要讲，就讲三民主义与(罗斯福提出的)四大自由，主旨是现在根本没有做到三民主义，也没有四大自由。我至今记得我的讲演中的一句话："看看那些在垃圾堆上捡煤核的小朋友们，'国父'的民生主义做到了吗？"毋需客气，这次比赛的初中组，我讲得最好，连主持者在总结发言时都提到王蒙的讲话声如铜钟，但我只得到了第三名，原因当然是主办者的政治倾向。他们闻出了我的讲话的味道。我也学到了在白区进行合法斗争的第一课。

李新同志后来主要从事党史研究与著述，是著名的党史专家。作为我此生遇到的第一个共产党人，他的雄辩，他的真理在手的自信，他的全然不同的思想方法与表达方法，他的一切思路的创造性、坚定性、完整性、系统性与攻无不克战无不胜的威力，使我感到的是真正的醍醐灌顶，拨云见日，大放光明。

与李新成为对比的是国民党的官员。有一次我接到学校命令，必须收听市社会局长温某某(温崇信——笔者注)的讲话。我完全不记得温局长讲了什么内容，为什么中学生必须听他的讲话，但是我记得他的怪声怪气，官声官气，拿腔做调，公鸭嗓，瞎跩文却是文理不通。我相信一个政权的完蛋是从语言文字上就能看得出来的，是首先从语文的衰落与破产开始了走下坡路的过程的。同样一个政治势力的兴起也是从语文上就显示出了自己的力量的。他与李新的对比如天上地下了。我当时立即坚信：李新同志、共产党人的逻辑、正义、为民立言、全新理想、充满希望、信心百信、侃侃而谈、润物启智、真理在手、颠扑不破……是任何力量也阻挡不住的。

此后，父亲随李新同志去了解放区，到父亲的老师范文澜任校长的北方大学去了。而我，也立即跟随何平(地下党员——笔者注)走上了一心要革命的道路。

李新以其卓越的组织才能和不凡的学术水平，先后于一九五六年主持编撰《中国新民主主义革命时期通史》四卷本，一九七二年主持编撰《中华民国史》、大事记、人物传三十六卷本，一九七八年主持编撰《中国新民主革命通史》十二卷本。三部史书，都取得圆满成功，中华民国史编撰工作启动初期，被李新从中学调进民国史研究组的杨天石，始终不忘李新的知遇之恩，说“让我承担这样重要的写作任务，不怕砸锅吗？”“他有眼光，有魅力”，“今天民国史这一学科能发展起来，不能不感念李新的开拓之功。”耿云志盛赞李新主持民国史研究是“最适当的人选”：“一是他有很强的组织能力，能够保持团队的团结合作；二是在学术问题上，他尊重课题组成员的研究，不将自己的意见强加给课题组成员，只要摆事实讲道理，他都能尊重你的意见。此外，他尊重他人的劳动成果，民国史第一卷出版时，他自己只署主编之名，参予课题的著者均清楚署名。这一点其实很重要。”

我不止一次听李新说他欣赏“李广带兵，多多益善”；“尊重别人亦受别人尊重”。中华民国史研究四十年，成果丰硕，人才辈出，李新及其团队肇始之功大矣。

在其位不谋其政

李新于一九八〇年到中共中央党史研究室任职，一九九七年离休，长达十七年。人们常常问起，李新为什么不参予党史编撰工作？他说，我是拿党研室的薪资，干近代史所的事，这事原来就是跟胡乔木、廖盖隆说好了的。一九九八年，我到万寿路寓所看他时，他又谈到这件事，从筹建党研室说起，谈得很详细。

先是，一九七九年五月，李新访美回来，胡乔木约李新到他家里，对李新说：“党成立快六十年了，但至今还没有一部党史。毛主席曾经要董老（必武）主持编写，一直没有动手。现在条件成熟，我想建议中央成立一个党史机构，编写党史。今天找你来，想请你帮我起草一个向中央的请示报告，你看如何？”李新应允。两天后李新拿着报告稿去见胡乔木，两人就机构设置，人员条件、选调与配置，图书资料，编审委员会名单等交换意见。胡乔木基本同意李新的下述意见：把有文化素养的老干部、老党员和业务水平拔尖的教授、副教授结合起来，形成一股坚强有素养的党史研究力量。对研究人员的待遇必须要优厚些，特别是对来自高校的人员，因为他们原来的待遇太低了。他们的收入同民国前期教授相比，实在可怜。政治待遇，更要提高，必须让他们能看到各方面的文件，特别是能看到档案馆收藏的保密历史资料，只有如此他们才能写出有价值的著作。行政人员力求精简，以免形成一个官僚机构。关于研究室的领导人选，胡乔木表示当仁不让，他愿当主任。副主任冯文彬，华楠（解放军总政治部副主任）、李新，而由李新主持日常工作。李新诚恳地说：我连大学都没上过，在大学里工作，不过是外行领导内行。你要我主编革命史，我也是以组织者和学习者的态度承担下来的，何况我还在主编中华民国史。以我的能力，主编两部书已是超负荷了，哪里还有能力来管党史研究室的工作呢？两人和善地讨论好久，胡乔木终于同意另找他人做常务副主任。李新推荐廖盖隆，胡乔木同意了。最后公布领导人时，李新仍为副主任，挂名而已。

李新之所以不参予撰写党史，还有一

个重要的原因。“文革”动乱之际，中共党史已经变成为一个人树碑立传、无限神化的虚假记录。而大量机密档案，却有法而不遵，不向或极少向研究者开放。历史上的许多重大奥秘，因而深埋不彰。要写一部真实客观公正的党史，谈何容易？张宪文曾经听李新说，党史好比一座堡垒，攻不动。我也听李新不止一次表示，他不参予写党史，很重要原因是无法看到应该看到的内部档案。他说，如果不能看到应该看到的全部秘密档案文件，我绝不会去写党史，绝不会虚耗精力去制造假历史，让时人与后人诟骂。他之所以写西安事变论文，是一九六〇年代档案管理者遵制开放档案时，他看到了西安事变过程中中共高层与张学良、杨虎城、王以哲、刘鼎之间的电报，以及中共中央处理事变的秘密文件。一九八〇年代，我们编撰《中国新民主革命通史》初期，每卷可以派两人阅抄档案，一九八九年政治风波后被叫停。档案高度垄断的不良后果，一是掩盖历史真相，二是为某些人曲解历史开方便之门，使历史虚无者肆无忌惮，横行无阻。一九九八年七月七日，李新往木樨地部长楼拜望徐滨（黎澍夫人），在座一群徐滨的老同事请李新讲党史，并进行交流。李新事后说，“我们许多老党员对党史仍是糊涂的，欺骗宣传的作用，可不能低估啊！”

理论植根于历史与现实，历史不真实，现实被歪曲，理论就难以正确，就不会说服人。这是李新晚年反复思考的问题。一九九八年，他经常走访老朋友徐禾、李锐、徐滨、胡沙，阅读大量图书资料，多半是想解读理论上的纠结。有几次，他问大家：“毛泽东思想”与“毛泽东的思想”这两个概念，放在一个人身上，究竟怎么看呢？他在北京大学指导一个研究生小组，他们提出这个问题，他觉得不好回答，便对他们说：“你们是研究生了，有问题应当多思考、多读书，独立解决。”一次，中央党史研究室开会，胡乔木、胡绳、廖盖隆都在座。李新谈到北大同学研究生的质疑，胡绳、廖盖隆都发表见解，胡乔木则笑而不答，仍然没有说清楚其中的道理。李新认为，任何人不凭实际，只求政治需要，就想编造一套“理论”而不露破绽，那是根本不可能的。说“毛泽东思想”是集体智慧的结晶，不专属毛一人。它战无不胜，绝对正确，必须坚持，不可动摇，不能质疑，不可一分为二。“毛泽东的思想”属毛个人所有，中国帝王专制主义、游民文化意识、马列斗争哲学融于一炉。毛的一系列错误与罪过，皆由“毛泽东的思想”、心术和手段酿成。学者如果用这个“理论”去考察毛的个人品质、性格和作风，追寻其错误的根源，当属顺理成章，无可指责。那么，这个“理论”岂非作茧自缚，授人以柄，怎么能怪人家是虚无了“伟光正”呢？

雨歇凭栏当反思

一九九八年，李新最关注的还是《中华民国史》。五月十三日，面告金以林催曾业英编写的第七卷书稿。六月二十九日，汪朝光把周天度编写的第八卷书稿送给李新。李新乐观地说,“民国史不但完成有望,而且在学术界会有一定地位。”又说,“奋斗二十八年,终能完成此巨项,心底可安了。以后除写回忆录外,可以休息矣!”读周天度卷稿,称许之余,删去七君子获释一节中毛泽东无关之语,指出:“务使民国史出版后,能在学术界更站得住脚,不要生拉硬扯地贴标签。”

李新不满意那些著名史学家的“代论带史”甚至“以论代史”,更不喜欢隐去细节,以理塑史。认为那是空洞无物,史不像史,论不像论,不伦不类,误导读者的著作。有人鼓吹写历史要为现实服务,其实就是要根据政治需要去剪裁改写历史,把历史真相弄得面目全非。他说,范文澜主张写历史就要写成真史、信史,史而不真、不信,怎么能以史为鉴呢?又说,如果高喊唯物史观,又不敢写真信的历史,那不是“挂羊头卖狗肉”吗?

一九五九年“反右倾机会主义”,彭德怀倒霉时,平江起义不能写。怎么办?李新提议对红五军采取补叙办法,从平江起义一直写下来,就像古代史加一个“初”字,表明是倒叙。如此,读者一看也就明白了。大家赞同李新此议,谓之“用心良苦”。李新在《八角亭编书记》中写道:“是的,我的心是苦的,也是良的,不管怎样想方设法以求出书,总不能连良心也丧失啊!唉,怎么在历经千难万险才缔造起来的新中国,写书竟是这样的困难呢?我们在革命中梦寐以求的自由、民主和幸福,怎么到今天成了这种情形呢?我感到痛心,但不能向任何人倾诉,只能深深地埋在心底。”回顾“文革”时被批为“八角亭学派”、“三反学派”,李新更是感慨不已。他说:“‘三反’扯不上,‘学派’也不敢当。但我们确有一种共同的学风。这种学风主张‘论从史出’,要写真史,写信史,少发空论,反对‘以论带史’,要把历史事实按照历史本来面目翔实地写出来,做到‘史论结合’。”这种良好的学风,未因“反右倾”、“大跃进”和“文革”而失坠,相反,在《中华民国史》和《中国新民主革命通史》的编撰中得以延续。李新虽已长逝,后继者仍然会坚守和高扬这种良好学风,并把它传承下去。

李新晚年写有不少怀人之作。在回忆李成之(李直)的《雨歇凭栏》一文中,他痛切地说:“我们一道去延安的周极明、罗义淮、陈寄宇、李直、王方名、胡其谦都已去世,仅剩我孑然一身。”这些战友,非牺牲于抗日战场,即惨死于建国后的历次整人运动,或长期蒙冤,平反时已步入残年。“昔日之所争,今日之所反”,这是李新挚友黎澍对那段痛史的精确概括。李新说过同样意思的话:当年甘冒枪林弹雨,不惧杀头之险,为的是争取自由民主,而迎来的却是“文革”那样的极权专制,人性泯灭,兽性大发。芸芸众生,时而被愚弄成集体无意识的群氓,时而被驱迫充当暴力专政的工具,美其名曰“当家作主”或赐称之“革命造反派”。

一九九八年,八十周岁来临之际,李新写下自寿诗《八十感怀》。这是他一生,也是他为之奋斗的家国情怀的尽情倾诉。

抗战子遗八十翁，同侪洒血尽英雄。
弹雨枪林心益壮，按头喷气恨无穷。
曾经沧海方为水，踏遍荒山罕见松。
销除兽性扬人性，世道坎坷趋大同。

我们依然在通往大同世界的曲折进程中，紧随李新的脚步前行。

2015年2月1日初稿。2月5日，李新先生逝世十一周年忌辰改定，北京亦庄。

附言：本文参考韩信夫《由“险学”到“显学”——近代史研究所中华民国史研究》、杨天石《我是怎样走上民国史研究道路的》，以及韩信夫、杨天石、耿云志、曾业英访谈录。恕未一一注明，谨致谢意。

补白

汪曾祺受审查

“文革”开始后，汪曾祺成为北京京剧团第一批被揪出来的“牛鬼蛇神”。但几个月后，又被紧急“解放”——原来中央首长马上就要接见他。当晚，汪曾祺就与阎肃陪江青看戏，并分坐江青左右。江青对汪曾祺的才能很欣赏。汪曾祺曾对作家林斤澜说，在江青面前，他是唯一可以跷着二郎腿、抽烟的人。稀罕的是，江青就是没有训过他。全国风声鹤唳的情况下汪曾祺受到如此优待，许多人都认为他投靠了江青。

江青“解放”了汪曾祺，汪曾祺自然心存感激。在砸烂“四人帮”后汪曾祺所写的《我和江青、于会泳的关系》的检查中。他写道：“她‘解放’了我，我当时是很感恩的，我的这种感恩思想延续了很长时间。我对江青……突出地感觉她思想破碎，缺乏逻辑，有时简直语无伦次，再就是非常喜欢吹嘘自己。这个人喜怒无常，随时可以翻脸，这一点我深有感受的。因此相当长一个时期，我对她既是感恩戴德，又是诚惶诚恐。”然而，经审查，组织上并没发现汪曾祺有什么“投靠”的行为，审查中发现的几件事是：先后为《沙家浜》写过几篇文章，按照领导意思突出了江青搞样板戏的功劳，文字带有一些吹捧性质；他还把江青历次对《沙家浜》的各种指示制成卡片供导演和演员参考；在样板戏交流会上，作过两次有关《沙家浜》的报告；一次，剧团传达江青的指示，汪曾祺提议说：江青同志身体很好，咱们小声说三遍“乌拉”好不好？清查的结果：他和“四人帮”没有任何政治瓜葛。两年审查结束后，汪曾祺才真正回归作家行列，连续写出《大淖记事》《受戒》等作品。

《新青年》:天下第一刊的历史走向

——陈独秀手札解读之二

◎石钟杨

今年乃《新青年》创刊一百周年。

"五四"新文化运动,在近代中国思想历程中无疑是一次最为壮丽的精神日出;而《新青年》的创刊,则是其光辉的起点。

《新青年》一九一五年九月十五日创刊,一九二六年七月二十五日终刊,历时十年十个月零十天,经历四个时段。从第一卷到第三卷(1915年9月15日——1917年8月1日),由陈独秀"主撰",其他作者主体为皖人;第四卷到第六卷(1918年1月15日——1919年11月1日),由同人轮流编辑,作者主体为北大师生;第七卷到第九卷(1919年12月1日——1922年7月1日),从北京同人刊物向中共党刊过渡,作者队伍也随之变迁;一九二三年六月复刊后的《新青年》(季刊)为中共中央理论刊物,作者主体为中共理论工作者。①《新青年》之生命流程中,陈独秀始终是其灵魂人物(从主撰到主编到主导),其对民主、科学的《呼唤》具有永恒的魅力。放眼百年中国,《新青年》堪称天下第一刊。②

这天下第一刊在第一、二、四时段虽编辑、作者与时俱变却天下无事,唯第三时段,同人内部发生了纷争。现存陈独秀、胡适等手札相关内容最为丰富:《胡适遗稿及秘藏书信》中陈独秀与胡适二十封信多为此事,北大档案馆所藏关于《新青年》的一组信件,二〇〇九年五月嘉德拍卖公司拍卖"陈独秀等致胡适信札"也无不如此。这些信札从未集中发表过,值得品说。限于篇幅,此篇仅就《新青年》走向,向陈、胡手札索取历史情节。

"《新青年》色彩过于鲜明"

一九二〇年十二月十二日,广东省省长陈炯明拟废教育厅,设大学委员会主管全省教育,电促陈独秀赴粤主持。陈独秀离沪赴粤前(12 月 16 日)致信李大钊等九人,交代《新青年》事宜。[3]

这是一封通报信:

> 弟日内须赴广州,此间编辑事务已请陈望道先生办理,另外新加入编辑部者,为沈雁冰、李达、李汉俊三人。弟在此月用编辑部薪水百元,到粤后如有收入,此款即归望道先生用,因为编辑事很多,望道境遇又不佳,不支薪水似乎不好。……四号报已出版,五号报收稿在即,甚盼一涵、孟和、玄同诸兄能有文章寄来(因为你们三位久无文章来了)。

这是在通报北京同人,《新青年》自八卷五号以后交陈望道等四位新人(皆中共早期党员)编辑,其中陈望道的编辑费用则从原库存资金中开支。信是寄给胡适的,胡适得信后附言:“请阅后在自己名字上打一个圈子,并转寄给没有圈子的人。适。”现存此信,九个人名上都有圈,说明已传阅一周后由胡适保存。胡适另有眉批:“昨日知《新青年》已不准邮寄。适。”说明色彩过于鲜明的《新青年》已遭禁。此时的《新青年》,无论从何角度着眼,仍希望北京同人提供稿件。陈信中也表示了这种意向。

离沪当晚(12 月 16 日),陈再次致信胡适、高一涵,说:“《新青年》色彩过于鲜明,弟近亦不以为然,陈望道君亦主张稍改内容,以后仍以趋至哲学文学为是。但如此办法,非北京同人多做文章不可。近几册内容稍稍与前不同,京中同人来文不多,也是一个重大的原因,请二兄切实向

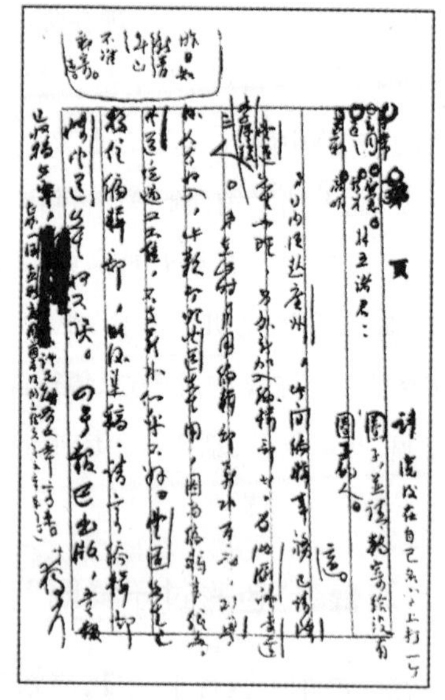

陈独秀致信李大钊等九人(1920 年 12 月 16 日),现存于中国社会科学院近代史研究所中国近代史档案馆

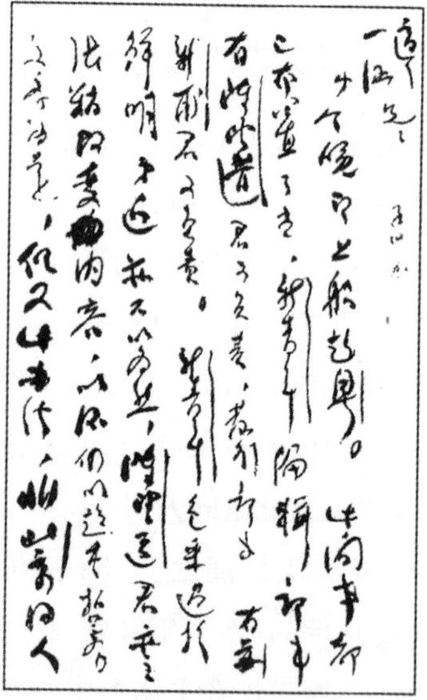

陈独秀致信胡适、高一涵(1920 年 12 月 16 日),现存于中国社会科学院近代史研究所中国近代史档案馆

京中同人催寄文章。”将《新青年》内容变化一大原因归之于北京同人来稿减少，显然不是有意推卸责任，而意在激发北京同人写稿。同信还在催高一涵、张慰慈所译的《工业自治》。

此信信末有胡适所题：“此信至十二月廿七日夜始到。适。”有立此存照的意思。

胡适说：现在想来只有三个办法

“《新青年》色彩过于鲜明，弟近亦不以为然”，“以后仍趋重哲学文学为是”云云，陈独秀十二月十六日夜信中这些话显然能引起北京同人的共鸣，尽管其可能是策略之言，未必真的妥协回归。开弓没有回头箭，陈也未必回归得了。不管怎样，胡适还是积极为《新青年》走向献计献策。

十二月三十日，胡适有一长信致在粤的陈独秀：

> 《新青年》“色彩过于鲜明”，兄言“近亦不以为然”，但此是已成之事实，今虽有意抹淡，似亦非易事。北京同人抹淡的工夫决赶不上上海同人染浓的手段之神速。现在想来，只有三个办法：1.听《新青年》流为一种有特别色彩之杂志，而另创一个哲学文学的杂志，篇幅不求多，而材料必求精。我秋间久有此意，因病不能作计划，故不曾对朋友说。2.若要《新青年》“改变内容”，非恢复我们“不谈政治”的戒约，不能做到。但此时上海同人似不便做此一着，兄似更不便，因为不愿示人以弱。但北京同人正不妨如此宣言。故我主张趁兄离沪的机会，将《新青年》编辑的事，自九卷一号移到北京来。由北京同人于九卷一号内发表一个新宣言，略根据七卷一号的宣言，而注重学术思想艺文的改造，声明不谈政治。孟和说，《新青年》既被邮局停寄，何不暂时停办，此是第三办法。但此法与新青年社的营业似有妨碍，故不如前两法。总之，此问题现在确有解决之必要。望兄质直答我，并望原谅我的质直说话。

为使他的复信能在一定程度上代表北京同人的意思，他在寄陈之前先将此信

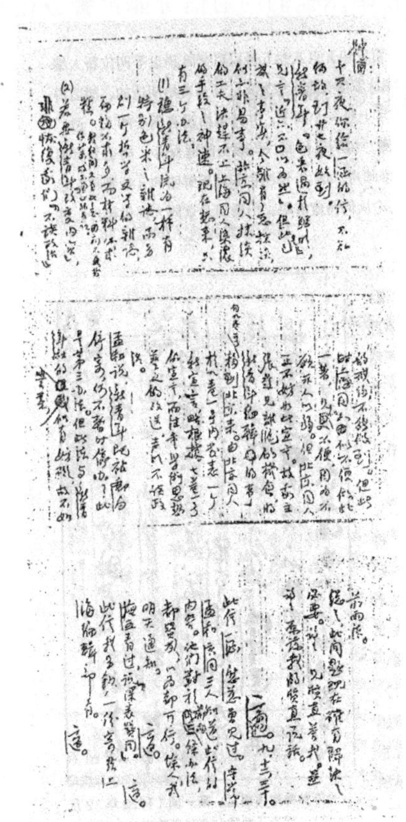

胡适致信陈独秀（1920年12月30日），现存北大档案馆

在北京同人中传阅，对同人的意见他一一另注于信末。

“此信一函、慰慈见过。守常、孟和、玄同三人知道此信的内容。他们对于前两条办法，都赞成，以为都可行。余人我明天通知。适。”“抚五看过，说‘深表赞同’。适。”“此信我另抄一份，寄给上海编辑部看。适。”④

陈独秀说：弟在世一日 绝不赞成第二条办法

陈独秀到广州，未及时收到北京回信。胡适云：“十六日夜，你给(胡适)、一涵信不知何故，到廿七日夜始到。”有人说胡适在暗示他们的通信可能被警方监控。

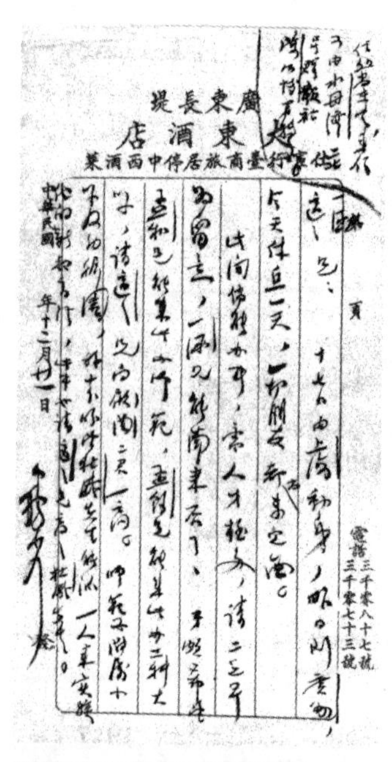

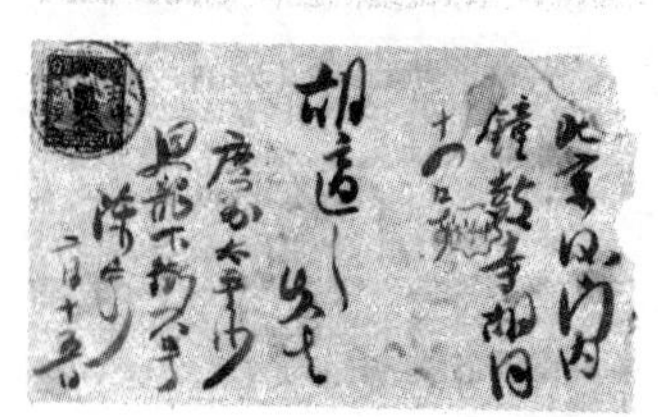

陈独秀致信高一涵、胡适，下方为信封(1920年12月21日)，现藏于中国人民大学博物馆。

十二月二十一日独秀又致信高一涵、胡适。

一涵、适之兄：

十七日由上海动身，昨日到广州，今天休息一天，一切朋友都尚未见面。

此间倘能办事，需人才极多，请二兄早为留意，一涵兄能南来否？弟颇希望孟和兄能来此办师范，孟馀兄能来此办工科大学，请适之与顾、陶二君一商。师范必附属小学及幼稚园，我十分盼望杜威先生能派一人来实验他的新教育法，此事也请适之兄商之杜威先生。

弟独秀　十二月廿一日⑤

眉头有附言：“住处未定，来信可由水母湾二七号群报社陈公博君转交。”

此时的陈独秀正踌躇满志，以为他在广州教育界真的能大展宏图，因而甫一到粤，居无定处就鼓动朋友辈南下发展。

不久，陈独秀收到胡适去年十二月三十日的长信，他即复信。对胡适所说“三个办法”(第一北京同人另办一刊物，第二移回北京以恢复《新青年》以往“不谈政治”的特色，第三《新青年》停办。)作了强烈的反响。以至钱玄同说：“初不料陈、胡二公已到短兵相接的时候!”请看陈独秀一九二一年一月九日致胡适等人的公信。

适之、一涵、慰慈、守常、孟和、豫才、启明、抚五、玄同诸君：

适之先生来信所说关于《新青年》办法，兹答复如左：

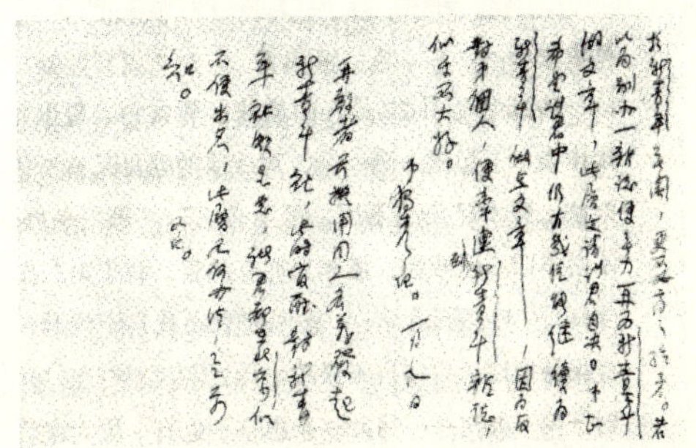

陈独秀致信胡适等人(1921 年 1 月 9 日)，这是陈独秀较早以钢笔所写信件之一

第三条办法，孟和先生言之甚易，此次《新青年》续出弟为之甚难；且官厅禁寄，吾辈仍有他法寄出(销数并不减少)，与之奋斗。自己停刊，不知孟和先生主张如此办法的理由何在？阅适之先生的信，北京同人主张停刊的并没有多少人，此层可不成问题。

第二条办法，弟虽离沪，却不是死了。弟在世一日，绝不赞成第二条办法，因为我们不是无政府党人，便没有理由可以宣言不谈政治。

第一条办法，诸君尽可为之，此事于《新青年》无关，更不必商之于弟。若以为别办一杂志便无力再为《新青年》做文章，此层亦请诸君自决。弟甚希望诸君中仍有几位能继续为《新青年》做点文章，因为反对弟个人，便牵连到《新青年》杂志，似乎不大好。

弟独秀白　一月九日

再启者，前拟用同人名义发起新青年社，此时官厅对新青年社颇忌恶，诸君都在北京，似不便出名。此层如何办法，乞示知。又白。⑥

陈独秀强烈地表示只要自己不死，在世一日，就不会接受北京同人“停办”与“移回北京”二说，而坚持要将《新青年》办成不回避政治的杂志；至于北京同人另办一杂志，他自己没意见。但不久，《新青年》在南方也被禁。

一九二一年二月十五日陈独秀致胡适，叙说《新青年》时下处境，是移京还是北京同人另办一报纸(如胡适不久即主办了《努力周报》)，都可以。只是移北京，他无暇也不宜贡献文章。

适之兄：

六日来信收到了。我当时不赞成《新青年》移北京，老实说是因为近来大学空气不大好；现在《新青年》已被封禁，非移粤不能出版，移京已不成问题了，你们另外办一个报，我十分赞成，因为中国好报太少，你们做出来的东西总不差，但我却没有工夫帮助文章。而且在北京出版，我也不宜做文章。我是一时不能回上海了。你劝我对于朋友不要太多疑，我自认是我应该时常不可忘却的忠告，但我总是时时提心吊胆恐怕我的好朋友书呆子为政客所利用。我仍希望你非候病十分好了，不可上课、做文章，而且很想你来广东一游。

弟独秀白　二月十五日[7]

鉴于陈独秀的强烈反应，胡适立即有所妥协。但他善于在妥协中坚持初衷。

一九二一年一月二十二日，胡适致信李大钊、鲁迅、钱玄同、陶孟和、张慰慈、周作人、王星拱、高一涵，对此前的意见又有所修正："原函的第三条'停办'办法，我本已声明不用，可不必谈"。"第二条办法，豫才兄与启明兄皆主张不必声明不谈政治，孟和兄亦有此意。我于第二次与独秀信中曾补叙入。此条含两层：1.移回北京；2.移回北京而宣言不谈政治。独秀对于后者似太生气，我很愿意取消'宣言不谈政治'之说，单提出'移回北京编辑'一法。""独秀对于第一办法——另办一杂志——也有一层大误解。他以为这个提议是反对他个人。我并不反对他个人，亦不反对《新青年》。不过我认为今日有一个文学哲学的杂志的必要，今《新青年》差不多成了 SovierRussia 的汉译本，故我想另创一个专辟学术艺文的杂志。今独秀既如此生气，并

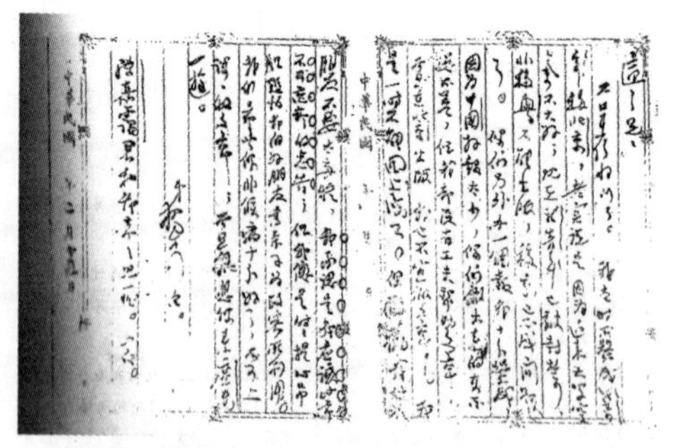

陈独秀致信胡适（1921 年 2 月 15 日），现存北大档案馆

且认为反对他个人的表示，我很愿意取消此议，专提出'移回北京编辑'一个办法。""意见如何？千万请老实批评我的意见，并请对于此议下一个表决。"信后附有张慰慈、高一涵、陶孟和、李大钊、周作人、周树人、钱玄同一九二一年一月二十六日阅后签注的意见。北京同人表决结果，赞成移回北京者：张慰慈、高一涵、李守常；赞成北京编辑，但不必强求，可任其分裂为两个杂志，也不必争《新青年》这个名目者：周豫才、周启明、钱玄同；赞成移回北京，如不能则停办，万不可分为两个杂志，致破坏《新青年》精神之团结者：王星拱、陶孟和。[8]从表决看，明显倾向于"移回北京"。

实际上，《新青年》既未移回北京，也未移粤，而仍在上海出版，只是换了承印商而已。[9]而陈独秀仍希望北京同人写稿以予支持。

《新青年》分化与国中思想的左倾

《新青年》原定位："盖改造青年之思想，辅导青年之修养，为本志之天职。批评时政，非其旨也。"[10]

不批评时政，不等于不关心时政。之所以如此低调面对"时政"，近则为回避政府舆论禁忌的锋芒，远则如胡适所云："从教育思想文化等等非政治的因子上建设政治基础。"[11]即以科学民主去开发民智、启蒙青年"最后之觉悟"——思想觉悟（陈称之为"伦理觉悟"），为建设一个理想社会夯实根基。这是多么难能可贵的设计！

他们也曾致力于此,《新青年》当初的魅力也在此。"明星""曙光""春雷"云云,即读者对《新青年》的称誉。陈独秀、胡适相约"二十年不谈政治,二十年离开政治",来做这基础工程。不过实际上他们都没有那么大耐性,瞬息万变的现代中国也"时不我待"。只是性急的陈独秀似乎过早出线了,未满五年,"五四"运动后不久他就迫不急待地将《新青年》变成"批评时政"之刊物。一九二〇年初随陈独秀离开北大到上海,《新青年》也南迁,甚政治色彩越来越浓,让"北京同人抹淡的工夫决赶不上上海同人染浓的手段之神速",以至几乎成了"SovierRussia 的汉译本"。

《新青年》的这种变化,先是在同人中引起纷争,同时发生稿荒、政府干预及读者群体变更。

如何看待这种变化。

如今搁起往日的种种高见或偏见,我觉得还是胡适的评说最平实且经得起历史的沉淀与拷问。其实胡适事后没有多少话语直接评说《新青年》的历史变迁,但他对陈独秀的转向有词。陈是《新青年》之灵魂,他的历史走向直接影响着《新青年》的历史走向。

一九三五年十二月二十三日胡适致信汤尔和说:

前所欲查的一个日子,乃是八年三月廿六夜,先生记在次日(廿七)。此夜之会,先生记之甚略,然独秀因此离开北大,以后中国共产党的创立及后来国中思想的左倾,《新青年》的分化,北大自由主义者的变弱,皆起于此夜之会。[12]

民国八年即一九一九年,这年的三月二十六日,白天有大总统徐世昌责令教育总长傅增湘致函蔡元培,批评《新青年》《新潮》于"时论纠纷,喜作抨击";晚上,蔡元培约新文化运动"关系诸君"在汤尔和家开会,以"私德不检"免去了陈独秀文科学长之职。这是"五四"前夕的事。"五四"之后的六月十一日,陈又因散发《北京市民宣言》传单被捕入狱,至九月十六日出狱,仍受警察监视。这样,陈独秀在北大以至北京都难以立足,于是于一九二〇年二月间携《新青年》南下上海。陈一九一七年元月携《新青年》北上,出任北大文科学长,促成一校一刊的因缘组合;而他的南下则诱发了一系列的政治、文化事件与变化,"《新青年》的分化"只是其中一项,而最根本的是"国中思想的左倾"。

胡适颇关注历史变迁的偶然因素,因而盯着一九一九年三月二十六日夜的北大那个会。他进而说:"独秀在北大,颇受我与孟和(英美派)的影响,故不致十分左倾。独秀离北大之后,渐渐脱离自由主义者的立场,就更左倾了。"[13]《新青年》之左转即是明证。陈独秀与《新青年》在中国思想界影响太大,因而胡适说,三月二十六日夜北大去陈的会"不但决定北大的命运,实开后来十余年的政治与思想的分野。此会的重要,也许不是这十六年的短历史所能论定。"[14]胡适说这话时,陈独秀正在南京狱中反思历史，朝着“回归五四”之境迈进。

问题是一九二〇年初陈独秀携带《新青年》“左倾”到了什么境地？蔡和森有《论陈独秀主义》说，《新青年》曾“是美国思想宣传机关，但是到了仲甫同志倾向社会主义以后，就由美国思想变为俄国思想了，宣传社会主义了。不过在过渡期间的文章，社会革命的思想是有了，杜威的实验主义也是有的。一直到一九二一年‘五一’劳动节特刊问世，才完全把美国思想赶跑了。”[15]蔡除了将一九二〇年的“五一”特刊误为一九二一年，其言基本符合陈的思想历程。五四之前，陈独秀与《新青年》致力于呼唤科学民主，而认为“政党政治，不适合于今日中国”[16]，甚至说：“社会主义，理想甚高，学派亦甚复杂。惟是说之兴，中国似可缓于欧洲。因产业未兴，兼并未盛行也。”[17]当陈独秀走向社会主义时，马克思主义已分化为第二国际的阶级调和论和列宁的暴力革命论两大流派。陈的主张始而接近前者，一九二〇年六月，陈等组建中共第一个发起组时，社会民主主义与无政府主义色彩相当浓厚，以至被日本警视总监称为“中国无政府共产主义者”。然而，三个月后的一九二〇年七月，陈在《谈政治》中竟直接承认“列宁的劳农专政”，主张用“阶级战争”和“政治法律的强权”击破资产阶级政治体制，对资产阶级实行专政[18]，并对无政府主义和社会民主主义进行严厉批判，进而接受第三共产国际的设计，创建列宁布尔什维克式的政党。

中共一大，采用陈独秀主张，在《党纲》中写进“我党采取苏维埃的形式”，以暴力革命和无产阶级专政，“废除资本家私有制，没收一切生产资料，如机器、土地、厂房、半成品等，归社会所有”；断绝与“黄色知识分子阶层及其他类似党派”的一切关系[19]。在师俄即苏俄布尔什维克的道路上左转左转，左得不可再左。

对于“国中思想的左倾”，胡适有切肤之痛。他因而与陈独秀之间爆发过多次争论。最有名的是围绕烧《晨报》案的争论。一九二五年十一月二十八日至二十九日，国共北方组织策动了“首都革命”，一帮少年趁机放火烧了有批俄倾向的《晨报》。几天之后，陈、胡在亚东图书馆相遇谈起此事，胡对这种行径颇不以为然，陈却反问：“你以为《晨报》不该烧吗？”这让胡大为惊讶，苦思了五六天，于是写了一封信给陈。他说：“几十个暴动分子围烧一个报馆，这并不奇怪。但是你一个政党的领袖，对于此事不以为非，而以为该，这是使我诧怪的态度。”他进而说：“不容忍的空气充满了中国。并不是旧势力的‘不’容忍，他们早已没有摧残异己的能力了。最不容忍的乃是一般自命为最新人物的人”，“我个人这几年就身受了不少的攻击和污蔑。我这回出京两个月，一路上饱读你的同党少年丑诋我的言论，真开了不少的眼界。我是不会怕惧这种诋骂的，但我实在有点悲观。”为什么？胡适说：“我怕的是这种不容忍的风气造成之后，这个社会要变成一个更残忍、更残酷的社会，我们爱自由、争自由的人，怕没有立足容身之地了。”[20]此前围绕“非宗教同盟”的论战中周作人、钱玄同也有同感。周作人说：“这回对于宗教的声讨，即为日后取缔信仰以外的思想的第一步”；钱玄同说：“我在近一年来时怀杞忧，看看‘中国列宁’的言论，真觉害怕……这条‘小河’，一日‘洪水横流，泛滥于两岸’，则我等‘栗树’、‘小草’们实在不免胆战心惊，而且这河恐非贾让所能治，非请神禹不可。”[21]胡适“非请神禹”，而是提出个著名观点：容忍比自由还更重要。“因为争自由的唯一原理是：异乎我者未必即非，而同乎我者未必即是，今日众人之所是未必即是，而众人之所非未必即非。就是期望大家能容忍异己的意见与信仰。凡不承认异己者的自由的人，就不配争自由，就不配谈自由。”[22]

建党之初的陈独秀一味左倾，且拉着《新青年》左转，以至变成党刊，其实他（或他们）并不甚了解那“俄国思想”中到底有多少马克思主义成分，也不甚了解列宁主义、斯大林主义与马克思主义的差异何在，更不甚了解马克思主义中有无不合理成分以及其与中国国情是否契合。用宗教信仰替代理性思维，就只能是在共产国际“铁的纪律”下“理解的也执行，不理解也执行”。自称“犟牛”的陈独秀，也不免被人牵着鼻子走。

而苏俄及共产国际对华总方针，是把维护苏俄国家利益亦即布党利益放在首位，所谓兄弟党只是听从共产国际指挥的一个支部一个外交工具。苏俄当时在华工作重点是在吴佩孚、陈炯明和孙中山三个实力人物之间，选定谁最可能成为其在华的有力工具（替苏俄充当打手或屏障），并不怎么在意那“早产儿”（马林语）中共，甚至把他们“当猴耍”，用得着就用，用不着就丢，丢时随手扣顶帽子，让其“丢”的行为合法化。这就是陈曾成为斯大林在中国大革命指挥失策后充当替罪羊的历史逻辑。当然这促使他晚年大彻大悟，成为中共反思斯大林主义的第一人。但回到原视角，从胡适的信可知，“犟牛”陈独秀曾被斯大林主义调教、挤压得够左了，左得面目可憎，令昔日一起爱自由、争自由的朋友感到恐惧！这是陈独秀研究中不可忽视的一面。直到二〇一四年初，陈铁健借评唐宝林《陈独秀全传》才郑重提出：半生多误陈独秀。不妨说从《新青年》转向到大革命失败，陈独秀一直在跳左旋舞，斯大林责之为“右倾机会主义”只是被视之为还左得不够。其误在左，而非右也。[23]

---

①参见欧阳哲生《〈新青年〉编辑演变之历史考辨》，《历史研究》2009年第3期。

②参见拙著《天下第一刊：〈新青年〉研究》，中国文史出版社2007年版。

③陈独秀《致李大钊等》，《胡适遗稿及秘藏书信》第35册，黄山书社1994年版。

④胡适《致陈独秀》现存北大档案馆。

⑤陈独秀《致高一涵、胡适》，现存中国人民大

学博物馆。

⑥陈独秀《致胡适等》,现存中国人民大学博物馆。

⑦陈独秀《致胡适》,现存北大档案馆。

⑧《关于〈新青年〉问题的几封信》之三,张静庐辑注《中国现代出版史料》甲编,第9页－第11页。

⑨茅盾《我走过的道路》上册,人民文学出版社1997年版,第201页。

⑩《青年》杂志第一卷第1号。

⑪胡适《陈独秀与文学革命》《胡适学术文集·新文化运动》第188页,北京:中华书局1993年9月版。

⑫胡适《致汤尔和》(1935年12月23日),《胡适遗稿及其秘藏书信》第20册,合肥:黄山书社1994年版。

⑬胡适《致汤尔和》(1935年12月23日)。

⑭胡适《致汤尔和》(1935年12月23日)。

⑮王观泉《天火在中国燃烧》第186页,桂林:广西师大出版社2005年6月版。

⑯陈独秀《〈新青年〉宣言》,《新青年》第七卷第1号(1919年12月1日)。

⑰陈独秀《答褚葆衡》,《新青年》第二卷第5号。

⑱陈独秀《谈政治》《新青年》第八卷第1号。

⑲陈铁健《半生多误陈独秀》《寻真无悔:陈铁健八十文录》第478页,太原:山西人民出版社2014年8月版。

⑳㉒胡适《致陈独秀》(稿),《胡适往来书信选》上册第355页－第356页,北京:中华书局1979年5月版。

㉑周作人《复陈仲甫先生书》,1923年4月11日《晨报》。

㉓陈铁健《半生多误陈独秀》,见《寻真无悔:陈铁健八十文录》第482页。

补白

让胡适做北京图书馆馆长

中国共产党成立后,一直将胡适视为“可以争取的人”。直到“九一八”事变之后,胡适和共产党的关系开始产生变化。这一时期,胡适赞成蒋介石“攘外必先安内”的方针。他认为如果国内不能统一,不能安定,中国没有能力既对付内乱,又对抗侵略,因此未作立即抗战的呼吁,此言一出,共产党的报纸开始把胡适看作反动派。

一九四五年四月,傅斯年、黄炎培、章伯钧等六人访问延安。毛泽东以学生的身份请傅斯年代他向远在美国的老师胡适问好。八月二十四日,胡适在纽约发了一封署名的电报给毛泽东,希望他“爱惜中国前途,努力忘却过去,瞻望将来,痛下决心,放弃武力,准备为中国建立一个不靠武装的第二大政党”。胡适的这一态度让毛泽东不再对他存有幻想,但毛泽东还是作了最后一次努力,他说:“只要胡适不走,可以让他做北京图书馆馆长!”胡适拒绝了。

面对历史

◎彭小莲

今年(2015 年)是“肃清胡风反革命集团”事件发生六十周年,也是胡风先生去世三十周年。由此推算,从胡风先生监禁二十四年出狱以后,他只活了六年,而在这六年之中,他一直被自己的精神分裂症所折磨着。我不敢细想这些问题,因为胡风这个名字,从小在我的记忆中就意味着“恐怖”和“灾难”,偶然在家里的书橱后面,看见掉下来的一本小册子,那是高尔基写的《回忆科洛连珂》,可是翻译的名字,被墨汁涂抹掉了,我对着太阳照,怎么也看不出是谁翻译的,我一直翻到书页的最后,才发现了秘密,那里写着印数,写着编者:巴金 / 发行者:平明出版社;同时写着翻译的名字——胡风。这让我吓出了一身冷汗,家里居然还珍藏着胡风的译作。

这就是我们家的困惑,父母如何把自己的价值观传给我们,高尔基的作品,巴金先生作为编者,可是引进这个作品的翻译,却是被社会制裁的胡风。怎么解释?怎么好人和坏人会“同流合污”?而父亲彭柏山,也因为与胡风的友谊,作为“反革命集团”在党内的代言人而被捕。这不算什么,有数以万计的人,因为与胡风的关系,从追随者到读者,都受到镇压,并且生活在恐怖之中。而下一代的我们,因为恐怖更加意识到自己的身份,一种无法替代的屈辱,这让我们希望逃避这段严酷的历史。

其实,不用我们逃避,对于一九四九年以后出生的我们,中国的历史,几乎一直是缺席的;从教科书里我们看不到历史的细节,得到的知识是有限的,尤其是在一次又一次的政治运动之后,历史被来来回回地改变,被重新书写,于是更加难以判断历史的真实性,没有人知道它演变的过程,即使在五十年过去以后,档案依然是保密的,也没有办法看见任何完整的叙述,永远也搞不清楚为什么会发生这些事情。当时间慢慢过去以后,我们已经不再年轻,我们却更加自觉地拒绝面对历史,不仅因为童年的记忆是黑暗的,更多的是,我们扭曲的心灵,我们在不真不假的生活状态里,找不到自己的脑子。

直到二〇〇三年的春节,我去贾植芳叔叔家里拜年,那一天,何满子夫妇,顾征南叔叔，这些“胡风分子”都在那里，贾叔叔又用他那种冷幽默和我开玩笑，他说：小莲啊，你都当导演了，怎么不拍拍你父亲的故事？我说，他太严肃了，要是像你这么幽默，我就拍了。没有想到，贾叔叔说：好啊，我等着你来拍我，还有老何、小顾一起参加。

说完，大家都笑了。可是我笑不出来，我不敢随便承诺，不仅仅是资金的问题，更重要的是，我有多少精神力量来面对这段历史，我是要把我们家那本被涂抹上黑色的胡风名字，重新洗尽，那薄薄的书页会被我洗破吗？洗去了黑色，胡风先生的名字，还会完整无缺地出现在上面吗？

直到春天的时候，SARS 开始了，整个上海几乎变成了一个空城，原来熙熙攘攘的淮海路，居然看不见行人，看不见车辆，公园里也不见人影，我在这空城里，像一只无头苍蝇到处乱跑乱飞，因为贾叔叔的“我等着你来拍我”这句话，它不断地提醒着我。但，我首先需要说服自己，去面对这段历史的价值；我同样要扪心自问，我有多少勇气，我还要洗清自己脑子里浑浊的思绪，因为在慌慌张张的恐怖之中，生活得太久了。当我最后做出决定的时候，首先把刚拿到的一笔小小的剧本稿费，买了一台 PD-150 摄像机，然后和魏时煜联系，希望她能和我一起来做《红日风暴》的纪录片，她立刻答应了。

SARS 的日子是最安静的日子，所有的活动都取消了，所有的饭局都不会出现，没有人来往，连手机都不再发声。我从早到晚就是关在屋子里看书，查资料，做笔记，写大纲。就是这样，我们走出了第一步。年底，我背着摄像机和三脚架赶去北京采访、拍摄谢韬先生的时候，他的夫人卢玉阿姨，让女儿谢小玲去机场接我。可是小玲一肚子火气，她对我抱怨，她不想再面对这些往事。听她说话，看着她，我几乎要笑出声来，因为我们太相像了！她和我的过去，有着一模一样的情绪，一模一样的反应，甚至回答母亲的语言，都是一模一样的。我们是生活在同一个没有私人空间的社会里，我们被塑造成一种集体人格，所以我们的个性是多么雷同，虽然我们是第一次见面。这对我是一个提醒，我们拍摄的片子，不能有集体“个性”，我们要拍出每一个“胡风分子”，他们独立的人格，区分出每一个“分子”。

我就是这样喘着粗气在惊恐中挣扎，六年里，是在责任的推动下拍摄完成了《红日风暴》。可是，当我渐渐对这些“分子”有了一点认识之后，我才明白，我们的表达还远远不够！二〇一〇年六月我去广东海丰县参加丘东平先生百年诞辰的纪念会，正是从丘东平的作品中，我真正理解了胡风先生提倡的“主观战斗精神”，邱东平的作品就是这个“精神”的体现。他的作品非常有个性，他的文字和叙述，也区别于当时的“抗战文学”，但是他的人物却在抗战最前沿，他本人就是在一九四一年的战斗中牺牲的。鲁迅先生把丘东平的作品，放在二十世纪三十年代中国作家的前三名。聂绀弩伯伯说，“看了东平的小说，我们还写什么小说啊！”他又把东平称为“中国的妥斯托耶夫斯基”。父亲曾经说过，那时候黄源把丘东平的遗作《茅山下》交给他保存，他觉得简直是交给他一颗炸弹，不知道什么时候会爆炸，责任太重大了。他上前线，都不敢把稿子放在司令部，而是背在自己的身上；行军的时候，衣服、生活用品都扔掉了，可是稿子还是紧紧地贴在身上。丘东平的稿子上是沾满了自己的鲜血，那稿子还存有我父亲的体温。一部作品，却联系了那么多人的命运和情感，一直到文章发表了，父亲如释重负，于是那颗炸弹在战场上发挥了效率，它轰然炸裂的时候，谁都会被震动的。

可是一九五〇年三月十四日周扬在文艺创作会上说：“丘东平作为战士牺牲是值得尊重的，但是他是胡风小宗派里的人，所以作为作家，死了就死了。”当我读到这段冷漠的文字时，我想起一九七九年秋天，我看见的周扬，希望他帮助出版父亲的遗作《战争与人民》时，他跟我说：“我现在没有什么权了……”他显得有点疲惫，但也显得是个非常善良的老人，我很难把这个形象和当年的话语联系在一起。我看见了权力对人的腐蚀，看见了权力对人性的异化，我更加感受到一种，在权力之下，人心、文学都丧失了他原有的价值。其实当初正是周扬发现了丘东平，把他的作品推荐给鲁迅先生，可是不久丘东平就不能接受周扬的霸道，他把稿子直接投给胡风先生创办的《七月》，甚至在战争中，他都与胡风先生有着密切的通信往来。

二十多年后，已经没有人再记得这个天才的年轻作家，这个死难烈士。这时，漏网“胡风分子”聂绀弩伯伯竟然在一九六四年，从北大荒劳改返京之后，千里迢迢跑到广东省海丰县，一个非常偏远且闭塞落后，连公路都没有通车的乡村，看望丘东平八十多岁的老母亲。那时候丘东平的妻子在一九五〇年斗地主的运动中，被作为地主婆批斗，（因为当年作为烈士亲属，农会分给她两亩地，她和老母亲都种不了这个地，雇佣了一个长工），批斗之后，她受不了这个委屈自杀身亡。聂伯伯拿出一百元钱交在老人手里，那时候的一百元，是普通工人三个月的工资，而聂伯伯头上还戴着“右派”的帽子，他轻轻地跟邱东平的老母亲说：“以后有什么事情，就直接给刘少奇、陈毅写信，东平过去做过他们的秘书。”谁也不会想到，两年后，刘少奇和陈毅都被打倒了。

这，就是我们的历史，我们该如何面对？

我渐渐地走入这个“圈子”，渐渐地在了解这些人和事，渐渐地明白情感曾经是多么刻骨铭心地留在他们的友谊之中！也是渐渐地认识到，政治运动是如何在摧残着我们的文化，摧残着我们的人性，摧残着我们的良心！

实际上，这些胡风分子互相都不大认识，他们只是作为作者与编者胡风先生之间，有着个人往来。对于我父亲，除了胡风先生，几乎就没有和他们中间大多数的人有过任何私人交往。一直到运动结束，这些“分子们”怀着好奇的心情，大家想见见面，说我这个冤枉，到底是和什么人“集团”在一起了？要受那么大的折磨！没有想到这一见，真把他们纠结成一个“集团”，他们大有相见恨晚的遗憾。这以后，他们自觉地互相交往，通信、拜访、郊游，总之全国各地的“分子”们像一家人似的互相帮衬着。

在这些“分子”中最让我难忘的是阿垅先生，他毕业于黄埔军校，在“八一三”淞沪战役中负伤，转入地下后，为共产党做情报工作，阿垅是“七月”派的代表诗人、理论家。当他被关押了十年后，才被提审判刑。宣判的当天，法院四周如临大敌，站满了警察。因为隔夜在找阿垅先生谈话的时候，他依然不服从判决，坚决不在判决书上签字。但是，在法庭上，当他看见年轻的作家林希也被卷入胡案时，他决定承担全部责任。

林希在《红日风暴》的纪录片里说道：“当我作为证人出庭的时候，我进去之后就站在旁边，这时阿垅抬起头来看了我一眼，我也看了他一眼。我们两个人的目光交错，这一下对我的震撼太大了。啊呀，我违心地做这个，这个他妈的不是人的证，我又看见了我最尊重的前辈，我的感情简直没法控制。这时候法官提出，‘林希面对法官！’我就冷静下来，说我和阿垅是怎么认识的，他对我说了哪些话，使我走上了反革命的道路，所有的证词都是按照官方审定的。然后休庭十几分钟，一会儿宣判，我们就进去坐在边上。阿垅重新出庭，阿垅确确实实是挺着胸膛，抬着头阔步走到他的位置上。法庭宣判这个那个，判处有期徒刑十二年。‘阿垅你有什么说的？’我可以一字不差地给你重复阿垅的话：‘我放弃上诉，一切责任在我，与任何人无关。’完了。那在我的印象里，那是永远不会消退的人格力量！”

宣判结束后的第四个月，阿垅先生在监狱里给审判员写了一封信，在信上，他说：“从根本上说，‘胡风反革命集团’案件，全然是人为的、虚构的、捏造的。所发布的‘材料’，不仅实质上是不真实的，而且恰好混淆了、颠倒了是非黑白。一方面歪曲对方，迫害对方，一方面则欺骗和愚弄了全党群众和全国人民！我认为这个‘案件’，肯定是一个错误。一个政党，一向人民说谎，在道义上它就自行崩溃了。这显然是政治迫害，政治欺骗，别的解释是不可能的。我还期望着又期望着，能够像一九四二年延安鲁迅艺术学院整风的结果那样，能够像毛主席亲自解决问题那样，最终见到真理，见到事实。我也多次表白：我可以被压碎，但是绝不可能被压服。”

信，是最后从公安部的档案室里退回给阿垅家属的，信纸的抬头上，标写着档案馆的登记号码。那已经是这个世纪的事情了，阿垅先生已经在监狱里患癌症，于一九六七年三月十五日去世。当我从阿垅儿子陈沛的手上，看见这张用铅字打印出来、泛黄的信纸时，我看见的是一个站立的灵魂，是用鲜血写下的最后诗句。我努力控制着，不让自己的眼泪往下淌，我觉得在阿垅先生面前，我的眼泪太轻，太微不足道，也太廉价了，以至于它淌落下来，会是对阿垅先生的亵渎。

阿垅先生不相信眼泪！

是在"文革"中的一天，深夜我听见窗外的寒风的呼啸中夹杂着高音喇叭的叫喊，那时候，我并不知道父亲已经去世，母亲关押在里面，我在家里正翻看着借来的黄皮书，一本我完全读不懂的卡夫卡的作品《审判及其他》，可是当我看见K被莫须有的罪名推进了监狱时，那呼啸的寒风，突然让我感受到了恐怖，我竟然体验到卡夫卡描述的情景，让我似懂非懂地读懂了故事，最重要的是，我认识了自己的生存位置。那一年我十五岁。

可是，今天我们认真地审视"胡风反革命事件"时，荒诞出现了。原来陷害是一上来就确定的，这完全是超越了法律之外的认定。更有意思的是，这样违反法律的事情，却又用法律的形式来解决。胡风先生被送上法庭，判处十四年，阿垅先生被判决有期徒刑十二年，贾植芳先生被判决十二年。可是，在判刑之前，他们早就被监狱关押了十一年之久。其他关押的胡风分子免于起诉，然后发配到各地的劳改农场或者偏远的地方。即使这样，正式开庭依然出示证人，而证人的供词是被事先审查过，并且指定证人必须背诵证词。然后，是法官走上审判庭，郑重地宣告他们的反革命罪行！

法是不会有错的。

谁也不敢质问，什么是法，这法又是由谁制定，又由谁来执行？法的意义又在何处？法的内部和外部，是依据了什么样的东西来判刑的？最高法庭可望而不可及，真正的法官是可闻而不可见，文牍周转，程序冗长。交代、自我批判、逼供信，摧残是在十一年中没有间断过，诉讼过程讳莫如深。

不明白的是，这个由一个人确定的判决，又为什么要和群众再玩一次法的游戏？躲在幕后的人难道不该受到惩罚吗？法庭依然权力无边，胡风先生和他的"分子"们，这些诗人，作为一个人的价值完全丧失，作为一个生命，开始从肉体上将被消灭，他们变得那么无不足道，他们只是阶级斗争中的一个棋子，他们现在被放在处于极刑的棋盘上，那就没有法律可言，因为这是阶级斗争的需要，这就是法！于是，最终又以法律和革命的名义制裁，确定了"胡风反革命集团"。

岁月是如此荒谬和无理可言，特别是今天，当我在清理家里的旧书时，我想把全部的精装本的《斯大林全集》、《列宁全集》和《联共布党史》、《毛泽东选集》以及马克思和恩格斯的著作，捐赠给上海图书馆时，没有想到他们不收；我联系了复旦大学，同样遭到拒绝，我设想着区级图书馆，没有人答复。可是，当我翻开王亚南先生翻译的《资本论》时，却吃惊地发现，“反革命”的父亲，在上面密密麻麻写满了笔记和体会，字里行间充满了崇敬和感情，以及他的思考。我不能不痛心地去面对这个现实，真理的价值到底是什么？马列的理论与真理是否有关？

当我们在做《红日风暴》最后的剪辑时，贾植芳叔叔去世了，就在影片放映不久，不断地传来被采访出镜的“胡风分子”去世的消息：何满子、耿庸、彭燕郊、绿原、卢玉、谢韬、孙钿、欧阳庄、牛汉、徐放、化铁，都一一过世。记得有一天，我接到周海婴先生的电话，他激动地跟我说：“小莲，你们功德无量啊！”我还没有明白是怎么回事，他就不停地往下说，“我刚看完《红日风暴》，我不得不好几次停下来，心脏受不了！”现在，连周先生也去世了。影片中采访的人物，只有李嘉陵阿姨，鲁煤先生以及当初最年轻的胡风分子林希先生还健在；李嘉陵阿姨和鲁煤先生都九十多了，连林希先生都是八十的老人。我们带着敬畏的心情，纪录了这一段历史，所有的资料都来自公开发表的报纸和纸质的文字。然后，是这些亲历者，用自己的语言、思考，坦然地回忆着往事，见证着历史；不能想像的是，在经历了那么残酷的苦难之后，他们依然保持着一份幽默，黑色的，但是会让你开怀大笑！他们是中国历史上一群特殊的文人，因为他们身上没有奴气，他们的灵魂是站立着的。

2015 年 4 月 22 日

补白

人归人，文章归文章

鲁迅去世后，叶公超花了几个星期的时间，把鲁迅的所有作品重新读了一遍，称赞道：“我有时读他的杂感文字，一方面感到他的文字好，同时又感到他所‘瞄准’（鲁迅最爱用各种军事名词）的对象实在不值得一颗子弹。骂他的人和被他骂的人实在没有一个在任何方面是与他同等的。”胡适责怪叶公超说：“鲁迅生前吐痰都不会吐在你头上，你为什么写那样长的文章捧他？”叶公超说：“人归人，文章归文章，不能因人而否定其文学的成就。”

我与道涵同志的“书缘”

◎赵启正

一

我认识汪道涵同志是在一九八二年十月开党的十二大的时候，我和他同为代表。那时他是上海市市长，我是“文革”后第一批恢复工程师职称的高级工程师和劳动模范。因为“文革”中断了高等教育和工程师的晋升工作，所以我那年虽然已经四十二岁了，但还是算作“青年高级知识分子”和上海市劳动模范的党员代表参加会议。这样得以面对面地接触许多上海的领导同志，当时他们都是近七十岁的老同志，对我们这些相差一代的年轻人十分亲切，我们也真诚地向他们请教，不觉得有什么官与民的隔阂。

我在会上以我曾经工作过的核工业部和当时所在的上海航天局的体验为例，就邓小平同志提出的国防科技工业“军民结合、平战结合、军品优先、以民养军”的“十六字”方针，谈了自己的看法和建议。当天傍晚在庭院中散步时，汪道涵同志特地把我叫过去说，你人年纪很轻，但说话有“老知识分子”的味道。按“文革”时的理解，我以为是有批评的意思，其实，他倒有鼓励之意。他说我讲得逻辑清楚，讲道理时还结合了案例，有说服力。然后他就问我，平时都做些什么？读些什么书？我说读的主要是物理和技术书，有时也读些哲学的书。他说，物理和哲学走得比较近，由物理学可抽象出哲学。我猜测他可能也是学物理的。他说是的，你何以知道？我说，你的发言中有时带着物理名词。由此，我们谈得很投机。他还问我读书有什么困难，我说主要是找好书难。他建议我注意一本叫《世界图书》的期刊，这本期刊把新近国内外出版的比较有影响的书都汇集起来了，有摘要、有书评，读这本杂志能及时了解当前社会和科学发展的动态。他又问，你最近做些什么工作？我回答他，我的小组填补了一项国家广播电视空白，设计出彩色电视用的电视摄像管偏转聚焦线圈，是一种电子光学器件，我们还有所创新，经过美国安培公司(Ampex)鉴定达到了国际先进水平。他又问，那你们为何能有所

汪道涵先生(1915—2005)

突破?我说,我还是在原理上和计算上下了功夫,再在设计上的关键点提出新想法和高要求,而次要点可以放宽要求以便于制造。他就说,把你的这些思想和实践写成文章给我看看。我后来照办了,他让市委办公厅的同志找我,希望把文章改得再通俗些,在市委简报发一发。后来,我又在《物理》杂志发表了此文。

一九八四年我到市委组织部工作后,和他见面的机会多了,也常常会谈到读书,有时候还互相赠送图书。一九八七年末我去香港考察带回当时的两本英文原版的国际畅销书《是,首相》和《是,部长》,内容涉及批评英国官僚,多有讽刺和幽默。我把两书(共三册)呈他,请他判断有无翻译出版的价值。他很快将书转上海译文出版社版翻译出版了,上市后也受到了读者的欢迎。到二〇一三年。这两本书再次被英国拍成电视连续剧,还成了热演的剧目,我国网上也可以随时收看。

一九九八年我到国务院新闻办公室工作时,他早就退休了,不过我们还一直保持着密切联系。他曾赠给我一本《宗教与科学关系及历史演变》。这是一本薄书,简述了一些基本和有趣的问题,由此,我又陆续读了几本与宗教哲学相关的专著。二〇〇五年春,美国的一位基督教福音派宗教领袖路易·帕罗访问我,问我对《圣经》,对上帝,对宗教与科学有什么看法。我俩侃侃而谈,直率交流看法。他很惊讶,说我的见解很深刻,他觉得很新鲜,问能不能再谈几次,然后出一本书。我知道这个问题很敏感,道涵同志知道了我们交谈的情况,对我说,要谈下去!应当出书。中国的宗教问题国际上有很多误解,要通过你的话,让他们明白我们对宗教是尊敬的,中国的宗教政策是正确的。第二三次是在上海谈的,二〇〇六年出版了《江边对话——一位无神论者和一位基督徒的友好交流》。接着德国的贝塔斯曼集团(Bertelsmann)出版了英文版、西班牙文版,美国的综德万出版社(Zondervan)也出了这两个文版,韩国熊津出版社出了韩语版。据北京外国语大学用专门程序搜索得知，现在除中国以外，世界上还有一百二十多个大图书馆都有收藏这本书。这本书还得到了季羡林先生、许嘉璐副委员长、美国前国务卿舒尔茨和美联社社长汤姆·柯里的评价。令我难过的是，《江边对话》出版时道涵同志已经去世半年了，没能再提出批评意见。可以说没有道涵同志的支持，我在与路易·帕罗对话时也许会过于谨慎，而不能充分表达自己的观点，这本书的成功应归功于道涵同志的支持。

二〇〇五年十月，我去瑞金医院看他，他和我谈起中国科学的进展问题。他说，历史上中国技术成就高，但科学上发展不够，是什么原因，需要认真回答。还说我们不能批判形而上学，形而上是抽象，科学需要抽象；形而上是道，形而下是器。他问我能不能帮他找一本新近版本的科学技术史，但是这个任务我没有来得及完成。

一九九八年我在国务院新闻办公室策划出版了一本《犹太人在中国》的画册。中国籍犹太人作家和翻译家爱泼斯坦写了序，道涵同志欣然为此书题写了书名。书出来后，我在访问以色列时赠送给他们的总统和总理。与我国谈判WTO的美国代表巴尔舍夫斯基是犹太人，他说，这本画册将是他们家的传家宝，他们将永远记住中国人民帮助受德国纳粹迫害的犹太人的恩德。有一位犹太人一下就买了几百册，可以说受到了全世界犹太人的欢迎。

二

一九九八年，我到国务院新闻办公室工作之前，道涵同志找我谈了一次话。他说，我们在国际舆论上是劣势，我们在国际舆论斗争中的一些文章缺乏说服力，占不了上风。有些文章中国人看着都吃力，外国人怎么可能看得懂呢。这些话给我很大冲击。当时我们对外宣传的口号是“向世界宣传中国”，“让世界了解中国”。此外，宣传一词在中文里没有问题，但是翻译为英文是“propaganda”，在英语语境则有贬义。于是，后来我在对外表达时，就把“宣传中国”改为了“向世界说明中国”——说明中国的国情、社会进步，中国的政策，向国际社会解疑释惑。二〇〇五年我的第一本书《向世界说明中国》出版，书中收集了我在国际交往中的对话和演讲实录。我拿到新书就请道涵同志批评指正，他说，向世界说明中国是极为必要的，还可以继续出版下编，会有人看的。此书果不出他的预料，在最初十个月里就重印了七次。而下编是在二〇〇六年一月出版的，他刚逝世不到一个月。

他一直说，对外传播要培养些新人，新人要了解历史，才能更好地了解当代局势。你是不是帮助清华建立个新闻学院，或者是新闻国际研究中心。二〇〇〇年，道涵同志不顾年事已高，还担任了新建立的清华大学国际传播研究中心的顾问，并亲自到北京，约我与清华大学李希光教授和时任解放军副总参谋长的熊光楷同志，就清华大学国际传播研究中心的长远发展目标和清华大学新闻人才培养进行探讨。道涵同志提出了未来清华新闻学院的办学思路和方向，即“一个国家在国际上的地位和影响力，不仅取决于它的综合国力，而且与它的国际形象有很密切的关系。研究国际传播现状，特别是美国媒体，具有紧迫的现实意义和极大的学术价值。我们要用当年研制两弹一星的精神来重视国际传播这个重大课题，要研究和了解我们所面对的现实，研究如何塑造中国的国际形象，使清华大学在新闻学、政治传播和国际传播领域成为能与西方传媒和学术界平等对话的学术重镇。”二〇〇五年初冬，道涵同志和我见面时，还问我清华大学的新闻教育办得怎么样了，并嘱咐说：“一定要有战略眼光，一定要继续支持清华大学的新闻教育，特别是支持清华国际传播中心发展壮大。”

这一时期国务院新闻办做的另一件事情，是推广新闻发布制度，使我国各级政府的新闻发布经常化。当时只有外交部建立了发布制度，其他各部委办都没有新闻发布的习惯。新闻发布也没有形成制度，中央和地方政府的新闻发布没有成为政治生活和社会生活的常态；而西方国家天天在做。当时，我们就委托清华、复旦、人大、北大等高校，一个省一个省地培养新闻发言人。二〇一三年是新闻发布制度普及的十周年，现在全国已有三十万新闻发布人员了。

三

无论是他去北京，还是我回上海看他，我们见面谈的最多的除了读书就是对国内外时政的看法。在二〇〇四年有一次他见面第一句话就问“有什么看法？国际、国内和党内都谈谈”。我一一简明汇报，请他指正。我说，党内呢，是腐败问题。他说，这固然是个大问题，但是还有一个在先的大问题是共产党执政的合法性问题，你要组织论证。后在中国社科院的协助下，国务院新闻办公室于二〇〇五年十月十九日发表了《中国的民主政治建设》白皮书，指出在当代中国，中国共产党的领导和执政，是中国发展和进步的客观要求。

记得二〇〇五年最后一次去上海瑞金医院看望他，他的病榻之侧沿墙放着个半人高的书架，摆着许多书。道涵同志说，“你看我已是‘四管齐下’了（导尿，输液等等）。”接着让护士从书架上端取下三本灰色的厚书给我看，那是一套新出版的中译本《近代数学》。汪老说：“你看看这本书写得如何？我已看了复变函数一章。”我问他为什么看复变函数，他说，“复变函数与IT（信息技术）有关，IT的理论要用到复变函数。温故而知新嘛！”他读书的确是一种乐趣，是一种享受！

这么说吧，他指导我读书，鼓励我写书，操心我到国务院新闻办的工作。大家都知道，他不是对我一人如此尽心，而是对许多人都如此，这是他时时刻刻心系国家、心系党、心系后辈同志的缘故。

道涵同志就是这样一位活到老学到老，诲人不倦也到老的，令我们总会亲切回忆的前辈。

被埋没的大翻译家张友松

◎黑　马

一

中国翻译界有一位专门翻译美国大作家马克·吐温作品的“专业户”，翻译了几代读者耳熟能详的名著如《汤姆·索亚历险记》《哈克贝利·费恩历险记》《王子与贫儿》《镀金时代》《密西西比河上》《傻瓜威尔逊》《赤道环游记》等，其中著名的《竞选州长》多年被选入中学语文教材。这位老翻译家叫张友松，民国时期他曾经是鲁迅的学生，鲁迅文集里一百多处提到与张友松的交往。上世纪五十年代他与大译家曹靖华、傅雷、汝龙齐名，但他就如同中国文坛上划过的一颗璀璨夺目的流星，因为在“反右”运动中被错划为“右派”，作品改用“常健”笔名出版，从此张友松这个名字就从著名译家的行列里消失了。“文革”中受尽迫害，到“文革”结束，得到平反，这位一九〇三年出生的民国老人年事已高，又因为种种历史原因无单位、无工资、无养老金，仅靠北京政协资助少量生活费，与同样无工作的老伴偏居成都陋巷，远离中国的文化中心，因此没能像一些错划为“右派”的文化老人（如当年的同事冯亦代、荒芜、符家钦等，他们比他年轻、身居京城）那样平反后再度崛起，重享盛名。

张友松先生(1903–1995)

我在上世纪九十年代前后很长一段时间里追访译界老人，甚至像李景端先生告诫我的那样“你要进行抢救式采访”，写了几十位老译家，可竟然对张友松这位曾经如此耀眼的译界巨星一无所知，估计很多人都像我一样吧。这是历史的误会和耻辱，是该让广大读者重新认识和了解张友松这位富有传奇色彩的民国文人了。

因为被埋没得太久，想在网上查找张

友松的资料基本属于大海中捞针，但我还是很幸运地通过各种关键词搜索到了一些零星的资料，这其中老诗人和翻译家、张友松当年的同事荒芜先生的女儿林玉的博客进入了我的视野，里面有她回忆“张友松伯伯”的散论，我就冒昧给她留言请求帮助，后来得到了她的一些对历史的解读高论。仝保民先生为我提供了《新文学史料》一九九六年第二期上张老的女儿张立莲撰写的《怀念我的父亲张友松》一文，这是唯一一篇张老亲人的回忆文字，情理交融，十分宝贵。我在微博上谈论起张友松时，素昧平生的康拉德作品译者赵挺为我复印了老翻译家符家钦的散文集，其中一篇就是回忆老师张友松的文章。我还通过人民文学出版社前副总编任吉生找到了上世纪五十年代开始在人文社工作、后任该社外国文学副总编的秦顺新老人，电话采访了他，耄耋之年的秦老是健在的唯一一位在人文社与张友松有过书稿和日常来往的老一辈了，但他还是告诉我当时他太年轻，没有与张友松有深入的接触，那些对张了解更多的人都不在了！

所有这些网络搜索和电话采访都让我感到是在浩瀚的夜空中穿越历史，在脑海里借助一两张老照片重构张友松的形象，这种重构是与历史的雾霾和血泪交织在一起的，一个民国老人、曾为鲁迅鞍前马后奔走效力，经历了各个历史阶段的人间惨剧，依然刚直不阿，顽强地独自支撑，贫病交加，在陋室寒屋里借助放大镜依旧辛勤笔耕不辍，翻译着他钟爱的马克·吐温的作品，他是用生命在翻译，直到九十二岁在贫病中撒手人寰。

他的一位当年的学生在一九九八年曾写了《翻译家穷死成都》一文，描述他所居住的陋巷穷屋，经常忍饥挨饿。有人对“穷死”一说表示质疑。严格说，那是一条普通劳动者居住的陋巷，他下岗的女儿只能居住在那样的地方。城市低收入者在此生老病死，似乎也平常，但人们并不知道同他们住在一起的这个同样普通的风烛残年的老人竟然是著名翻译家，在那样的环境下还带病苦苦地进行着文学翻译这样似乎是十分风雅的高尚工作，他曾经锦衣玉食，西装革履，在上世纪五十年代是月入三百元的大文学家，享受预支固定额度版税的待遇，这样的待遇曾仅次于周作人。似乎是缘于这种“落差”和历史悲剧，才说他是“穷死”的。

二

一九〇三年十一月十二日，张友松生于湖南省醴陵县西乡三石塘，自幼家境贫寒。十二岁随大姐到北京半工半读求学，一九二二年考入北京大学，课余翻译英文小说。受大姐影响，张友松在北京读书期间，先后参加过“五四”运动和“五卅”运动。除李大钊外，他当时还与邹韬奋、冯雪峰、柔石、邓颖超等人有过许多接触。其间，他还跟随大姐去当时荷属苏门答腊做了一年的小学教员，试图能以此挣一笔较大的收入奉养母亲和弟妹，但不仅没挣到钱，连回国的船票都是同胞们给凑的。后来，张友松同大姐继续回北大半工半读。不得不说的是，这位具有先进思想的大姐就是后来成为革命家的张挹兰。军阀张作霖入京后，拘捕杀害李大钊等革命家，与李大钊同时遇难的唯一一位女性就是张挹兰。

大姐张挹兰牺牲后，他的家庭负担加重，无法继续在北大的学业。鉴于他勤奋好学，读书期间已发表过不少英文翻译小说，鲁迅便推荐他去了北新书局做编辑。出于对鲁迅先生的敬仰，张友松仗义执言为鲁迅追讨出版社所欠的稿费，因此失去了自己在北新书局的工作。“别看鲁迅的文章写得泼辣不留情面，可是现实生活中的他，却在版税这类问题上往往抹不开情面，所以被人欺负。”张友松回忆说。

鲁迅的日记里一百一十四次提到张友松，说明他很器重这个年轻人。甚至在一次聚会中，林语堂先生因不知情提到张友松，语气可能略带调侃，引起鲁迅反感，两位文学大家当场反目。

失去工作后，鲁迅先生在经济拮据的情况下还垫付五百元帮助张友松开办春潮书局，还帮他组稿，策划出版文艺丛书。但张友松是一介书生，并不善于经营，书局很快倒闭。为此张友松很内疚，认为这是他“毕生莫大的憾事”。

春潮书局倒闭后张友松陆续在青岛、济南、衡阳、长沙、醴陵和重庆等地做过近十年的中学教员，并在抗战期间在重庆创办过晨光书局。在颠沛流离的日子里他仍然勤于笔耕，翻译了很多文学作品包括契

晚年张友松先生

诃夫、屠格涅夫、普列沃、歌德的许多名著。

重庆解放后张友松先生正是年富力强的中年人，以党外民主人士的身份积极参与重庆市文联和西南文联的筹备工作。本来有关领导要安排他当一个出版社的社长，几所大学也请他去任教，但他谢绝了这些出人头地的机会，一心留恋文学翻译事业。最终是在一九五一年，他应邀到北京参加宋庆龄女士创办的英文刊物《中国建设》的编辑工作。

三

这个时候张友松已经是年过半百之人，积累了丰富的文学翻译经验和大量的作品，还是想全副身心投入翻译工作，而新杂志的编辑工作是忙乱的，他一时难以适应。恰好当时的文化部一位领导金灿然同志是他的老朋友，对他很了解，就安排他去人民文学出版社当上了“特约编译员”。这个职位其实是业余的专业翻译，人不属于出版社的编制，没有八小时坐班的

时间约束,但事实上出版社包了他的所有翻译作品的出版,给予其很高的稿酬标准待遇,按月预付每月三百元的稿酬,预付费从未来出版的稿酬中扣除。这样的安排其实是极少数德高望重的文化人的待遇。据说周作人先生的月预支稿酬是四百元。所以说张友松先生当年的待遇是很高的。但这种安排也埋下了一个不幸的伏笔,那就是张友松等于辞去了一个“铁饭碗”,一旦有不测,他的日常生活就会受到难以预料的影响。但这位民国文人以前也没端过“铁饭碗”,对辞去一份工作毫无感觉,对专业翻译的向往令他对未来充满信心,一派憧憬和幸福。同一个时代在上海,也有一位热爱德国文学翻译的医生钱春绮,他因为一本德国诗集挣到了八千多元的高稿酬,从而相信自己可以靠翻译过上自由幸福的美好生活,于是辞去了医生的职位,变成了自由翻译者。后来稿酬标准远远低于工资的上涨速度,他的生活陷入困境,对自己辞去公职大为后悔。

张友松先生对这样的安排是非常满意的,感到了党和国家对他的器重,觉得自己是世界上最幸福的人。工作热情高涨,新作迭出。当时是他的好友萧乾先生提出建议,希望他专心翻译美国幽默大师马克·吐温的作品。他接受了萧乾的建议,埋头苦干,成了马克·吐温“专业户”。他应该是继朱生豪之后第一个以“一对一“的方式翻译一个外国作家的专门翻译家。这个模式在以后的几十年中得到了一些人的继承和发扬,成为一个优良的传统。

这段时间里张友松不仅翻译了八部马克·吐温的作品,还翻译了几十万字的其他作家的作品,可谓译著等身。

那些年里张友松如鱼得水,心旷神怡,不仅购置了几套新的西服和呢大衣,还在兵马司胡同租了一套别墅式院落,在此安居乐业。他应该说是在文学界出人头地,声名显赫。优厚的稿酬待遇下,那个年代著名的文化人甚至流行用一两本书的稿酬在京城置办一个四合院,成为风气,也成为当今看来的传说和神话。但这都是真实的情况。

四

但一九五七年风云突变,“反右”运动开始。作为文学家,张友松是被组织上派来的小汽车接进中南海去聆听毛泽东的报告的。出自对党和祖国的热爱,他积极建言献策,发表意见,根本不懂什么叫“阳谋”和“引蛇出洞”,天真的他就这样因言获罪,被打成了“右派”,从人民艺术家一落千丈,变成了人民的敌人。一九五七年九月二日的《人民日报》上刊登了新华社记者袁木的文章,把张友松划入“右派集团”,说这个集团有一个“大阴谋”,其实这个“集团”的定性是一个莫须有的罪名,不过是因为张友松以自己的名人身份替山东的两个老友打抱不平,结果就被诬陷为“右派集团”了。

从此张友松漫长的炼狱生涯开始了。他没有工作单位,就回街道接受监督改造,定期写思想汇报检讨。不能再以张友松的名字出版作品，起用了“常健”的笔名，但至少还是有工作可以做的。但他的稿酬待遇大大下降了，每月发给一小笔“生活费”算稿费，日子还算过得去。但他的子女却因为他的“右派”身份遭到了不公平的待遇，一儿二女大学毕业都不能留在北京，都分到外地，一个女儿还分到了遥远的牡丹江教中学，三十年中不断受到批判。最小的女儿甚至因为父亲的“右派”问题而不被允许考大学。

但更为悲惨的遭遇发生在几年后的“文化大革命”中。此时他没有任何工作可做，一分钱生活费都没有了，全靠儿女接济。在街道上惨遭批斗，批斗中还被“革命群众”打伤了眼睛，由于医院不积极给他这样的“坏人”治疗，耽误了治疗时机，导致摘除一只眼球。他的住房也越来越逼仄，甚至被迫住进与人合住的一套两居室房屋，他只能住阴面十二平米的一小间，还是五楼。那时他已经七十岁了。老两口就在那间小阴面的屋子里生活了多年。

一直到一九七七年，他才得到了“摘帽”，不再是“右派”，可以堂堂正正做人了。可是他已经年逾古稀。他一直误以为自己是有单位的，直到这个时候才弄明白，当年的安排其实是让他成为一个“自由翻译家”，不必坐班，享受优厚的稿酬待遇的方式是按月预支稿酬，但并非是单位的正式职工。多年后他成了一个“无单位”“无工资”的人。他要完全靠“文革”后大幅下降的稿酬标准生活了。

由于他不明白先前与人民文学出版社的约定关系的性质，他把本来属于人民文学出版社版权的马克·吐温作品转到了别的出版社再版，导致人民文学出版社停发了给他的每月一百元的生活费。这些都是历史的误会，但这样的误会也是令人痛心的。如果没有“反右”和“文革”，他就不会有这些厄运加身。

即使是在诸事不利的古稀高龄上，张友松还是借助放大镜的帮助，翻译了很多优秀的作品，直到八十一岁，与老伴离开了居之不易的京城，迁居成都陋屋，由下岗的小女儿照顾度日。这段时间北京政协每月发给他近两百元的生活费，还报销医疗费用，最后一年多他坚决不报销了，说：“不要报了，政协对我够好的了。”他就是用那笔生活费供全家几口人生活的，在那样的穷屋陋巷，直到九十二岁的一九九五年去世，没有讣告，没有“单位”为他送行的告别仪式，悄然远行了。

茅盾回忆录诞生记

◎钟桂松

茅盾(1896–1981)一生跌宕起伏,经历的事件,几乎包括了二十世纪所有重大事件。辛亥革命时,茅盾是中学生,但也已经有革命思想。“五四运动”时,茅盾已进商务印书馆工作,在上海亲身感受“五四”氛围。中国共产党的诞生、创建,茅盾直接参与,他是一九二〇年在上海参加共产党小组,是中共最早的党员之一。第一次国共合作时期,茅盾是亲身参与者,一九二六年一月,茅盾去广州参加国民党“二大”,会后留在国民党中央宣传部给代理部长毛泽东当秘书,“中山舰事件”发生后,奉命回到上海。北伐战争中,茅盾先到武汉军校当教官,后又执掌《汉口民国日报》,在大革命的政治漩涡中心,目睹了大革命的兴起与失败。从武汉潜回上海后,遭到蒋介石政府的通缉,他开始闭门写作《蚀》三部曲,之后流亡日本。一九三〇年回国后,创作了《子夜》《林家铺子》《春蚕》等小说。抗日战争中,国共第二次合作,茅盾在经历了新疆惊心动魄度日如年的日子后,去过延安,到过重庆,与中共领袖和国民党中央的大员都有交往和接触。新中国成立后,茅盾担任文化部长,中国作协主席,全国政协副主席等,对新中国的政治运动,如批《武训传》、《红楼梦》研究的批判,“批胡风”、“反右”、“大跃进”、“文化大革命”、粉碎“四人帮”,以及真理标准问题讨论,十一届三中全会等,都亲身经历,有的亲自参与,所以,在茅盾八十五年的长长的一生中,经历了二十世纪中国历史的风风雨雨,见证了二十世纪中国历史的曲折和发展。

在茅盾的一生中,交往的人物无数,有中共创始人陈独秀、毛泽东、董必武、李达、恽代英、李汉俊、张国焘等等,陈云在商务印书馆时,茅盾是商务印书馆中共党组织的负责人,博古在中共上海宣传部当干事时,茅盾是宣传部负责人。在广州召开的国民党“二大”上,茅盾又认识了一大批国民党及中共精英,汪精卫与茅盾认识后,十分器重茅盾的才华,在自己家里专门约请茅盾等一批他所器重的青年政治家吃饭，表示关心，茅盾回到上海后，与他书信来往，十分密切。

由于茅盾一开始就在商务印书馆文化出版机构工作，后来又主编《小说月报》，参与发起成立文学研究会，倡导现实主义文学，与新旧文人的论争和斗争，客观上扩大了茅盾他们这些青年人的影响。加之二十世纪三十年代参加“左联”的活动与斗争。所以，二十世纪文化战线上的事件，茅盾都是亲历者或参与者，鲁迅、郭沫若、郁达夫、叶圣陶、郑振铎、徐志摩等等“五四”进步文化的中坚力量，茅盾和他们都有并肩战斗的经历。

所以，从某种意义上讲，茅盾一生经历的，就是一部中国现代文学史，也是一部中国现代政治史。因此，有着这样经历丰富的茅盾回忆录，正是世人所期待的。

在上个世纪七十年代初，茅盾的名字重新出现在报纸、广播上后，茅盾就开始酝酿自己的回忆录，但是，他没有立即动手写回忆录，而是开始悄悄地秘密续写他一九四二年在桂林创作的长篇小说《霜叶红似二月花》，这样，断断续续写到一九七六年，但《霜叶红似二月花》仍没有续写完。一九七六年，是中国最为复杂的一年，尤其是年初周恩来去世之后，作为在历史风雨中过来的茅盾，深感自己写回忆录的紧迫性越来越强，他想为现代中国留下一部私人回忆录，他担心中国发生意外而自己无法写回忆录。于是，他和儿子他们商量，决定放下续写小说的工作，集中时间回忆

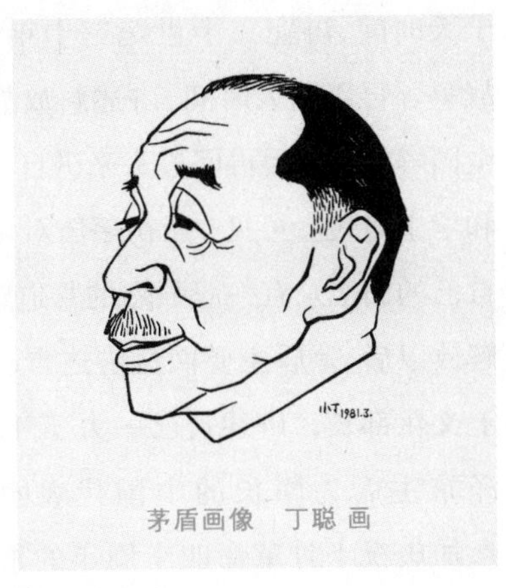

茅盾画像　丁聪 画

自己的一生的经历。从一九七六年三月开始，茅盾关起门来，在自己家里秘密用口述录音的方法，回忆自己的经历。当时，茅盾早已没有秘书，更没有助手，所以录音时，儿子韦韬在一边操作录音机、儿媳、大孙女在一旁记录，茅盾一边讲述自己的经历，一边回忆自己的往事。韦韬先生曾经回忆说：“一九七六年三月二十四日，我们开始了第一次录音，爸爸手持话筒，靠在卧榻上，韦韬站在三屉桌前操纵录音机，小曼和小钢在一旁做记录。爸爸的口述是这样开始的：‘大概是一九一九年下半年，陈独秀从北京来到上海……’”

茅盾口述回忆录，先讲紧要的阶段，即先从一九一九年讲起，讲到大革命失败。讲了四次。在现代作家中，茅盾的文章写得很流畅，故事也跌宕起伏，但茅盾的乌镇口音和不善于表达的口才，加上对着录音机讲话的不习惯，茅盾开始口述时很不适应。笔者曾经听过茅盾当时的录音，虽然茅盾走南闯北，但他的乌镇口音确实很重，“那末，那末……”，比较啰嗦。后来，经过调整后，茅盾坚持每天录音两个小时，整整用了二

十天时间，讲完二十世纪三十年代、抗日战争。再用两天时间，讲述解放战争直至全国解放。然后再回过头来讲自己的童年和学生时代。可见，当初茅盾对口述录音自己的回忆录有一股强烈的紧迫感。至于解放以后，茅盾主要回忆讲述自己怎样当上文化部长，讲述自己一九五七年随毛泽东主席为团长的中国代表团去苏联参加庆祝十月革命四十周年的事情。

当时，茅盾口述录音由儿子韦韬、儿媳陈小曼整理出来之后，茅盾一看，不满意，觉得自己没有讲清楚，尤其一些历史事件，有些很生动的往事，通过口述，变得干巴巴，“只有骨头，没有血肉”了；一些该讲到的，讲时却忘记讲了，一些表述也嫌啰嗦。因此，八十一岁的茅盾决心自己动手，在录音整理的材料基础上重起炉灶，动手写自己走过的路。这时，已是一九七七年秋天。虽然“四人帮”粉碎已经过去一年，但是，到此时，茅盾有关回忆录的口述和写作，都是在严格保密状态下进行的。

一九七八年春节前夕，胡乔木同志在北京医院见到茅盾，高兴地对茅盾说：“太巧了，茅公，我正有一件事要给你写信呢。现在就当面谈吧。”于是，就在医院的休息室坐定后，胡乔木向茅盾转达了中央的要求，希望他能够将自己的回忆录写出来。并告诉茅盾，陈云同志在中央的有关会议上专门提到您，说，建党初期的历史，除了您，恐怕没有几个人知道了，他希望您把这段历史写出来。胡乔木还希望茅盾不光回忆党史，还要将自己的六十年文学生涯写出来。并且希望茅盾在回忆录的写作中有什么困难，也可以向中央提出来。茅盾听到胡乔木转达的中央的要求，立刻爽快地答应了。

此后，中央及有关部门对茅盾回忆录的写作非常重视。一九七八年八月，中央军委同意茅盾将儿子韦韬同志从军事院校（国防大学）借到自己身边当助手，人民文学出版社专门让茅盾的儿媳陈小曼回家替茅盾料理杂事，让茅盾集中精力写回忆录。所以，有中央的支持，有儿子、儿媳的协助，从一九七八年开始，茅盾的回忆录写作步上轨道。并开始在一九七八年下半年创刊的《新文学史料》上连载。至此，茅盾写回忆录的事才公开化。

茅盾对回忆录的写作，一是“所记事物，务求真实”。真实，是回忆录的灵魂。茅盾回忆录中所记的事物，所谓务求真实，就是回忆必须有这样的事，不凭空杜撰。“言语对答，或偶添藻饰；但切不因华失真”。作为文学巨匠，回忆录写得像年谱，显然不是茅盾想要写的回忆录，也不是读者想要看的回忆录。因此为了“务求真实”，为了“不因华失真”，茅盾在写作中花费了大量精力，他一方面让儿子、儿媳他们去上海、北京查旧书报杂志，去图书馆借旧杂志，托上海的亲戚孔海珠就近在上海借书。有了这些二十世纪二十年代，三四十年代的旧杂志，就能够帮助茅盾准确回忆往事的来龙去脉。他曾托唐弢先生借阅《文学周报》，他在一封给唐弢的信中写道：“顷拟找一百七十五期以前的《文学周报》，查一点材料，此间不可得，不知上海方面能借得否？如果有，敢请费神借寄，用后即当奉还。”有时，茅盾还写信请朋友帮助回忆，一九七九年，茅盾向罗章龙写信，请他帮助回忆上世纪二十年代上海共产党活动的一些事情，核实自己的一些记忆。一九七九年他在写作过程中，也曾经向上世纪二十年代同事吴文祺、黄慕兰了解武汉大革命时期的人和事。一九八〇年一月七日，茅盾还专门向周红兴先生了解《热血日报》的一些情况。一九八〇年二月八日，茅盾给赵丹写信，请赵丹帮助回忆在新疆的往事：“请你回忆，你们共几个人到新疆，何年何时到的，坐什么交通工具，你们到新疆后演的戏是什么戏（话剧，名字我记不得了），后来又演过什么话剧。你们是暂时住在汉族文化协会院子里，是否有个打球的空地，打何种类的球？有个姓王（？）的空军人员常来和你们玩球，熟了后说了一些不满于盛世才的话，因为你们警惕性高，就由徐韬到我家里研究此人，我与徐韬决定不管如何，先写信给盛世才报告此事……此事何时发生，能记得起大概的时间么？”另一方面，茅盾还向来访的老友求证，有一次，阳翰笙去交道口看望茅盾，刚开始聊天，茅盾就向他打听一九二六年汉口的往事，问：“那时是不是有一个人叫陈启修？”阳翰笙说：“是，是《民国日报》主编。”茅盾接着又问：“他的另一个名字是不是叫陈豹隐？”在得到阳翰笙的肯定的回答后，茅盾才又和他聊起近况。事后，阳翰笙才知道茅盾在核对自己记忆中的人和事。直到一九八一年二月十五日，茅盾在修改在日本的一节回忆录时，还在给罗髫渔写信，进一步核实陈启修是不是四川人问题。三天后，茅盾住进了医院，从此再也没有回到写作回忆录的书桌前。茅盾回忆录在一九七八年下半年创刊的第一辑《新文学史料》上开始连载，当时，回忆录里将商务印书馆的茶房名字写成“来宝”，发表后有人告诉茅盾，不叫来宝，叫通宝。所以，后来结集出版回忆录时，茅盾及时将名字改过来。二是回忆历史事件时，茅盾做到“谨言”，只讲自己与之相关的事情经过。前面介绍过，茅盾经历过的历史事件，大都都是影响中国历史进程的大事件，比如中共“一大”，茅盾没有去绘声绘色讲“一大”怎么召开等等。虽然他是“一大”前参加共产党组织的中共党员，但他没有参加“一大”，他不能凭空想象。所以他在回忆录里只讲自己在建党前后所做的工作，所参加的一些活动。一九二六年参加国民党“二大”时，茅盾目睹了中国革命的轰轰烈烈，茅盾同样只讲自己在广州的所见所闻和自己亲身经历的往事，没有在回忆录里描述整个国民党第二次全国代表大会的全过程。在武汉大革命时期的回忆也这样，从其回忆录中，我们只看到茅盾在武汉的身影。但是，我们又能从茅盾个人的活动中，能够想像到武汉大革命的轰轰烈烈。这个度，茅盾把握得很好。三是茅盾不仅对事件能够做到

"谨言"，而且对人对事也同样做到"谨言"，回忆中尽量只作过程叙述，尽量不作政治定论。前面说过，茅盾一生，认识的人无数，比如对汪精卫，在第一次国共合作时，汪还是青年们的革命偶像，所以在茅盾的回忆叙述中，客观地介绍自己与汪精卫的交往，没有因为汪精卫后来的落水为汉奸而将第一次国共合作时的汪精卫回忆成反面人物。再如与郭沫若年轻时的交往，上世纪二十年代的论争，回忆录仅仅限于介绍双方的观点。回忆三四十年代涉及文坛人事纠葛时，茅盾也是限制在文艺活动，因为当年文坛错综复杂，每一个人都在时代的动态中变化。从这方面看茅盾回忆录，我们觉得茅盾是厚道的。

至于茅盾在回忆录中没有讲到自己在日本与秦德君同居一事，在茅盾去世后一直为一些人所诟病，认为茅盾隐去这一同居的事实。其实，在我看来，当时两个二三十岁的革命青年男女，在异国他乡，在孤独中相互慰藉，互有好感，同居了，这在茅盾的婚姻生活中仅仅是一个小插曲，但在茅盾长长的一生中，连一点小浪花都算不上。所以，在回忆录写作中不提这件事，忽略这件事，对当时健在的当事人及当事人的后人都是一种尊重。况且，现在看，在同辈文化人中，在"五四"开放的文化环境里，茅盾的私生活应该说是严谨的。

茅盾回忆录是一部工程浩大的著作，茅盾根据自己的回忆录音和大量杂志等资料，从一九七七年开始，陆陆续续一直写到一九八一年二月十八日，这一天，茅盾修改完"亡命日本"的一些内容后，身体支撑不住，第二天就去北京医院住院。而他的回忆录工程，只写到一半，即写到一九三四年。一九八一年三月二十七日，茅盾逝世，留下一大堆录音和资料。

茅盾逝世后，广大读者对茅盾回忆录依然充满期待，茅盾儿子韦韬先生就毅然挑起整理续写茅盾回忆录的担子。所以，从一九三五年开始到一九四九年那部分茅盾回忆录，就是韦韬先生根据茅盾已有的录音整理的。韦韬先生是整理续写茅盾回忆录最佳人选。因为他是最熟悉茅盾想法和生平的人，而且许多图书杂志资料都是韦韬一件一件从全国各地收集起来的。所以，韦韬先生写起来十分顺手，行文风格也十分相似。续写到一九四九年后，韦韬先生没有再续写下去。因为茅盾没有留下自己的口述录音，无法续写。后来，韦韬与夫人陈小曼合作写自己亲身经历的茅盾晚年那一段生活，题为《父亲茅盾的晚年》。

茅盾的回忆录，茅盾生前为它写了序，并定名为《我走过的道路》上、中、下三册，人民文学出版社分别在一九八一年十月，一九八四年五月，一九八八年九月出版。香港三联书店也同时出版繁体字版茅盾回忆录《我走过的道路》。上册为一九八一年八月出版，比大陆版还早两个月。

灯火与歌声

——张仃在“文抗”

◎李兆忠

张仃在鲁艺的伤心之旅，促成了他的重庆之行。一九四〇年深秋，张仃偕胡考到达重庆山城。这是他生来第一次到重庆，一切都显得那么陌生而新鲜。抗战的爆发，使重庆这座地处偏远的中国内地城市，骤然成为中国政治文化的中心，随着沦陷区的大学、文化研究机构及众多的文化精英纷纷迁移到这里，这座内地古城焕发出前所未有的活力。

在重庆中国电影制片厂，张仃见到了张光宇，觉得几年不见，除了脸上略添几分岁月的沧桑，彼此没有明显的变化。张光宇对这个东北小老弟热情如故，十分惦记分别后他的去向与处境，使张仃心里热哄哄的，仿佛又回到三年前在上海时的欢聚通宵。当时虽然号称国共合作，共产党的势力其实仅局限于西北一隅。国人对中共掌控的红色根据地本来就隔膜，加上执政党国民党宣传机器日复一日的妖魔化宣传，使人对之充满恐惧感和神秘感。在当时重庆人的眼中，从延安来的人都带有某种危险性，避之唯恐不及。然而张光宇对此毫不介意，他是一个思想十分开明的人，对张仃准备出版《新美术》杂志，介绍解放区的美术作品的计划十分赞成，予以全力支持。

那段时间，张仃住在中国电影制片厂的宿舍，与漫画家丁聪相邻。初次相见，就十分投合。丁聪与张仃年纪相仿，辈分却有些说不清楚。其父丁竦是漫画界的前辈，与张光宇是要好的朋友，因此丁聪称张光宇为叔叔，张光宇称丁聪为小丁，结果与张光宇同辈的漫画同行都称丁聪为小丁。张仃年龄虽小，出道却早，幸运地忝列这个辈分中，但却不敢称丁聪为小丁，只好直呼其名。从此开始了他们之间长达七十年的终生友谊。那一段时间，称得上难得的黄金时光。几个老朋友聚在一起聊天，探讨艺术，还一起去中苏友好协会画素描。就是这个时候，张仃在画册上看见了毕加索的杰作《椅子上的黑衣少女》(1937 年)，兴奋得不能自持。四十年之后，张仃这样回忆道：“我看见一个少女的正面与侧面，经过概括了的，化了妆的，明艳

张光宇、张仃、丁聪、胡考、特伟的合影

照人的脸，长长的睫毛，长长的黑发，黑上衣，花格裙，典型的法国美女。毕加索用最现代的方法，画了最现代的美女典型。他是冷静分析，大胆概括，热情表现。”（张仃《毕加索》）

与张光宇同到重庆的，还有诗人徐迟，张仃与他一见如故，交谈默契。徐迟十分惊异张仃的诗人气质和讲故事的才能。一个晚上，两人相对而坐，一个谈，一个记，兴致盎然，忘了时间。其情形在徐迟的自传《我的文学生涯》里有记载——“他先谈了一连串的长白山的森林故事，熊瞎子的，东北虎的，以及身穿红肚兜的小孩在林中跳舞，用木棒子一打，她往地里一钻，然而刨开那地，可以挖出人参来。我听了，记录了，情绪逐渐高涨。接着，给我讲了一家三代的故事，也许可以说，这就是他自己的家史了，这段故事他谈到深夜还没谈完，第二天又接着谈，又谈到深更半夜，我记了满满一本笔记本，简直精彩极了。”

一张历史老照片，见证了那段愉快的时光，那是张光宇、张仃、丁聪、胡考、特伟的合影，背景是重庆中国电影制片的布景棚，五个艺术家随意而处，个个神情自如，一派绅士，看上去很像一张舞台艺术剧照，其中唯有张仃坐在地上，两腿舒展地伸开，笑得那样随性而灿烂。那表情，与张仃在鲁艺时真有天壤之别。

然而好景不常，不久“皖南事变”爆发，国共合作破裂，国民党政府在国统区加强了控制，进步文化人在重庆的活动受到监控，在中共地下党组织的保护安排下，纷纷离开重庆。张仃到八路军办事处见了周恩来。周恩来对他说，你有两个去处，一是香港，一是延安。张仃考虑了一下，表示愿意回延安，周问他怎么走，他说自己持有榆林绥蒙公署的护照，可以应付国民党军队岗哨的盘查，而且熟悉回延安的路途，没有问题。周说很好，艾青、罗烽也在重庆，准备去延安，他们的家属已先期到那儿，可以带着他们一起走。情势紧迫，张仃来不及与张光宇告别，就带着艾青、罗烽匆匆离开重庆。张光宇后来则绕道缅甸去香港，同行人中有胡考。现在看来，张仃没有跟老大哥张光宇一起走，而是选择回延安，除了政治立场的关系，还有一个重要因素：妻子陈布文，女儿乔乔都在延安，亲情的纽带在此时起了重要作用。

说起这次回延安之行，有一段有趣的插曲。临行前，张仃在榆林绥蒙公署的护照上填上“一行三人”及三个人的姓名，张仃用的是真名，艾青、罗烽用的都是假名，三人还乔装打扮了一番。到了宝鸡，遇上诗人严辰夫妇，他们也正设法去延安，于是张仃将“一行三人”中的“三”字改成“五”。为了顺利通过封锁线,一行人扮成国民党的人,艾青穿一件水獭皮领的皮大衣,像个参谋。张仃脚穿长统马靴,手持护照,俨是长官,碰到有国民党兵盘问的,就由他出面对付。罗烽剃个光头,穿一身旧棉军装,担任勤务兵。他们还在箱子里放上皮夹克和演戏用的高跟鞋等高级品,用以迷惑人。因持有国民党政府颁发的榆林绥蒙公署的护照,又小心谨慎,配合默契,一路有惊无险,通过了国民党军队的几十道岗哨,到达陕甘宁边区境内时,一行人情不自禁地对着荒秃秃的山峦纵情欢呼起来。据艾青回忆,当时张仃忘乎所以,大声唱起《国际歌》,情不自禁扑倒在地上,对着黄土地亲吻起来。那时正是一九四一年的春天三月。

张仃回到延安后,马上面临一个何去何从的问题。鲁艺,自然不可能再去了,好马不吃回头草。而此时,文抗向他敞开着大门。

“文抗”是“中华全国文艺界抗敌协会延安分会”的简称,成立于一九三九年五月十四日,前身是边区文艺界抗敌协会,名称虽然涵盖整个文艺界,其实就是一个文学机构,旗下聚集了一批抗战爆发后投奔到延安的进步文人作家,丁玲是主要负责人。

由于复杂而特殊的历史原因,在延安文艺整风运动之前,“文抗”与“鲁艺”成了两个互相抗衡的机构,在美学主张、艺术理念及交往风气上有着明显的差异。比之于鲁艺的党气森严,文抗显得宽松而自由。鲁艺的领导人周扬后来这样解释两者的差异:“当时延安有两派,一派是以‘鲁艺’为代表,包括何其芳,当然是以我为首。一派是以‘文抗’为代表,以丁玲为首。这两派在上海本来就有点闹宗派主义。大体上是这样:我们‘鲁艺’这一派的主张歌颂光明,虽然不能和工农兵结合,和他们打成一片,但还是主张歌颂光明。而‘文抗’这一派主张要暴露黑暗。”

周扬的说法比较笼统,以“歌颂”和“暴露”说明“鲁艺”与“文抗”的差异也不完全符合事实,因为文抗派并非仅仅“主张暴露黑暗”,也积极“歌颂光明”,而鲁艺派“主张歌颂光明”,反对“暴露黑暗”倒是不假,这种主张带有强烈的乌托邦色彩,在当时颇占据道义、历史哲学的制高点,契合了近百年来中华民族充满屈辱痛苦的历史进程和急于超越现实的社会集体心理。从理论层面看,鲁艺派与文抗派的本质性差异在于:鲁艺派认为“党”代表无产阶级劳苦大众的利益,高于一切,文艺是党领导革命斗争的重要工具,因此每一个献身革命的文艺家必须放弃个人,自觉地充当革命机器上的一颗螺丝钉;文抗派继承五四新文化运动的传统,更看重“人”的价值,“人”的自由与尊严,承认“人道主义”的进步性,视文艺为疗救社会、改良人心的工具,追求艺术与政治的统一。在“文艺救国”这一点上,可谓殊途同归,但在具体的途径、方略及文化领导权由谁掌握上,存在微妙而深刻的分歧。正是这种分歧及由此引起的文化思想的摩擦冲突，引起革命领袖的高度警觉，在他们看来，文抗派的理论主张如果不加遏制，任其自由泛滥，势必削弱革命根据地的凝聚力，后果不堪设想，当时中共在军事力量上处于绝对的弱势，陕甘宁边区处在国民党军队的重重包围中。正是在这种严酷的背景下，延安发动了文艺整风等一系列政治运动，最后以文抗派缴械投降，被收编而告终。

从当时的情形下，张仃选择进文抗是顺理成章的事，因为这个地方对他的胃口。文抗的几位重量级人物，如丁玲、萧军，艾青，还有后来因不满鲁艺某位领导作风专横愤而离开的塞克，都是鲁迅精神上的弟子，都是喝着鲁迅的奶汁成长起来的，在艺术观念与审美趣味上与张仃志趣相投。其中萧军更值得一提。在当时的延安他是一个传奇式的风云人物，曾得到鲁迅的提携而在中国文坛一举成名，是鲁迅逝世时出殡仪式的扶棺人兼总指挥，以桀骜不驯、狂狷自大而闻名，曾对人宣称：我一杆笔要管两个党，国民党错了批国民党，共产党错了批共产党。萧军和张仃是东北老乡，两人都是鲁迅的铁杆粉丝，真诚的党外布尔什维克，关系自然不一般。

但张仃以画家的身份加入文抗，情况则有一点特殊，也是唯一的一个。据张仃自己的口述，当时萧军在文抗筹备鲁迅研究会的工作，请他当研究会的美术顾问，负责有关鲁迅的书籍的装帧设计及鲁迅纪念活动的美术设计工作，他一口答应。萧军一九四一年三月二十五日的日记，可以印证这一点——

昨日张仃来，他只乐意做鲁迅画像和连环画，我鼓励他，并答应想法在经费上替他想办法。他很高兴说："过去那些庸俗的人们来弄这些，我不高兴和他们合作，现在由一个天才来领导这工作，我高兴画一套鲁迅先生的连环画给研究会……"

"尽你可能的来帮助这研究会进展，有什么意见全可以提出。"我说。他很高兴。对于一个被压抑的人一定要提起他，鼓舞他，让他对人生有用。

这里需要补充的是，张仃不只是以"美术顾问"的身份加入鲁迅研究会的，他本身也是鲁迅研究会的研究人员。在一九四一年出版的《鲁迅研究丛刊·第一辑》中，刊载了延安鲁迅研究会成立的经过、宗旨、计划及研究人员的名单。研究人员分属四个研究领域，包括"行传研究""思想研究""创作研究""学术研究"。在"学术研究"这一栏里，就有张仃的名字。一年后，张仃在延安《解放日报》上发表了《鲁迅先生作品中的绘画色彩》，这即是他的研究成果，其中包含对鲁迅小说创作的重要发现。然而在口述中，张仃没有提及以上事情，只说自己是鲁迅研究会的"美术顾问"，显示了谦逊的风度。

张仃在文抗工作两年多，前半段时间，是延安文化氛围最活跃最宽松的时期，是那些天真浪漫的文化人盛大的节日，对张仃而言意义更是非同一般，期间虽然也遇到许多不如意的事，蒙受一些不白之冤，依然是他在延安的黄金岁月。在此之前，他在鲁艺受排斥，动辄得咎，一事无成；在此之后，他开始被改造、洗脑、整肃，鲜明的个性逐渐淹没在集体的洪流中，变成一颗革命的螺丝钉。只有这一段时间，他的艺术能量得到了尽情的释放，他的艺术理想得到了实现。

从骨子里讲，张仃是一个地道的艺术家，天真浪漫，毫无城府，终日沉浸在自己的艺术世界中，乐此不疲。对于政治，他其实一窍不通，也没有什么特殊的兴趣，他只是凭自己的良知、热情与勇气，投身抗日救国的革命洪流中，其兴趣及最终的归宿，还是在他的艺术家园。据祝勇对张仃的访谈，在鲁艺的东山窑洞里，有一次张仃与胡考闲聊，胡考问他："革命胜利后准备干什么？"张仃毫不犹豫地回答："回老家，种他几亩地，温饱不愁了，画画。"回顾张仃一生的交往，都是趣味相投的画家，诗人、文学家，没有一个政界的大人物，这与另一些著名画家、作家、诗人热衷于结交政界名人形成耐人寻味的对比。据张仃的夫人灰娃的自传叙述，张仃曾告诉过她这样一件事：有一次毛泽东突然来到蓝家坪文抗住地，找作家谈话，由萧军约人，他知道消息后悄悄离开，一人到延河边上散步去了。灰娃问他为何如此，张仃说我与政治家没有话说。此事在萧军一九四一年八月十日的日记中可以得到佐证，萧军当时约了艾青、韦莹、白朗、李又然，还有妻

张仃 1941 年为鲁迅逝世五周年纪念大会创作了巨幅鲁迅肖像。图为张仃怀抱大女儿乔乔和妻子陈布文及萧军在肖像前合影

子王德芬，记下了他们起初忐忑不安、不自然的表情，还从王德芬、白朗身上，看到了"女人们是容易被名人震动的，她们多奉上和虚荣心"的弱点，笔下不无讥讽之意。而据艾青本人记述，为了表示对毛泽东的崇敬，他还特地换上了平常不随便穿的西装。所有这些，可以反衬出张仃作为一个艺术家的率真与纯粹。

到文抗后，由于宽松的人际关系和工作环境，张仃画肖像漫画的兴致高涨起来，一发而不可收拾。周围的作家，艾青、丁玲、刘白羽、陈荒煤、萧军、舒群、白朗等，纷纷成为他描绘的对象，张仃使出自己的看家功夫，将每个人的神态与表情演绎得活灵活现，得到大家的喜爱。平心而论，这些作品带有游戏的性质，与他在上海南京时创作的针贬时弊、宣传抗日的漫画不大一样。有人或许会问：张仃为何到延安后，中止了匕首投枪式的漫画创作，弄起游戏性质的肖像漫画？合理的解释应当是，环境变了，张仃到了延安这个陌生而新鲜的地方，一下子找不到感觉，再用

原先的路子画边区的生活，总觉得错位。然而张仃天生就是一个画家，对造型、线条、色彩有着特殊的敏感和不能自已的迷恋，这种人离开了绘画很难活下去。在这种情况下，若想过创作瘾，只有画自己熟悉的内容。而熟悉的内容，在当时除了周围的朋友同事，那些与他一样来自都市的延安文艺人，还能是什么呢？

然而这些在文抗颇受欢迎的肖像漫画却在鲁艺引起负面的反响。时为鲁艺美术系负责人的江丰，想方设法在鲁艺组织了一次张仃肖像漫画内部观摩展，然后进行批评，引起文抗人士的不满。萧军在一九四一年七月二十一日的日记里写到——

下午去鲁艺，为了向周扬等催鲁迅丛刊的稿子，和看一看晚会，听说有人拉提琴。周扬不在，由立波领我到王朝闻、江丰等处。关于雕像和选木刻等事讨论了一些，关于他们批评张仃的画，我也纠正了他们一些意见：批评是极端重要的，但批评的态度，方法，对象……目的，是应该好好研究一番的。起始江丰还有点顽强，接着他接受了我的意见。预备有时间和张仃作一次谈话，"多鼓励，少打击"。

画展是幼稚平凡的。

萧军以"幼稚平凡"评价张仃的漫画展，符合他豪放自大的性格，因为这毕竟是一批游戏之作，虽然他认为张仃是一个"天才美术家"；同时，萧军在批评的态度、方法、对象与目的上对鲁艺同行的批评提出了自己的看法与建议，实际上是对鲁艺的过激批评提出反批评。

细想起来，张仃的肖像漫画，并不像后来蔡若虹、张锷、华君武三人的《讽刺画展》中的那些作品，当时引起极大的轰动和争议，并受到中共最高领导毛泽东的关注。那么，区区几张肖像漫画，何以成为鲁艺同行的讨伐的对象？说白了，还是张仃推崇的夸张变形惹的麻烦。因为在鲁艺的革命美术家看来，它们属于腐朽没落的资产阶级艺术，歪曲现实，颓废变态，丑化革命同志，这种反应今天看来未免太小题大做，在当时却很平常。然而在张仃看来，这种批评实在小儿科，懒得理会。三个月后他在自己亲手设计、刚刚开张的作家俱乐部正式举办了《张仃漫画展》，可以看作是对鲁艺美术家的回应。

然而，文抗时期的张仃最大的收获，是从一个漫画家，变成一个"大美术家"。这与鲁迅研究会的"美术顾问"的工作有很大的关系，因为许多艺术设计都等待着他，需要他来完成。由此，张仃发现一个新的艺术空间，在那里可以充分施展自己的艺术才华，打出一条"美化生活"的艺术之路。

张仃为鲁迅研究会设计了会徽，一个轮廓分明、表情严峻的鲁迅侧面头像置于圆形中，方圆对比中，显出强烈的视觉效果，黑白两色，手法十分洗练。一九四一年秋，延安召开鲁迅逝世五周年纪念大会，张仃用炭笔画了一幅巨大的鲁迅肖像画，挂在会场上，十分醒目。

张仃的成功转向，源于一个“大美术家”的天赋与资质。如果说原先他是以点、线、面、色在平面上造型的话，而如今就是以各种不同的材质和实物，根据现实生活的需要，营造各种不同的场面和氛围，设计出经济、实用而且美观的艺术产品来，在当时自然环境非常贫瘠、经济非常落后的延安，难度之大可想而知。据灰娃回忆：当时张仃常常憧憬革命胜利后，把延安建设成世界上最现代最美的地方，但他理念中的延安并非城市，他对延安的设计是沿河修建许多欧洲现代的古典的以及中华民族和世界各族民间的建筑。那段时间，张仃设计了作家俱乐部，为青年艺术剧院设计山门、舞台美术、戏剧服装、道具，舞蹈服装，还为儿童艺术学园的孩子设计了一套服装，由船型帽、夹克衫、灯笼裤组成，看上去十分洋气。荒凉单调的黄土高原，从此有了时尚的痕迹。因此，诗人艾青曾由衷地赞叹：“张仃到哪里，摩登就到哪里。”

对张仃自己而言，最有成就感，最难忘的，莫过于他为文抗设计了作家俱乐部。这标志着他艺术设计生涯的一个成功开端。张仃作为一个设计家的才华由此展露无遗。

作家俱乐部筹备的缘起是：一九四一年的延安，经过大生产运动，物质生活得到改善，文化活动也随之繁荣起来，京剧、话剧、活报剧纷纷上演，还能欣赏苏联二十世纪三十年代的电影。在文化沟，有一个文化俱乐部，经常举行文艺报告会、展览会，周末还举行舞会，颇令文抗人士眼热。于是，大家议论纷纷，建议自己也办一个俱乐部。这个民意得到文抗领导丁玲的支持，萧军还自告奋勇去边区政府部门游说募捐，毛泽东、朱德、林伯渠等党政军最高领导纷纷慷慨解囊，很快筹集到一笔建设资金。兰家坪的半山腰平台上刚好有一间较大的废弃的砖房，原是一所仓库，可以利用。为了俱乐部的名称，文抗还开过几次会热烈讨论，最后决定命名为“作家俱乐部”。张仃作为文抗唯一从事美术创作的画家，义不容辞地承担了俱乐部的设计工作，

这是张仃生来第一次承担如此大规模的室内艺术设计，兴奋之心可想而知。他知道此事只能成功不能失败，所以一切事情都亲自把关，全力以赴，他自己动手平整土地，粉刷墙壁，修理门窗，糊上窗纸。然后买木料，做家具。他唯一的助手和合作者，是一个农村来的老木匠，没有一点文化，连图纸都不会看，张仃一边画图，一边给他讲解，比划着告诉他怎么做。

张仃让木匠先做出一大批有靠背的折叠椅，木料选用本地出产的老榆木，本色，木质纹路挺美，里面绷上麻绳，再用本地的灰毡蒙上，镶上两道土蓝布的边，很是美观。然后做了两个长沙发。小方桌、茶几、酒柜、壁灯、吊灯，全部都是就地取材。椅垫用土蓝布和土白布缝制而成，剪纸图案。又从当地的集市上买来陶瓦罐子，用红土与墨，画上花纹，放在桌上作装饰，十分雅致。壁灯造型更是独具匠心，是农家日用筛箩的巧妙改造，挂到墙上，样式很

别致。本色木条做成长方格子的屏风，糊上土纸，往墙角一放，显得很洋气。张仃还在门口设计了一个酒吧，后来萧军的爱人王德芬就在酒吧后面卖酒水，也就是当地产的老白干之类。

张仃还给作家俱乐部设计了会徽：一团熊熊燃烧的烈火中立着一把金钥匙，还配有标语：作家是人类心灵的教师。这个创意源自斯大林“作家是人类灵魂的工程师”的格言，和古希腊神话中普罗米修斯盗火给人类，给世界带来光明与文化的典故。然而仔细辨认，熊熊燃烧的烈火取的是心的造型，钥匙立在心中，意义不言而喻：开心。所谓俱乐部，不就是让人开心的地方吗？

一切准备就绪之后，文抗向边区各单位发出请柬，定于一九四一年十月十八日下午六点举行“作家俱乐部开幕典礼”。鉴于张仃对作家俱乐部的特殊贡献，文抗委派他为俱乐部的主任。开幕的那天晚上，边区党政领导林伯渠、张闻天亲自到场，毛泽东因患感冒未能到场，托人捎信说改日一定来，会场挤满前来祝贺的人，热闹非凡。俱乐部的设计与布置得到人们交口称赞。开幕式十分热烈，先是萧军向大家报告作家俱乐部诞生的经过，捐款人的名单，然后是自助餐，文艺表演，最后在手摇留声机唱片的音乐伴奏中，大家翩翩起舞。

作家俱乐部开放之后，很快成为延安有名的文化娱乐中心之一。每逢周末晚会，附近的女子大学、青联、青年剧院、马列学院、中央医院的人纷纷过来跳舞，也吸引毛泽东、朱德、林彪、萧三等中央首长。毛泽东出现时，经常左手是漂亮的江青，右手是英俊的林彪，大家一边鼓掌，一边窃窃私语：“延安的金童玉女来了。”当时谁也没想到，几十年后，这对“金童玉女”把整个中国搞得乌烟瘴气，而舞会上的男女众生绝大部分人都变成了“牛鬼蛇神”。当时的人们，个个陶醉在革命的乌托邦理想中。尤其是设计者本人的张仃，更是为自己的作品而自豪，正如他说的那样：“当时，我是作为创作来设计与布置作家俱乐部的。”

然而，作家俱乐部的设计过程并非一帆风顺，处处令人愉快的，比如会徽的设计，就碰到了麻烦。文抗党支部书记刘白羽提出质疑：究竟党是盗火者，还是作家是盗火者？究竟谁有资格成为人类心灵的教师？是党还是作家？引起一些争议。萧军性子急，当场反驳说：“作家是人类心灵的教师，这句话有什么错？我们何必那么自轻自贱。”一下子把气氛扭了过来。当时的文抗，风气比较开明，左爷的势力有限，这件事情就不了了之。

还有一件事，也是张仃始料不及的。作家俱乐部建成后，有个党员同志背后放风，说“张仃账目不清楚”，似乎有贪污的嫌疑。这使张仃勃然大怒，这简直对他的人格莫大的污辱。为了设计这个俱乐部，他没日没夜的苦干，耗尽心血，人也瘦了一圈。况且，他是个艺术家，只凭良心做事，对账目之类确实一点不在行。忍无可忍之下，他跑到刘白羽的办公室，破口大骂起来，要他们去核查他开给老木匠的工资。愤怒之中，他又给毛泽东写了一封信，提出想离开延安。很快，毛泽东给张仃回了信，态度很客气，信中说：张仃同志，你的信收到了。我劝你还是不要走。个人和集体的关系，总是要经过一段长的时间才能协调。几乎没有人例外，我本人也如此。我认为，边区的大环境对你来说，还是好的。毛泽东的这封回信，体现了领袖的风度，对张仃的心理起到了平衡作用。

四十年后的一九八二年，张仃重访延安，发现兰家坪的山前建起了工厂，过去的旧房子没有了，眼前全是新的二三层的楼房，但在工厂后边的山坡上还有土窑洞，有的窑洞还住着人家，窑洞之间的羊肠小道，仍依稀可见，不由唏嘘怅然，感慨万端——

我想起，从前作家俱乐部举行周末晚会的时候；碧夜沉沉，岗岚幢幢，远谷近山，一排排密密的窑洞；点点灯火闪烁其间，如同星群散落，而在兰家坪的半山坡上，作家俱乐部的灯光异常辉煌；悠扬的音乐，在山野间弥漫……人们影影绰绰，从各自的羊肠小道上走下来……

作家俱乐部，寄托着张仃延安时代美好的青春理想，凝聚着他的全部才情与艺术灵性，张仃日后有幸成为新中国的首席艺术设计师，得以主持开国大典、国徽设计等一系列重大设计，在国际舞台上向全世界展示新中国的形象，与此有着直接的关系。可以说，它就是张仃日后多彩多姿的艺术设计生涯的开端，而且是一个最美好的开端，所以怎么能不令他怀念感慨？

而且，对张仃来说，作家俱乐部的诞生另有一种作用。在此之前，他只是边区的一位普通的文化名人；在此之后，他成了延安文化界人尽皆知的人物。他的价值和重要性，在革命根据地首次得到了承认。这从毛泽东给他的第二封回信中也可看出。如果说两年前毛给他的第一封回信是对他的勉强接受，那么现在这第二封回信就是对他的真诚挽留。从这个意义上说，作家俱乐部的诞生，意味着另一个张仃的诞生。

一九四一年十月对于张仃来说是一段难忘的日子，也是他延安岁月幸福的巅峰。作家俱乐部开幕的第二天，就是鲁迅逝世五周年纪念日，文抗举办了一系列纪念活动，其中包括《世界名画展》《郑景康摄影展》，接下来就是《张仃漫画展》，张仃的肖像漫画展在自己亲手设计的作家俱乐部开幕了，而且大受欢迎。萧军夫人王德芬在自传中记录了这一幕——

《张仃漫画展》更加有趣，他画的绝大多数是作家艺术家的头像。最惹人注目的画得最像的是陈荒煤、刘白羽、白朗三个人。荒煤黄黄的皮肤，稀疏的头发，愁眉苦脸的形态，画得太逼真了；刘白羽白白的长脸，淡红色的眼泡，笑眯眯的表情；白朗斜着脸抿着嘴笑着，活灵活现；其次是丁玲，两只大眼睛，短发，圆圆的胖脸；舒群棕黑色的头发，黑眉乌眼，正符合他的笔名“黑人”快赶上“印度阿三”了；张仃夫人陈布文，一颗有着五官的红红的西红柿，两边加了两条小辫。可惜只有萧军很难画，我没见过哪个画家画像过他。张仃的漫画功力有他独到之处，抓特征抓得准，这个漫画展受到广大观众的好评和喜爱。

这番景象，与三个月前张仃在鲁艺的漫画展形成鲜明对比，再次证明张仃出鲁艺、进文抗是明智的选择，也再次证实当时延安的整体文化氛围是何等的自由宽松。据王德芬描述，在《郑景康摄影展》开幕式上，萧军与文抗作家们陪同毛泽东参观，走到一张题为《三个摩登女性》的放大照片前时，萧军指着照片中的丰满健美的黎灼灼问毛主席：“这样的摩登女性你喜欢吗？”毛主席回答说：“喜欢！”还笑着反问萧军：“你呢？”萧军爽快地回答说：“我也喜欢！”引得大家开怀大笑。当时中共最高领袖与作家的关系就是这般随和。

然而，这已是节日的尾声。不久，一场影响中国未来文化发展方向的文艺整风运动就要拉开帷幕，之后还有更严酷的“抢救运动”，延安的文化人将得到脱胎换骨的改造，他们原有的小资思想、小资情调、小资生活方式将受到彻底的扫荡，被整合到不要可抗拒的革命的机器中，变成一颗颗螺丝钉，张仃的这种肖像漫画从此再出没有存在的余地。事实上，随着文艺整风运动开展，张仃的肖像漫画创作逐渐歇手。

补白

博古把胡耀邦从刑场上救回

第五次反围剿时期，国民党的一颗炸弹落到了瑞金红军驻地附近。炸弹没有爆炸，红军兵工厂想把弹头取下来研究。为保证大家的安全，有个硬性规定：任何人不准靠近炸弹，违者一律枪毙。时任少共中央局秘书长的年仅十九岁的胡耀邦和其他两人按捺不住好奇，在一个晚上，悄悄地来到炸弹落下的地方，企图见识一下这个威力巨大的铁坨坨。一不小心，他们弄出了动静，被看守的政治保卫局的卫兵发现了。不容分说，枪毙！当他们垂头丧气地被押向后山刑场时，迎面的半山坡上碰见了博古。博古问清楚原委后笑着说：“算了算了，还是小孩子嘛，枪毙什么呀。”见总书记替他们三人求情，负责执行枪决的保卫局的工作人员也就大事化无了。

博学多闻的王学泰

——《生旦净末丑》(之一)

◎么书仪

俗话说：舞台小人生，人生大舞台。活到一定的年纪，才能够明白这句话其实不假。

舞台上表演的都是人生的酸甜苦辣，人的一生也是在酸甜苦辣中颠踬前行。

人生在世，天生就有性格不同，生就了的，想改也难，如同舞台上的生旦净末丑。

境遇有变，你管不了，只能赶上什么算什么。有时候，你被环境席卷，不由自主地扮演着那本来和自己不相容的行当；有时候，你心里明白，可是不得不“变异”了自己，形势所迫地扮演着你“应该”的角色。

回首前尘，自己经历过的是这样——这就是所谓的“现实”，我写了《寻常百姓家》作为记录。

看看周围，也大多是如此——大家都是活在“现实”之中，《生旦净末丑》可以为证。

——作　者

前些天，我知道王学泰的《监狱琐记》在三联书店出版了，就连忙打电话向他要，很快，《监狱琐记》和《一蓑烟雨任平生》就快递到家了。打开看看有点失望——没有签名，和买一本没有什么差别。其实，我现在送人书也不签名，为的是方便对方做减法（卖旧书），否则，如果在网上看到你的“签名本”会很别扭。

在一九八一年我进入社科院文学研究所的时候，王学泰就是《文学遗产》的编辑了，他是一九八〇年直接考进《文学遗产》编辑部的。我虽然是在一九七八年，早他两年就考进了中国社会科学院研究生院文学系，可等到三年之后毕业进入文学所，就比他进所还晚了一年。因为《文学遗产》和古代文学同在一个领域，编辑部和古代室又都在社科院大楼七层的紧东头，所以，星期二上班的时候，古代室的人就经常去编辑部办事和聊天。

那时候《文学遗产》编辑部的编辑都是学者型的，记忆比较深的是，上世纪八十年代后期的主编徐公恃、副主编吕薇芬都是从古代室调过去的自不必说，分管魏晋的王毅、分管唐宋的王学泰……在学术上也都是各有所长。

我经常去找的是李伊白，李伊白是首师大中文系毕业，也是调到《文学遗产》做编辑的，她记忆力好，识字多，碰到不会写的北京话里的俗字得去问李伊白，一般都难不住她。因为她在编辑部分管戏曲审稿，什么地方开戏曲研讨会的时候，我们俩也常常是同时收到请柬，有时候我们也结伴同行，久而久之就很熟。她是当时的副院长李慎之的女公子，眼界很高，虽然很愿意结交朋友，可骨子里总带着那么一点高干子女俯视凡人的劲头儿，她对我和吕薇芬都不错，可是不一样，她对吕薇芬偏于敬重，不光因为吕薇芬年长而且是副主编，可能更多的还是因为吕薇芬处理事情和人际关系的方式方法，她对我可能是因为年龄相仿谈得来，可那也挡不住李小姐对我说翻就翻，好在她并不记仇。

因为王学泰分管唐宋诗文，我和他业务上没有来往，可是他为人随和幽默，而且经常语出惊人，所以，在编辑部听到他和大家聊天的时候，我也喜欢凑上去听，除此以外，我们就没有更多的接触了。

上世纪八十年代末，他从编辑部调到古代室改行做研究，我们就成了古代室的同事，他记忆力超好，遇到生僻的典故或者历史上的人和事去问他，他经常张口就来，很少碰到他“不知道”的时候，当然，问过他你还是得去查证一下，他也不是电脑——也有说得不完全对的时候。

在古代室，他人缘好，和大家都很聊得来。上世纪九十年代，他结识了一个留过学的年轻的针灸博士，他觉得不错，就介绍给我，当时，我也是正为腰疾和神经衰弱所苦，所以，我们俩就约好一起去东直门中医医院针灸，两个人经常是趴在对面的床上，后背扎上针，停针的时候、起针以后休息的时候，就有了很多聊天的机会，他喜欢聊天，我也喜欢听他聊天，一来二去，我才知道了很多他的监狱生活。以前，虽然也听说他坐过监狱，可是，看着他总是乐呵呵心广体胖的样子、弥勒佛般的表情、待人处事的宽和大度，一点都不“苦难”，听说他的爱人管小敏还是干部出身……这些都怎么也和“蹲监狱”连不上。

我以前就听说过，监狱里都有黑社会，不给监匪狱霸做小伏低，就有吃不完的苦头，甚至悄悄地丢了性命，可是，王学泰不像是会“做小伏低”的人，他在监狱里好像也没有受过欺负，狱友很尊敬他，可见他在监狱里也是好人缘，然而这次，真的听他讲到自己为什么成了“反动学生”，为什么成了“现行反革命”,怎么就变成了“有期徒刑十三年”,三年之后,又怎么就“无罪释放”了……就真的让我瞠目结舌了。

那时候,我就知道了,我和王学泰虽然都是解放后上的学,他只长我四岁,而且,我上的是北大中文系,他上的是师范学院中文系,可我们俩其实在人的质地上不属于一个档次:他是“什么书都爱读”,我是“老师让看什么书就看什么书”;他是“什么事都会想想对不对,容易质疑”,我是“老师说什么、家长说什么、报纸说什么、国家说什么、党说什么,我就信什么”;他喜欢“聊大天,而且经常是主聊者”,我喜欢“听别人聊天,大庭广众之下,常常羞于开口”……相对来说,他是比较“特别”的人,而我属于懦弱的“芸芸众生”,这也是为什么他终于“蹲了监狱”,而我可以“平安”地度过那些年代的原因。

听了他的讲述,我其实挺佩服他的,比如,我们俩都经历过一九五八年的“大跃进”,那时候我上初中,他上高中,对于当时国家和报纸天天都在说的“亩产万斤粮”,我从来都没有怀疑过那是真是假,可王学泰不然,他在一九五八年就因为“好思考”“好质疑”而惹了麻烦。一起去东直门针灸的某一天,他告诉我他的第一次麻烦,内容就是《监狱琐记》中的开篇叙述:

第一次是一九五八年十月,我读高中,下乡劳动,深翻土地,种小麦高产田,来年要亩产一百二十万斤。当时我说,一麻袋最多能装两百市斤小麦,一百二十万斤可装六千袋。一袋平放在地上占地六平方尺,一亩地可以平放一千袋小麦,六千袋要码六层,相当一房多高,我问什么样的麦秆能把这六千袋小麦挺起来呢?

那时是组织军事化,这话是我在“连队生活会”上提出的疑问。连队汇报到团指挥部,带队劳动的是一位留校学生,刚被提拔为教导主任,颇带点“少共”意味,有决断,多激情。他听了之后勃然大怒,认为这不是与党唱对台戏吗!竟敢怀疑“大跃进”,不相信党报上宣传的“人有多大胆,地有多大产”!这是政治错误,必须严厉批评,肃清流毒。于是召开我校下乡劳动的全体同学开辩论大会(当时风行“社会主义大辩论”,动不动就要“辩论”,实际上就是批判),“辩论”我的“反动言论”。许多同学慷慨激昂,上场发言。大会收尾时,那位新提拔的教导主任(当时称作“团政委”)当场宣布,把我开除回校,不许我在这里给“大跃进”泼凉水。这是我在众多人面前的第一次“亮相”。我低着头,有时也偷偷看一眼下面的同学真正的或故作气愤的面孔,感到很意外。待回到城里地处骑河楼的学校,留校的师生正在做大炼钢铁的准备,我怕被同学问起,就没有回学校,(又怕被家长问起)每天跑“北图”看书,以消磨时日,下乡同学回校后又在班上开了一次批判会,这时又加上一条新罪行,就是逃课、逃避“大跃进”。那年我十六岁,正是充满了奇思异想的季节,这是生活给我上的第一课。

记忆中，我第一次听王学泰讲述这件往事的时候，给我的感觉和这次读《监狱琐记》里的记录很不一样，那次要生动许多——王学泰的叙述虽然语气平和，但是，我能感觉到他在回忆自己年轻时代发生的性命交关的大事时候，内心的思绪并不平静；那次也让我非常震惊——王学泰作为一个高中的学生，居然会有这样的思考能力和质疑能力！我没碰见过这样的人。而且，一个中学的教导主任不是去解决学生的疑问，而是以这样"整人"的方式处理一个高中学生的疑问。可经历过那个时代的人都明白，这正是那个"阶级斗争""宁左勿右"时代的特产，可是，现在的人就会不明所以——历史是很容易被遗忘、被涂改、被消解的啊！

王学泰一九五八年高中时代"怀疑大跃进""逃课""逃避大跃进"的行为自然是已经记录在案，好思考、好质疑、好聊天、爱说风凉话的本性也很难改，所以他在大学毕业时候的一九六四年，就第二次遇到了更大的麻烦——上世纪九十年代王学泰对我所说过的经历，也在《监狱琐记》中记录着：

从一九六二年秋天，强调"阶级斗争要天天讲"以来，形势一天紧似一天。从学校领导、教师到学生都学会用阶级斗争的眼光看待一切，扫描一切，关注周围同学的一言一行。我所在的班，因为一九六二年秋选举班干部时，没有完全服从系总支的安排，在一些人的策划下，选了一两个违背领导意志的班干部，这就成为近似"反革命事件"的"选举事件"。一九六三年北京市委大学工作部研究高校的阶级斗争时，把这种"选举事件"视为资产阶级向党进攻的信号……面临毕业时，我们这个班一些"选举事件"中的"积极分子"都有些紧张，预感到要被整……由于上面抓得紧，下面的运动自然也就搞得轰轰烈烈。自觉有问题的学生在老师和同学的帮助下一个个痛哭流涕，做检查，痛骂自己的过去，以求过关。在我看来有些像滑稽戏。然而奇怪的是我无论怎么检查，自觉得已经很深刻了，但也没有人理，也不说过关了，也不说不让过，有点晾起来的意思……

王学泰高中时代就有"怀疑大跃进"的前科，大学时候和"选举事件"也有瓜葛，这一次倒霉的关键还是他和张闻天的儿子张虹生同宿舍，床头相对：

从他那里得知，遵义会议后，原来张闻天是党的第一把手，毛泽东仅仅是协助周恩来处理军事问题的第三四把手。他谈过对于"三面红旗"、"反修斗争"等重大问题上党内高层是有不同意见的。像后来尽人皆知的"三分天灾，七分人祸""人相食，是要上史书的"和在庐山会议上对彭老总不公正的批判，当时我就知道了。这些信息在正常社会中人民是有权知道的，可是在当年这些都属于高层机密。

另外，我有几位校外的朋友，到了假

期经常凑在一起聊天，无话不谈。从张虹生那里获得的信息自然也就扩散到这几位了……

一九六四年毕业之际，王学泰赶上了毕业之前的“清理思想运动”，所以，无论是被人揭发也好，还是碰到了一个急于制造业绩的政治辅导员也好，反正最后的结果是“这一年全校毕业生总共一千余人，公开被定为‘反动学生’的只有我一个（听说仅中文系每班还有“内定”“反动学生”两名，全系共8人）……被清理出来的学生，不算合格毕业生，不能毕业，分四等处理：一，劳动教养三年；二，劳动教养二年；三，劳动考察三年；四，劳动考察二年。我是劳动考察三年，由北京市高教局组织到农场劳动。因为‘文革’，拖到一九六九年初才又回到学校，一九七一年分配到房山（河北公社口儿中学）。”

这回实际上是王学泰和张虹生两个人“聊大天”出了格，不仅涉及了对于老百姓保密的高层机密，而且王学泰还和自己的朋友们“分享”了党内高层机密，所以他就成了不折不扣的“传谣者”，也就难辞其咎地成了“反动学生”，可王学泰没有揭发张虹生，所以“造谣者”张虹生反而没事（当时，凡私下谈论“国家机密”的都叫作“造谣”和“传谣”）。

王学泰一九五七年于北京师大附中初中毕业，一九六〇年于北京六十五中高中毕业，一九六〇至一九六四年上的是北京师范学院中文系，本来应该是一九六四年参加工作的，结果拖到一九七一年才被分配——当时的青年人一旦成了“反动学生”，他的人生轨迹就从此改变了，无论怎么说，反正他已经沦落到政治运动中“被整者”的行列。

王学泰的另一本书《采菊东篱下》里面，专门有一篇《说运动》，总结了毛泽东时代以“一九四二年的整风”为“范本”，创造的“政治运动”（也叫“群众运动”，实际上就是“运动群众”）的方式方法和程序，我把王学泰的叙述总结之后简化如下：

一，建立一个富有“正义性”和“号召力”的运动名称。

二，党的基层领导，也是运动的领导者，对外宣传造势、发动群众、组织阶级队伍。

三，领导者内部开会策划，把手下的群众“分类排队”，按照“出身”和“平时的思想表现”把群众划分为左派（依靠对象）中间派（团结对象）和右派（打击对象）。

四，运动开始：依靠对象和团结对象面对面揭发批判打击对象，打击对象自我检查，争取“坦白从宽”，同时，打击对象背靠背互相揭发批判，争取“立功受奖”。

五，按照比例（百分之一、二、三）定案、处理“一小撮”打击对象。

…… ……

王学泰在《采菊东篱下》的《说运动》中谈到“政治运动”对于所有的人（包括“整人者”和“被整者”）的伤害的时候所言极是：

实际上领导也不是什么“用特殊材料制成的人”，大家都是平常人。领导也有自己的喜怒哀乐、爱恨情仇，他们也有三个亲的两个厚的，与普通人完全一样。一个普通人长期掌握着对他人的合法合理的伤害权，而且几乎不受限制、不受制约……伤害人者永远在一个十分顺畅、没有任何阻力（甚至还受到奖励）的情况下摧残他人，长此以往，对于伤害者的健康人性也是一种戕害……

更可悲的是，“被排队”的人们不知道自己“被排队”了，不知道自己是处在怎样的政治位置上……领导秘密调查他……又不对他说明真正的原因，使他不能为自己解释……被伤害者因为处在一个固定的单位中，逆来顺受只能是唯一的选择……许多人只是得罪了本单位的领导，就有可能倒霉终身……

互相揭发有“背靠背”的揭发和“面对面”的揭发两类。背靠背的揭发按说是比较容易，向领导打小报告、或更简单些给领导写个条子就可以了，神不知，鬼不觉，似乎没有什么，然而它对传统知识分子的品格是个挑战，这种告密行为历来为正人君子所不齿……让受传统教育很深的老知识分子背离这种传统，当着人面说长道短，这在二十世纪五十年代之初是很困难的……到了“文革”期间，人们经历了数十次大小运动的锻炼，以前做人的传统、心理障碍一扫而光。此时大家都已经习惯互相揭发了，而且敢为天下先，争做积极分子者大有人在。

事实上，作为基层的党的领导，在运动中实施整人的行为是党交给他的“光荣任务”和“责任”，如果他质疑或者不执行这种“光荣任务”和“责任”，他就有可能沦落成为被整者，所以，没有人愿意这样。而且被整者经常是因为出身不好（地富反坏右）或者是有历史问题的人，党的基层领导大多都会认为整他们理所应当，王学泰因为思想被整是个特例。

被整者，比如地富反坏右，大多是当然的“运动员”，并不都是没有思想准备，他们也并不都是“不知道自己被排队了”，只是没有办法罢了，“逆来顺受”也只是一种被逼无奈，并不是什么“选择”——因为如果真的选择了“反抗”，根本就是“找死”。王学泰的因为言论成为被整者也是一个特例。

党的政策一贯是“坦白从宽”“抗拒从严”“立功受奖”（这也是屡试不爽的“攻心政策”），而“从宽”和“从严”每次都有范例，“看你的表现”永远是领导手中秘而不宣的权力，“立功受奖”就是让大家互相揭发，不到最后宣布结果，被整者谁都不知道自己的“表现”在领导心里是好是坏，自己被人揭发了没有，所以大家都争着“表现”自己，争着坦白。

领导每次都事先号召大家在运动中“批评与自我批评”——“揭发自己”叫作“自我批评”，是要求进步的具体表现；“当面揭发别人”属于“批评帮助犯错误的人”，也是革命的表现；“背靠背揭发别人”

是“立功”的表现,“立大功受奖”是说“表现好”可以得到“从宽处理”——谁都怕被别人“背靠背”揭发了,自己还没坦白,成为“表现不好”的一类,最后落到“罪加一等从严处理”的下场,那可就惨了!所以人人都不敢不“自我揭发”和“揭发别人”……

所以,“互相揭发”也不完全像王学泰所说是“到了‘文革’期间,人们经历了数十次大小运动的锻炼,以前做人的传统、心理障碍一扫而光。此时大家都已经习惯互相揭发了”,其实普通的老百姓在“文革”之前,在经历了一次又一次的政治运动之后,大家早就习惯于“自我揭发”和“互相揭发”了,大多数“被整者”面对面或者背靠背的互相揭发都有“切身的”现实考量,不得已而为之,早就顾不得“做人的传统”了!

时下有人非常怀念改革开放之前的时代,拿今天的短处和当年的长处相比,说是那时候“没有失业”“单位分房”“公费医疗”……看来,刚刚经过了短短的半个世纪,时光已经把那个时代的“精华”过滤掉了。

想起我经历过的那个时代,政治运动一个接着一个,运动一来就是全民的,全民运动就是让大家互相整,每次运动之始,党都有具体的政策,把人分为“整人的”和“被整的”两大类,你要是沦落为“被整的”那一类,就必须自我揭发、自我检讨、被人揭发、被人批评、不能过关……没完没了。

我的兄长在高中、大学时代,没有很用心的在政审表上给自己填了一个“出身”资本家,实际上就等于自己站到了“被整的”队伍里,他也是和王学泰一样“管不住嘴”,喜欢和同学聊天和对时事政治说三道四,同时还看不起功课不好的贫下中农同学和调干生同学,所以一九五五年他十九岁在北京工业学院上大二的时候,就在“肃反运动”中,被基层领导(班上调干生组成的党小组)整成了“反革命分子”,从而经历了大会小会被人揭发批判,自我检讨、夜里在被子里悄悄地哭……最后因为表现的“认罪态度较好”,受到“记录在案”“不戴帽”的“宽大处理”(很久以后他才知道,他的档案中对他的定位是“控制使用”)。在人生的第一课之后,兄长学会了对于政事一言不发。

王学泰没有“出身”的问题,他只是因为“管不住嘴”而沦落成了“被整者”,《监狱琐记》中记录了他在毕业之前“清理思想”运动中成为“反动学生”的苦难历程:

现在的大学生们很难想象那是一个多么痛苦与艰难的过程,无休无止的大会小会,学生们,特别是那些自我感觉不太好的同学拼命地要表现好一些。我记得有位女同学被树为样板,在全系大会上讲自己清理出的思想问题,边哭边讲,诉说自己人生观受资产阶级毒害之深,其根子就在《外国名歌二百首》和外国小说……她真诚的忏悔感动了领导,可以既往不咎了(可能她根本就不是被确定的重点)……

我在小组清理思想时整整讲了四个小时(当然也是想要学习那位被树为"样板"的女同学,希望自己也能顺利过关),讲自己所受老庄思想的影响,讲自己消极的人生选择,政治辅导员连听都不要听……我们这些早已被内定的"重点"只有静静地等待命运的安排……

同学们一个个地过关,一些次"重点"也在反复的"清理"之后勉强过了关。只有几个人"挂"了起来,大约我是"挂"得最高的,因为那些"挂"起来的同学还有系或院的领导在找他们,做他们的工作,而我则是最"清闲"的,没有人管,爱干什么就干什么。这仿佛是暴风雨来临之前的平静,我惴惴不安,第一次感到等待苦难比苦难本身更残酷。

最后,在全系大会上,系总支书记宣布"清理思想"运动已经结束,现在进入了"对敌斗争"的新阶段,于是,王学泰就被当作唯一的"反动学生"公之于众了……

我虽然没有被整过,可是我知道兄长十九岁上大二时被整,初中和高中时代看见过班上出身国民党军官的同学入团的时候,都是痛哭流涕痛骂父母,表示坚决和他们划清界限——这是当时一个通行而有效的,受到鼓励和肯定的做法。

那个时代的单位基层领导有团支部、党支部、甚至于街道积极分子,他们生活在你的身边,会时时刻刻注意你的一言一行汇报上去。运动来了,基层领导就会把手下的群众按照出身成分、政治表现排队并划分为左中右,确定依靠对象、团结对象和打击重点。基层领导和积极分子们立场坚定,整起人来决不手软,人人都要以"整人"来表现自己"阶级立场最坚定"……

所以,你如果不是"整人者",就千万不能让自己成为那个时代的"被整者",这也就是为什么在兄长被整之后,我把自己和妹妹们的"出身"永远改填了"小商",以免成为"被整者",而甘愿被人瞧不起。

谨言慎行,不发牢骚、不发异议、不质疑大好形势、不得罪领导……也就成为芸芸众生的行为准则。

最后把王学泰送进监狱的是开始于一九七五年的"《推背图》事件",这个最大的麻烦让王学泰以"现行反革命"罪,被判"有期徒刑十三年"。

王学泰爱读奇书,他看到预言书《推背图》中第四十二象乙巳上画的宫装妇女怀抱琵琶的图像,文字说明是:

一歌女手持琵琶,地上左有一张弓,右有一只兔。谶曰:美人自西来,天朝中日渐安。长弓在地,危而不危。颂曰:西方女子琵琶仙,皎皎衣裳色更鲜。此时混迹居朝市,闹乱君臣百万般。

王学泰顺着"预言书"的思路开始浮想联翩:

当时我突发奇想:这不是江青吗?"西方女子"写其来自延安;"琵琶仙"写其演

艺出身;“皎皎衣裳”写其重视服饰,推广江氏“布拉吉”;“混迹朝市”写她先卖艺,后发达;“闹乱君臣百万般”不言自明……

这本《推背图》是一位中学教师汪先生的,王学泰借来消遣,还把自己的浮想联翩传播给大学同学章同学,章同学借看了这本《推背图》,又转借给朝阳区文化馆的姓顾的朋友,顾朋友把书复印了,因为骂江青而被人揭发,顾朋友被整,扯出了《推背图》,追来追去就追到了王学泰和汪先生,结果是:《推背图》成为“攻击无产阶级司令部”的证据,被公安局没收、汪先生受到公安局的调查、王学泰则由此遭遇了牢狱之灾,他还是因为“话痨,管不住自己的嘴”,这件事就惹大发了。

他先是被房山县文教局隔离审查,然后因为“态度恶劣”交给房山县公安局传讯(关押在房山县公安分局收容站),十多天后把他转送到北京市公安局半步桥预审处和看守所,预审员主要是对于章同学交代的、由《推背图》事件引发的“反动言论”进行核实,王学泰对于“私下议论了江青”以及和章同学的谈话内容都供认不讳,最后在交代上签字画押。

一九七六年七月二十六日,王学泰在北京市中级人民法院被宣判,因为“一九七二到一九七三年伙同反革命分子章某‘互相散布反动言论,恶毒攻击无产阶级司令部,污蔑无产阶级文化大革命和批林批孔运动’‘罪行严重,性质恶劣’以‘现行反革命罪,判处有期徒刑十三年’。”

如果从一九七五年三月四日王学泰被房山县公安分局正式传讯开始算起,到一九七八年十月二十日,王学泰被北京市中级人民法院撤销原判无罪释放为止,王学泰蹲监狱一共三年半……

我一直不能想像,“有期徒刑十三年”的判决,曾经对于他有过怎样的伤害,更不能想像,那一千多个日日夜夜,王学泰是怎么度过来的……王学泰确有特别的过人之处。

今天,看着《监狱琐记》中的娓娓道来,你会慢慢地了解监狱的形制、监狱的管理、进监狱和出监狱的程序、监狱中的形形色色众生相……王学泰更像是一个旁观者,而不是一个亲历者。在“附录五号子里的战争”中王学泰说道:

没有接触过监狱和犯人的人们对于监狱生活抱有一种神秘感,以为关在其中的都是一伙青面獠牙的人物。其实,号子里的人与当时社会上的人没多大差别,除了占百分之几的极少数的极坏与极好的人之外,绝大多数也就是社会上的芸芸众生。社会人的物质与精神上的种种需求、平常人的喜怒哀乐、愉快、信任、感激、庆幸这些正面感情和痛苦、鄙视、仇恨、嫉妒等负面情绪,以及在利害是非面前的自私自利的谋划或正义的冲动,号子里的人也一样都不少,而且比社会上的人表现得更激烈、更狂暴,所引发的后果更严重,因而更具有震撼性。因为监狱是浓缩了的社会……

王学泰在古代室很早就进入了文化研究，他研究饮食文化、游民文学，他的《华夏饮食文化》《中国流民》《游民文化与中国社会》我都有，那时候，他还会在书的扉页上写着“书仪兄哂政”，我很珍惜这份情谊，可实际上我对于他书中说的“游民社会”云云懂得不深，这次看《监狱琐记》才隐隐约约觉得，王学泰在监狱能够以经历者和旁观者的双重身份过日子，没有受到更大的伤害，很大程度上是得力于他对游民社会的深刻认知，和由此产生的独特的做人和适应监狱生活的方式方法。

王学泰进入“法律程序”之后，先是“认账”，承认自己“不应该私下议论江青”，认账之后就是判刑和服刑了。王学泰的“认账”态度，也是因为经历过、看到过、听说过，“不认账”之后会有没完没了的麻烦，也会有“依法”升级和“抗拒从严”的严重后果。

比如：与王学泰同狱的、钱学森的同学，清华大学的教授徐璋本、河北省监狱的北京外国语学院教师吴纪仁都是因言贾祸的政治犯，可都被判为“现行反革命分子”，他们都曾经“保持自己正直的人格”“坚持不肯认罪”，当时通行的说法是“不认罪本身就是罪上加罪”。之后，他们就在没完没了的“认罪服法活动”中，“受到他那个年纪的老人不应该受到的侮辱”，最后，“吴纪仁被枪毙前已经疯癫”；徐璋本被宣布为“反改造分子”的时候，已经是“站在那里，双目无神，嘴角下垂，令人陡然感到这是一个饱经沧桑的垂垂老者，他深受精神的折磨和人格的屈辱，已经无法继续承受下去了……”

王学泰怀疑的：“一个人的人格力量能够支撑多久？”并非虚言，进了监狱还要“坚持人格”的人，很可能活不到出狱——这就是“现实”。

与王学泰同狱的一个密云第八机床厂的电工，在毛主席逝世之后，因为厂里转播天安门广场追悼大会时，电器出了毛病，这个有点历史问题的电工紧张得接不上线，被县领导断定是“阶级敌人”，马上被抓，之后就被速判“十八年有期徒刑”，这个电工觉得冤枉，想要给自己辩护，求助于王学泰，王学泰对他说：“尽管这件事与你无关，但谁让你赶上了，而且历史上又有点瑕疵呢？……这么简单的事，谁不清楚？他们了解事实，还要判你，你就是替罪羊。”

王学泰的认识没错：“那会儿出了问题先拿阶级敌人（或者有各种各样历史问题的）开刀是天然合理、顺理成章的，谁也不能反对，因为这样做大方向没有错。这就是那个时代的逻辑。”王学泰给他出主意：“与其花力气为自己辩护，还不如找关系，写申诉往高层递送。”

后来，这个电工听了王学泰的话，通过关系把申诉交给了时任工厂总务科长的叶剑英的女儿，结果不久，监狱就让他收拾行李走了，再也没有回来。

王学泰觉得，现实是“视法律如儿戏”，判的虽然荒诞，可是如果你赶上了就只能自认倒霉，不能明说，也不能硬顶。现实还是“权大于法”，通过“认识的人”，找到了并非正常的法律程序的渠道，有可能解决问题。

王学泰自己后来也是走的这条路，他把自己的申诉材料在单独接见的时候交给家人，然后由同案人章同学的家属也是通过关系拐着弯儿送到邓小平家，卓琳把这份材料转到北京市高法——由此才开始启动了王学泰“现行反革命案”的平反。

王学泰在监狱中想明白了很多问题：生活的现实是“老百姓不能有疑问”“没有不表态的自由”“要处理惩罚一个人，不是因为他犯了什么罪，而是由于政治形势的需要”。监狱的现实是“这个地方没有任何人买你的账、尊重你，除了靠自己的定力重新积累人望，但那也需要低调和谦卑……”

王学泰把这些认识化作了自己应对监狱生活的处世哲学：以“认账”避开了严酷的“认罪服法活动”；以他的博学多闻建立了自己的威信，同狱的犯人都叫他“王老师”（可见当时即使是在监狱里，知识也还是受到尊重）；以他的与人为善获得狱中的好人缘，犯人和看守都对他不错，以至于在他生重病（化脓性脑膜炎）的时候，得到及时的抢救和治疗……

王学泰蹲监狱的整个过程都很荒诞，他有四张措词迥然不同的判决书：

一九七六年七月二十六日，由北京市中级人民法院出示宣布（76）中刑反字第46号《北京市中级人民法院刑事判决书》，其中说王学泰：“恶毒攻击无产阶级司令部，污蔑无产阶级文化大革命运动和批林批孔运动……罪行严重，性质恶劣……现行反革命罪，判处有期徒刑十三年”（没有罪行内容、也没有证据）。

一九七八年十月十九日，同样是北京市中级人民法院出示宣布（78）中刑监字第549号《北京市中级人民法院刑事再审判决书》，其中说王学泰：“经再审查明……主要是针对‘四人帮’的，其中虽有有损毛主席光辉形象的错误言论，但属于思想认识问题，因此，定反革命罪不妥，应予纠正。据此，判决如下：一，撤销本院（76）中刑反字第46号判决书；二，申诉人王学泰无罪，予以释放。”

王学泰签了字“收到判决书一份，但不同意”其中的说法。出狱之后，王学泰写了“上诉书”，到“北京高等法院接待站”上访，一定要弄清楚是非曲直，怕的是这一纸公文给自己留下无穷的后患。幸运的是，王学泰上访遇到一位“不袒护本单位错误”的、难得的政法干部。

一九七九年初，王学泰收到了第二份《北京市中级人民法院刑事再审判决书》，删去了“其中虽有有损毛主席光辉形象的错误言论，但属于思想认识问题”这句话，最后仍署“一九七八年十月十九日”。

一九八〇年夏天，王学泰收到第三份“北京市中级人民法院刑事再审判决书”，把“主要是针对‘四人帮’的”改为“都是针对‘四人帮’的”；把原“定反革命罪不妥”改为“原判以反革命定罪判刑是错误的”。

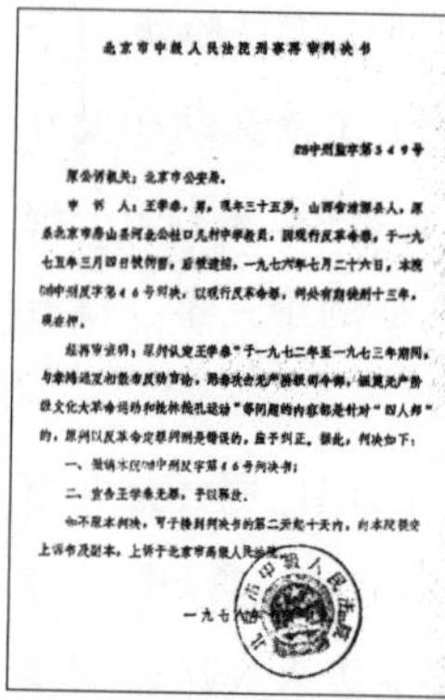

北京市中级人民法院刑事再审判决书

(78)中刑监字第349号

原公诉机关：北京市公安局。

申诉人：王学泰，男，现年三十五岁，山西省浮山县人，原系北京市房山县河北公社口儿村中学教员，因现行反革命案，于一九七五年三月四日被拘留，后被逮捕，一九七六年七月二十六日，本院(76)中刑反字第46号判决，以现行反革命罪，判处有期徒刑十三年，现在押。

经再审查明：原判认定王学泰"于一九七二年至一九七三年期间，与[illegible]散布反动言论，恶毒攻击无产阶级司令部，诬蔑无产阶级文化大革命运动和批林批孔运动"等问题的内容都是针对"四人帮"的，原判以反革命定罪判刑是错误的，应予纠正。据此，判决如下：

一、撤销本院(76)中刑反字第46号判决书；

二、宣告王学泰无罪，予以释放。

如不服本判决，可于接到判决书的第二天起十天内，向本院提交上诉书及副本，上诉于北京市高级人民法院。

一九七八……

王学泰上访之后又发过两次“再审判决书”，这是最后一份，是1980年夏天寄送的。但仍署1978年10月19日。

最后也是仍署“一九七八年十月十九日”。

因为王学泰蹲监狱是起因于“反动学生”事件，所以，王学泰出狱后也找到北京师范学院，师范学院倒是没有犹豫再三，一九七九年三月十日就给出《改正决定》，说是：“王学泰同志是我院六四届毕业生，在一九六四年清理思想运动中被定为反动学生。经复查，属于错案，由党总支讨论通过，党委批准，予以改正。”

至此，王学泰才算是找回了自己的政治清白，这些出现在不同政治形势下的对他的“判决书”，恰恰可以证明他所说的“要处理惩罚一个人，不是因为他犯了什么罪，而是由于政治形势的需要”。至于蹲监狱和曾经经受的苦难，看看他的《多梦楼随笔》序中的叙述：“直到今天我写到此事时，心头仍然有一种‘紧缩’和‘冷’的感觉”，“时至今日，有时还会梦到自己似乎仍在狱中度日”，就会知道三年半的监狱噩梦，伴随了他的一生……

资质独特的王学泰，冷静地把那些噩梦转换成了一种“独特的经历和财富”。

重新看看王学泰上世纪九十年代送给我的《华夏饮食文化》《游民文化与中国社会》，就会想起我们俩在东直门中医医院一起扎针灸的日子，有趣的和难忘的事都让我心存感念。

记忆中有一次，他请我去崇文门吃“马克西姆餐厅”的西餐，餐厅里空空荡荡只有我们俩，旁边还有两个服务员专门给我们“服务”，我没有见过这样的阵仗，吃得很别扭，记不得那次花了多少钱，只记得最后算账，王学泰和我兜儿里的钱加起来也凑不齐那一餐饭钱，好在王学泰的家就住在马克西姆餐厅对面的崇文门社科院宿舍，我被押在那里，他回家取钱……

王学泰有一种独特的、很现实的考虑问题的方式，后来，我就很愿意遇到了问题和他商量。有一次，扎完针灸回家的路上，我和王学泰说起：几年前，母亲在医院治疗结肠癌，第二次开刀之后情况不好，母亲开始呼吸困难时，正赶上我值班，最后给母亲上呼吸机是我签的字，母亲嘴里插着呼吸机管子就不再能说话了，母亲去世以后，一想起母亲在重症监护室里，愤怒而绝望的目光，我就反反复复总在想：我是不是做错了决定？不应该签字给母亲上呼吸机？王学泰静静地听完了我的边哭边诉，最后说：“其实，你的母亲活到七十七岁，已经算是高寿，她到了癌症晚期，又开了两次刀，你们实际上已经没有什么选择，怎么选择结果都是一样的……这件事谁也帮不了你，你得自己过去……”听了他的话以后，我思索良久，最后终于放下了这件事。

重新看到王学泰的《多梦楼随笔》也会想起二十世纪九十年代，学苑出版社请他主编“学苑丛谈”一套书的时候，我的一本叫作《两意集》的书，内容是写一九九一至一九九三年跟随洪子诚在东京大学客座时候，在日本的见闻和经历，出版之后，我才知道出版社曾经觉得我的这一本像是“游记”，不合丛书“学术散文”的体例，主张取消，全靠了主编王学泰的坚持，《两意集》才得以面世。

看过了《监狱琐记》《采菊东篱下》《一蓑烟雨任平生》《重读江湖》，一个多经历、多思考、多见解的王学泰就会站在你的面前——学问上，他既是专家，也是杂家，和吴晓铃先生有一拼。经历上，特别是对于解放后政治运动的分析和看法，见解独特而又实际。

王学泰说：“一个国家在正常发展过程中，没有外战与内战，却要发动群众搞不创造价值的政治运动，弄得老百姓像陀螺一样不停地旋转，恐怕世界上没有第二个，而我们建国后的三十年里就是这样。”

“近几十年来，不间断的运动给不同的中国人带来太不相同的感受。有的人心怀眷眷，有的人痛心疾首”……的确是这样。

特别是王学泰在《监狱琐记》和《采菊东篱下》说到的，能够活到今天的我们这一代人的悲剧：

我总觉得我们这一代人都有活得很不光彩的一面，包括我们这些从未整过别人而只是被人家整的人。因为我们面对着邪恶和冤屈，面对着真理被践踏而无动于衷……

我的青春年华与大多数同龄人一样是在努力做“奋发有为的驯服工具”的告诫中度过的。平常与人交流都要戴上“政治正确”的假面，我也很习惯说些大话、空话、假话，尽管晚上躺在床上的时候羞于把白天说过的那些无用的正确话再过过脑子……

这几十年，把多少本来十分简单、单纯的人改造成为政治运动的老运动员……

看着这些引起我的同感的文字，思想起我们年轻的时候，在“残忍野蛮”的政治运动中，都曾经言不由衷、都说过一些假话、大话和空话，都曾经痛骂“剥削阶级”，表示要“与家庭划清界限”，都在政治运动中为了自保跟着举拳头、呼口号……都只是为了不要沦落成为“被整者”啊。

如果像钱锺书先生说过的那样，“《六记》中记这记那，而最应该记的是‘运动记愧’。”我们这些并非是“整人者”的人，虽然不曾出卖良心，揭发打击“被整者”，但是如果清夜扪心自问，我们都有过“没有骨气”应该感到愧疚的时候……

如同韦君宜在《思痛录》中所言：“真正使我感到痛苦的，是一生中所经历的历次运动给我们的党、国家造成的难以挽回的灾难。同时，在‘左’的思想的影响下，我既是受害者，也成了害人者，这是我尤其追悔莫及的。”

也正如那位高法接待站接待王学泰的政法干部说的:“大家都是从那个时代过来的,谁敢说自己没有说过错话呢!”

当然,更多的芸芸众生并不愿意对于这段历史和自己曾经的所作所为进行“反思”,大家都更愿意选择“遗忘”,这也是一直以来“对‘文革’不讨论”政策的群众基础。

王学泰也说到过:“读一些年轻人和海外批评中国大陆知识分子的文字,动辄说大陆知识人缺少操守……”

我想,其根本原因是这些“年轻人”和“海外人”都不曾生活在那个时代,所以那些没有在大陆改革开放之前生活过的人,的确不要随便说话,因为人人都是活在“现实”当中。

记得二十世纪九十年代,第一次听到王学泰的故事的时候,我就说:“王学泰,你应该把这些都写下来,出一本书,告诉后人:我们曾经有过一个怎样荒诞的时代。”王学泰说:“现在还不行。”至于为什么“现在不行”他没说,我也没问。

这些天我看到王学泰二〇〇九年出版的《采菊东篱下》的封面顶端写着:“我四十年前说的话现在才能说,我现在想的话要以后才能说”——活到这把年纪,王学泰已经不再是当年的王学泰,经历已经让“管不住嘴的话痨”学会了审时度势。

2015 年 2 月 28 日修改

补白

张季鸾遗嘱

一九四一年九月四日张季鸾病危时,自知病愈不济,遂留下遗嘱:

余生平以办报为唯一之职业。自辛亥以还,无时不以善尽新闻记者天职自勉,期于国族有所贡献。迨九一八事变后,更无时不以驱除暴敌,恢复我国之独立自由为目的;同时并深信必须全国一致,拥护领袖,拥护政府,忠贞自勉,艰苦奋斗,始能达此目的。故尝勖勉我同人,敬慎将事,努力弗懈。今届抗战第五年,胜利在望,而余病势将不起,特重言之:并愿我全社同人,痛感时令之艰难,责任之重大,本此方针,一致奋勉,务尽全功;尤宜随时注意健康,以积极精神,为国奋斗。至关于余子女教养及家人之生计,相信余之契友必能为余谋之,余殊无所萦怀,不赘言。

大学之道

◎陈四益

一

“大学之道在明明德，在亲民（注家说，亲民当作新民），在止于至善。”这是《四书·大学》开宗明义的第一句。这里说的“大学”，同今日所言大学，是两回事。当初所言“大学”与“小学”相对应。“小学”，即“小子之学”，是要后生小子，学些洒扫、应对、进退之节，以及嘉言懿行，诗书礼乐等入门功夫。至于“大学”则是“大人之学”，要修习格物致知、正心诚意、修身齐家、治国平天下的大道理——说得简单些，就是“格致、正诚、修齐、治平”。

二

这样一种教育体系，其培养目标，是那个社会所需要的“牧民者”，即皇权所需要的各级官员。这些官员的第一要务当然是要正心诚意，即对皇上，对这个政权，忠心不二，不能有邪念。其次才是要有巩固皇权的办事能力。能力怎样表现？国家是个“大家”，自己的家是个“小家”，范围不同，其理则一。小家有家长，大家有皇上。要为“大家”出力，先要摆平自己的“小家”，这就叫“齐家”。能够“齐家”，然后扩而大之，以在家对待父祖尊长的态度来对待君主和上司。这样一级管一级，一级尊一级，上下尊卑绝不逾矩，在皇上看来，自然就天下太平了。所以，正心诚意，修身齐家之后，才谈得上治国平天下。

三

培养的目标如此，学习的内容也就基本是国家钦定的意识形态。宋以前还稍稍宽泛，宋以后就主要是“四书五经”了。读经、应试、做官，几乎成了官员养成的唯一通道。

从皇家的眼光看来，这样培养的官员最为可靠，因为他们从小就受着纯正的意识形态熏陶，不受“邪说”影响，确立了正确的指导思想，养成了唯命是从，唯上是尊的习惯，即所谓：“物格而后知至，知至而后意诚，意诚而后心正，心正而后身修，身修而后家齐，家齐而后国治，国治而后天下平。”以形式逻辑推演，这似乎是颠扑不破的道理，但以实践来检验，尽管皇家按此标准培育挑选官吏，一个个王朝依旧都灰飞烟灭了，而王朝的灰飞烟灭，吏治的隳颓又始终是重要的原因。这样费尽移山心力以纯正的意识形态来培养选拔官员，怎么还会出现吏治隳颓的问题？值得认真想想。

四

打小儿就记诵的“正确意识形态”，其实并不能确保规范官员们的行止，更不能确保官员妥善地处理国事政务。任何一种意识形态，只凭口授心记或强制灌输，都不可能成为一种自觉的行动，尤其是当学子们意识到只要依样画葫芦、满嘴“正确意识形态”，就会给他带来众多利益的时候，读圣贤书、说圣贤话就成为一本万利的投机事业。

既然读书、中举几乎是唯一进入官场的通道，投机者记诵正确意识形态的动力，主要便只是为了通过“科举”的选拔，进入官员堂庑，以改变自己的地位——不然，就如《儒林外史》中马二先生教训匡超人的话：“那个给你官做？”

记诵或应答这些教条，就像举起一块敲门砖。口头或书面对皇家表现的忠诚，只不过是以此换取权力的授予和分享。一朝权到手，他们最强烈的欲望，决非实践致君尧舜的理想，而是如何满足“黄金屋”“颜如玉”“千钟粟”的欲念。真正的忠臣、廉臣有没有？当然有。但在整个官场十分稀有。

五

“正确的意识形态”并不能代替治国安邦的能力。开口闭口要致君尧舜的书呆子，其实并不懂得所谓尧舜时代只是心造的幻影，并非真实的存在。爬梳现在还能看到的一些文字记述，字里行间，可以探知尧舜之治的一些蛛丝马迹，其间似乎一样充满着反叛、监禁、放逐、权斗与虐杀。若以为那些想像中的治道和治术，真能适用于千载而下，不是呆子就是疯子。

中国历朝历代能够将权势玩弄于股掌之上的“明君”，大抵都是看透了“圣道”无用，而长于权变、不按常理出牌的痞子或豪强。

六

培育后备官员教材中的那些圣贤之道，大多是讲些个人操守和处世之道。读熟那些道理，并不就是熟谙政务、经济。所以政府的具体操作，还得依赖吏员。吏员是具体操办者，由官员选任，有的报酬微薄，有的没有官饷。他们的收入，大多要靠在所办公务中捞取，油水之厚薄就看各人的手段。当然，他们懂得，这种捞取，要能得到主官的容忍，就得混、送、蒙、贡、哄，全套精通。这些手段在圣贤书中学不到，但混迹官场久了，大可以无师自通。这里边的门道，在“正确的意识形态”书中是见不到的，但在笔记、小说、戏曲里，刻画得淋漓尽致。不信，找几本《儒林外史》《官场现形记》《二十年目睹之怪现状》或《道咸宦海见闻录》一类书籍翻翻就会明白。

七

近三十年前，曾有一阵把中国的科举

制度当作文官制度的模范大加鼓吹，好像中国的这一发明影响了世界。但是，在津津乐道中国文官制度之首创时，很少见到对中国式官吏培养方式做几分检讨，讨论其弊端何在。这也是国人的老规矩：喜欢吹嘘历史上什么是世界第一，但不爱听今日同世界的差距。择己之强，况彼之弱，对他人强于自己的则闭眼不观或蓄意抹杀，所以我们盲目自大时多，而从善如流时少。只有到了国将不国，危机四伏之时，才会有一些忧国忧民者奋起疾呼，倡导改革。也只是在这样的时期，会有人对老祖宗传下的规矩发出质疑。

八

自秦汉以降，朝代虽有更迭，但体制并无根本的变化，因为争来夺去，如鲁迅所言，只是争的那一把“旧椅子”由谁来坐。争夺之际，你死我活，一旦争到手，一切仍复旧观。只不过皇帝爷改了个姓儿或变了个年号，一般文武换了些面孔。即便到了“危急存亡之秋”，上层统治集团依旧是“秋气不惊堂内燕，夕阳还恋路旁鸦”（龚自珍诗），继续做他们的倒头梦。只有到了洋人要打进来，国将不国的关口儿，这才有人觉得祖宗之成法并不可恃，再这样不思更革，很快就会混不下去了。这些人奔走呐喊，企图更革政制，力挽危局。晚清之际的维新派和后来的革命派，都是这般人物。

九

上上个世纪末，维新派的健将梁启超大声疾呼：“法者，天下之公器也。变者，天下之公理也。”为了中国的前途，他主张“学在四夷”。后来鲁迅的“拿来主义”，也是这个意思。凡能致中国于富强，致人民于幸福者，不管中学西学，土产洋货，都可以拿来为我所用。“我们要拿来。我们要或使用，或存放，或毁灭。那么，主人是新主人，宅子也就会成为新宅子。然而首先要这人沉着，勇猛，有辨别，不自私。”

他还说，“没有拿来的，人不能自成为新人。”（鲁迅语）

要拿来，用过去的“大学之道”只能培养因循守旧之辈，过去的教育就要改革，“废科举，开学校”，成了维新派和后来的革命派的共同主张。

十

“西洋”的坚甲利兵，“东洋”的维新崛起，令中国这个老大帝国，真实地感到严重的威胁。下层已不能因循地生活下去；上层也已不能再照旧统治下去，于是，维新变法的时代到来了。“废科举，开学校”是维新变法的一项重要内容。

“废科举，开学校”之所以成为变法维新重要内容，是为了培养新人。新的改革任务，需要新的人才。这样的人，要有更革旧制的勇气，要有建设新制的卓见，要有办理新政的才干。靠读四书五经，做八股文，代圣人立言，以选拔人才的科举制度，显然难于完成这样的任务。

这项改革当然会损及一批人的利益。靠八股科举当上官僚、甚至位居要津的，希望率由旧章，生怕改革威胁到自己的地位；十年寒窗尚未取得功名、混上一官半职的，生怕因此断了自己仕途。他们大都是维新变法的反对派。但在存亡兴替之际，稍有头脑与理智者，无不知道非改革无以图存。因此，科举终于废除了，学校也终于开办了。

十一

学校的兴办是中国大学教育的滥觞。新的学校制度，摒弃了“修齐治平”、“四书五经”那一套教学体系，引进了西方的自然科学与社会科学。虽然起初还很幼稚，但很快也就显现出欧风东渐的强大影响。到了十九世纪末二十世纪初，马克思主义也传入中国，影响了一代中国的革命者。中国社会转型的新方向、新思想、新目标，无不是在西方思想影响下形成的。如果没有西方意识形态（包括马克思主义以及成为马克思主义来源的西方古典哲学、古典经济学与空想社会主义）的传入，就不会有十九世纪末到二十世纪中，中国的社会的大变革，而大学正是这些新思想传播的重要阵地。是西方意识形态孕育并养成了一代引领中国改革的革命者，也推动了古老中国的新生。

十二

中国又一次站在了前进还是守成的关口。为了中国的现代化，中国的大学，有责任为国家培养各个领域的、具有世界眼光，了解世界情势，并能掌握当代最先进科学技术的一流人才。封闭守成的学校是无法完成这一历史使命的。

中国的大学，应当持更开放的姿态，从事各领域的学习与研究。不但要学习研究西方先进的科学技术，而且要学习研究西方的社会科学，包括哲学、经济学、政治学、法学、社会学、文学、艺术，乃至社会管理。大学应当是开放的。这不仅因为其中许多思想是西方对已经遇到而我们尚未曾遇到或开始遇到或将要遇到的社会现象的分析与应对，也因为，即便其研究方法与得到结论是错误的、片面的，也只有经过研究才能辨别其失足之处，然后知所规避，找到更加切合实际的办法。我们今天大学培养的也并非都是行政官员，而是各种学问的研究者、思想者和创造者。简单地规定这个不许进课堂，那个不许进课堂，无疑是一种看似方便的办法，但也是无效的办法。这种办法看似十分坚决，却绝非大学成功之道。

学习无禁区，研究无禁区，在学习与研究中提高辨别力、思想力和创造力，才能造就不因循、能进取、有眼光、有创造的人才，这样的人才才能使中国成为思想、学术领先的国家，才能成为世界最具实力的强大的国家——实力不仅是物质的，也是精神的。这才是培养人才之道，也才是大学成功之道。

革命诗人之死

◎萧文泉

爱好苏俄文学的年轻人想象不到，在上世纪五六十年代的中国最受追捧最被当作偶像的苏联诗人不是阿赫玛托娃，不是曼德尔施塔姆，而是一个叫马雅可夫斯基的人。那时他已经死了二十多年了，这更能放心地让人崇拜他。马雅可夫斯基本人也颇有明星相，官方的标准照片上此人身材高挑，目光锐利，慷慨激昂的鼓动家的身姿，很令人着迷，他作为当时苏联官方第一诗人的地位，不由得一边倒的中国人对他生出无穷的敬意。

苏联诗人马雅可夫斯基(1893—1930)

有点不寻常的是，那时苏联以及中国的正统文艺路线是社会主义现实主义，但是马雅可夫斯基却不是这个社会主义现实主义的领头羊，他信奉的是未来主义，按照严格的革命队伍排列理论，他至多算是个革命的同路人，怎么会被抬到苏联文艺圣殿的正中位置呢？这和他的死大有关系。

马雅可夫斯基并不是一个纯俄罗斯人，他于一八九三年出生在格鲁吉亚，是斯大林的同乡，父亲有哥萨克血统，母亲是乌克兰人。他以俄语诗歌著称于世，其母语实际上却是格鲁吉亚语。在俄罗斯的那些动荡不安的年代里，马雅可夫斯基思想激进，参加非法的革命活动，被沙皇的警察关进了莫斯科的监狱。就在沙皇的监狱里，他找到了平生的事业。在单人牢房里被关了五个月的马雅可夫斯基读诗解闷，朗读了拜伦、莎士比亚和托尔斯泰的诗，没觉得怎么好，却引爆了他内心的诗才，从此一发不可收拾。因为年轻而被宽大释放后，马雅可夫斯基索性退出布尔什维克党，专心磨练诗艺。他偶然遇到一位性情相似的年轻诗人，跟着加入了未来主义的诗人团体，很快成了这个团体中最著名的人物。

马雅可夫斯基的诗完全打破了俄罗斯诗歌的传统格式，为了追求韵律节奏的效果，任意地扭曲句法文气。普罗大众似乎很喜欢他的新花样，他也迎合群众需要，走上街头，为大众朗诵他的革命诗歌。他还和他的未来主义诗人同道们到十几个俄国城市巡回朗诵他们的诗，穿着奇装异服在台上夸张地诵读充满热情的诗歌，一边用手杖和钉了铁掌的脚后跟打节拍，很有后来摇滚歌手的风度，结果也常常是台上台下乱成一团，警察不得不来中断朗读以维持秩序。

马雅可夫斯基的诗歌名气越来越大，作品发表后广受注意，开始在莫斯科的文化圈子里和雅可布逊，帕斯捷尔纳克，拉宾，爱森斯坦，高尔基这样的名人交往。他不仅以诗出名，还拍电影，写剧本，办期刊，尝试着各种艺术，特别是新的诗歌形式。

那是个革命前夕激动人心的火热时代，旧制度弊端丛生，青年人心思变，革命是希望的同义词。政治，经济，文化，到处涌动着革新的潮流。革命前夕的俄罗斯是现代文化的策源地，形式主义的文学，抽象主义的绘画，都是起源于革命前的俄罗斯，其中未来主义是个主要流派。这些文艺流派大都以反抗旧传统为口号，标新立异，争奇斗妍。象征主义、阿克梅主义、意象主义、构成主义、宇宙主义，各色艺术主张不一而足，马雅可夫斯基的未来主义相信工业化的未来世界，要创造出适合未来机器文明的新诗来。这些文艺新流派之间互不服气，但是在反对沙皇旧制度上却是一致的。这有点像中国革命胜利前“创造社”、“太阳社”、“语丝社”和“文学研究会”之间的争论，互相意气不合，但在反对国民党政府这一点上是一致的。

布尔什维克的职业革命家们明白这一点，他们欢迎这些现代艺术潮流的支持，他们容许艺术家们向旧制度旧传统开战。布尔什维克革命俨然成了现代主义艺术的摇篮。布尔什维克革命胜利后，新政权忙着镇压武装的反革命，还没有顾得上文艺战线的事，就让这些狂放不羁的艺术家们自由地创作，十月革命后的那些年代里各色各样的现代主义文艺流派在新政权下还非常兴盛，分管文化的教育人民委员卢那察尔斯基正好又是个懂得艺术的人，这样现代主义仿佛在革命的苏联找到了发展的沃土。这种宽容对于存亡未卜的新政权很有益处，有利于改善布尔什维克对外的形象。一九一八年莫斯科的五一节大游行时全城被未来主义和至上主义的新奇油画装点，在西方艺术界引起轰动，当时巴黎的艺术家们都认为苏联是最先进的艺术国度，国际艺术展览会在巴黎举行时，满是现代主义先锋艺术的苏联馆大受欢迎。不过，这种苏维埃政权下的艺术狂欢就像海市蜃楼那样没能持续很久，权威的革命理论家们也早已在那里思考革命与艺术的关系了。布尔什维克最重要的理论家托洛斯基在他的《文学和革命》中断言:“未来主义,无疑也是旧文学的一个分支。”他对新政权下这个艺术流派的存在很不满意,“未来主义也将它源自资产阶级放浪派这个社会出身的特点带入了其发展的新阶段”。

马雅可夫斯基就是签署《未来主义宣言》的人,他自己一点没觉得是站在资产阶级一边,相反,革命后的马雅可夫斯基自觉地充当了革命的宣传员。他为报刊写文章,宣传革命思想,他和俄罗斯电报通讯社“罗斯塔”合作,制作了大批的革命宣传画和口号发布各地。他组织了新时期的未来主义团体“列夫”,提出“共产主义的未来主义”的口号。列宁去世时马雅可夫斯基写了长诗《列宁》。在莫斯科大剧院列宁纪念会上他朗读这首诗时,听众们起立鼓掌二十分钟。

不过,到了二十世纪二十年代末,风向就转了。政权巩固了之后,苏维埃领导人就开始收拾文艺界。实验性作品先锋派艺术等等显然不合革命的意识形态,未来主义诗人宣称,“我们的艺术是形式的艺术,”“艺术永远是脱离生活而自由的,它的颜色永远不反映城堡旗帜的颜色。”这样的艺术观当然和党的政策格格不入,列宁本人就不喜欢未来主义和其他的实验艺术。尽管马雅可夫斯基不知疲倦地为布尔什维克做宣传工作,他开始感到压力,苏联进入了斯大林时代,他不再能写他的那些爱情诗,只能写政治宣传诗。种种迹象表明他开始失宠了。斯大林没有出席庆祝他文学生涯二十周年的展览会,令他十分失望。他的两个讽刺剧上演后遭到全俄无产阶级作家协会的猛烈批评,加入“拉普”后,他被扣上“民粹主义者”的帽子,这在列宁的笔下可是个致命的罪名。

马雅可夫斯基,这个布尔什维克革命时期锋头最健的诗人,走到了他的末日。官方的说法他是自杀的,子弹直接穿过他的心脏,发现时已经没救了,身边搁着他的遗言,也是一首诗。赶到现场的他的诗人朋友帕斯捷尔纳克留下了生动的回忆,使我们知道马雅可夫斯基死时的样子,但是我们不知道他到底是为什么自杀,甚至也不肯定他到底是不是自杀。

关于他的死因,至今还有重重迷雾。自杀的手枪是一个斯大林的秘密警察送给他的。他死的当天,《真理报》发布消息,强调说,“死亡是由个人原因造成的,和诗人的公共活动及文学活动毫无关联。”自那时以后,流言一直不断,说杀死他的子弹和他手中的枪不是同一个型号的,说他的邻居听到两声枪响,最奇怪的是调查他死因的警察自己在十天后被杀。一直到一九九一年,马雅可夫斯基纪念馆还觉得有必要请专家来鉴定他的死亡证据,包括他在死前两天写下的遗言的真实性。

无论如何,马雅可夫斯基有足够的理由死去。在马雅可夫斯基生命的最后一段时间里,他的诗歌朗诵会上总有些奇怪的人挤在前排,要么大声喝倒采,要么问一些挑衅性的问题:“马雅可夫斯基先生,历史表明伟大诗人的下场都不妙,您会不会

马雅可夫斯基在纪念自己创作20周年的展览会上

想到自杀？”至于个人问题，《真理报》的讣告听上去有点此地无银的味道，但马雅可夫斯基确实有使他绝望的个人问题。这个热情如火的革命诗人同时也是个极易堕落情网的人，他死前正卷入在几场看不到出路的爱情中，使他非常沮丧。马雅可夫斯基从中学开始就绯闻不断，布尔什维克革命前夕他爱上了一个有夫之妇丽里雅·布丽可思，他后来一直和布丽可思夫妇住在一起，构成了一个中国人难以想象的奇怪的三人家庭。

丽里雅·布丽可思是个深不可测的人物。尽管马雅可夫斯基走马灯似的换着情人，她始终能把马雅可夫斯基留在身边。马雅可夫斯基所有的长诗，除了歌颂列宁的《列宁》，都是题献给她的。当马雅可夫斯基疯狂地爱上了一个巴黎香奈儿的俄裔女模特并打算和她结婚时，丽里雅有办法使马雅可夫斯基拿不到出国批件，并且“无意”地让马雅可夫斯基听到那位模特已经嫁人的消息，当然这个消息是假的。不久，他又爱上了一个女演员，但是对方不肯为他离婚。总之，在那夺取马雅可夫斯基生命的枪响之前，他正陷入在绝望的感情困境中，丽里雅·布丽可思暗中起了不小的作用。不少人相信，丽里雅·布丽可思是为秘密警察工作的。

也是这位布丽可思夫人，使得马雅可夫斯基没有被人遗忘。马雅可夫斯基死后，本来苏联作家协会早已经把他列入黑名单，报纸上也不准出现马雅可夫斯基的名字。马雅可夫斯基死了五年后，她给斯大林写信，请求出版马雅可夫斯基全集，斯大林的回答超出了她的期待。斯大林说，“马雅可夫斯基曾经是并将永远是苏维埃时代最好的最有才华的诗人”，“忘记马雅可夫斯基是种罪过”。那时是一九三五年，斯大林已经成为全世界无产阶级的伟大领袖。他一言九鼎，奠定了马雅可夫斯基的身后名。将马雅可夫斯基捧上无产阶级文艺的神坛是个聪明的做法，诗人已经死了，不会再做出使人难堪的事了，他为布尔什维克革命竭力宣传的诗作也能成为无产阶级文学的榜样。

马雅可夫斯基以他发明的阶梯式诗著称，无论听起来还是阅读，都非常地鲜明有力，例如他的一首政治诗是这样写的：

向右？
　　谁在向右？
　　　　向左！向左！

他的诗作离不开当时的政治形势，在听到北伐期间上海工人起义的消息后，他马上向听众朗读了他的诗：

同志们!

工人

和广州部队

占领了

上海

歌唱我们

伟大的

光荣的

正确的

党!

斯大林对马雅可夫斯基的褒奖导致了这位诗人的声望起落,他的革命诗歌成了千百万苏联学生必读的文学课程,但是他的更加具有个性的爱情诗歌则被遗忘了,他在诗艺上的先锋性也被抹去了,帕斯捷尔纳克称之为对诗人的第二次谋杀。在西方,对这位未来主义的骁将不再有人感兴趣了,人们把他看作是一个斯大林主义的宣传员;而在东方,净化了的马雅可夫斯基则成了中国诗人膜拜的对象。

和苏联革命不一样,中国革命在文艺政策上没有经过放任和犹疑的阶段,革命领袖远在有掌权机会之前,乘着抗日对持阶段的时机,早就开过文艺座谈会,确定文艺是革命机器的一个螺丝钉,艺人和作家都是革命大军中的小兵。斯大林那时还是中国的革命导师,听到斯大林的指示,延安在一九四〇年和一九四五年都召开过纪念马雅可夫斯基的集会。一九四九年以后,马雅可夫斯基更是成了革命诗歌的榜样。二十世纪五六十年代,中国的诗人贺敬之和郭小川都以所谓的政治抒情诗出名,他们的诗在形式上都是模仿马雅可夫斯基,例如贺敬之的《放声歌唱》:

不过,尽管马雅可夫斯被视为革命诗人的典范,他那些相当有名的讽刺官僚制度的诗,例如很得列宁赞赏的《开会迷》等,在中国却从没有人敢仿效,马雅可夫斯基放荡无羁的爱情生活更没人提及。我们这里是革命歌德派的一统天下。

据懂俄语的专家说,马雅可夫斯基的许多诗在内容上好像是纯宣传品,但是在俄语诗歌形式上确是非常不同凡响的,他的用韵别出心裁,是俄语韵书上从来没有过的,他的双关语总出人意外,这位现代派的诗人本来就认为诗歌形式最重要。他的那些诗体上的创新翻译成汉语时都没有,汉语读者看到的只有剩下的政治口号了。就像我们那时学习苏联党先进的文艺政策,结果传到主管部门的不是卢那察尔斯基,只有日丹诺夫,执行起来,则比日丹诺夫更下一个档次。

这么多年过去了,苏联早期的文艺风暴也不再能致人死命了,现在在新生的俄罗斯和西方都有诗歌爱好者在重新发现马雅可夫斯基的诗歌成就,他富有个性的诗艺创新被看作是二十世纪俄语诗歌的重要遗产。反观中国,不知现在还有没有人愿意读郭小川等人的诗作?

《青年近卫军》之殇

◎汪家明

许多年前，读矫健的小说《河魂》，有一种难忘的感想：任何一个你身边看上去平凡、简单的男人女人，如果能一层一层地探入其内心深处，就会发现，里面埋藏着巨大的创伤和复杂的故事。所谓作家，唯一的工作，就是发掘它们，揭示给世人，别无其他。随着年龄增长，我越来越相信，所有表面上光鲜、美妙的人、事、物，如果能够到其背后看看，或者究其历史过程，一定会有令人唏嘘不已、感慨万分的东西。苏联文学中的肖洛霍夫及其《静静的顿河》是这样，法捷耶夫及其《青年近卫军》也是这样。

一

关于法捷耶夫的悲剧，无论是苏联、俄罗斯还是中国，早有多人研究，尤其是一九九〇年他的遗书披露以后。他生于一九〇一年十二月二十四日，自杀于一九五六年五月十三日，短短五十四年半生命中，经历了十月革命、大清洗、卫国战争、赫鲁晓夫上台等大事件。十八岁参加红军，在战斗中负伤；一九二七年二十六岁时写出《毁灭》，被称为苏联文学里程碑式的作品；一九三〇年，比法捷耶夫大二十岁的中国文豪鲁迅将它翻译成中文，使其在中国的名望仅次于高尔基。毛泽东曾说："法捷耶夫的《毁灭》，只写了一支很小的游击队，它并没有想去投合旧世界读者的口味，但是却产生了全世界的影响，至少在中国，像大家所知道的，产生了很大的影响。"从一九二六年至一九五六年，法捷耶夫一直担任苏联作家组织的主要领导和最高领导；一九四三年他根据苏联共青团中央建议，写作以克拉斯诺顿城青年抵抗德国法西斯的真实故事为题材的小说《青年近卫军》，一九四四年完成，获文学最高奖：斯大林奖金。斯大林去世后，他开始反思，并为当年的一些冤案申诉，言辞激烈，直指党的文艺政策，因此不受欢迎；赫鲁晓夫在苏共二十大作全盘否定斯大林的秘密报告之后，他的心情极为复杂。他得知肖洛霍夫在会上发言，批评他是一个"贪权"的人，并说"我们从他那里窃取了十五年最好的创作年华，到头来既没有了总书记，也没有了作家”，这句话击中了他的痛处；其实两年前他已被免去总书记的职务。他曾是前两届党代会的中央委员，二十大上被降格为候补委员……种种因素之下，终至开枪自杀，留下遗书：

1954 年版插图：华丽雅和谢辽萨把红旗插到楼顶

我看不出再活下去的可能，我为之奉献终生的艺术已被党的自负而无知的领导所扼杀，现已无法挽救。优秀的文学干部在当权者罪恶地纵容下，或被从肉体上消灭，或被折磨至死，其人数之多，甚至历代沙皇暴君做梦也难想到。优秀文学人才过早夭亡，余下的多少能创作具有真正价值作品的人，活不到四五十岁……列宁死后我们被贬低到孩童地位，被消灭，被意识形态恫吓，却把这一切称之为“党性”。而现在，到了一切都能改正的时候，肩负改正的人所表现出的却是粗浅、无知和无以复加的自负。文学落入平庸、卑劣和爱记仇的人的手中。少数心存火的人陷入贱民的处境——况且他们年事已高，不久于人世，心中已无任何创作欲望……

把我变成一匹拉车的马，一生吃力地拉着不计其数的平庸的、不合理的、任何人都能胜任

奥列格拉住惊马

连环画之一，青年人准备联合起来（华三川画）

连环画之一，刘勃卡在路上（华三川画）

的官僚主义事务。甚至现在当我总结自己一生的时候，多少呵斥、训斥、训诲以及不过是思想意识的毛病向我袭来，而我本应是我国优秀人民引以为荣的人，因为我具有真正的、质朴的、渗透着共产主义的天才……作为作家我的生活失去任何意义，我极其愉快地摆脱这种生活，有如离开向我泼卑鄙、谎言和诽谤脏水的世间……

请把我安葬在母亲墓旁。

（注：此《遗书》摘自蓝英年发表于1996年《读书》第六期的文章《作家村里的枪声——法捷耶夫之死》）

他的自杀令党中央和赫鲁晓夫极为被动，他们封存了遗书，编了一个冠冕堂皇的理由发布讣告，并无视他的意愿，把他葬在莫斯科新圣女公墓。有一段传说：在向法捷耶夫遗体告别仪式上，按惯例，赫鲁晓夫和中央领导成员参加守灵，一位老作家哭着对赫鲁晓夫说："太可怕了！出了什么事，萨沙（法捷耶夫昵称）向自己开枪？"赫鲁晓夫尖刻地回答："他是向党开枪，而不是向自己。"此后，文学界渐渐形成一股从政治和艺术两方面批判他的潮流，苏联解体后情况更甚，他的作品被否定，新出版的文学史著作取消了关于他的专章，还有许多难以证实的流言对他进行人身攻击。由此可以想到，他之自戕，实在有先见之明。

一般人都把法捷耶夫的错误和斯大林的专制联系在一起，这符合逻辑，在清洗和批判数以千计的作家中的"异己分子"时，他是作协的领导人之一。但研究者查阅资料，没有发现哪位作家被迫害是由他签字的，也未发现他检举别人的材料。反之，他曾为改善被批判的阿赫玛托娃和左琴科的处境做了一些事情，所以阿赫玛托娃认为他是一个好人。他由衷佩服布尔

面对法西斯宁死不屈

贴传单

加科夫的《大师与玛格丽特》,真心喜欢帕斯捷尔纳克的诗,随口能诵……还有一点:他从未写过歌颂斯大林的文章。反之,作家西蒙诺夫认为,他的文学趣味可能影响和提高了斯大林。现在看来,无论再钩沉出多少新鲜的资料(比如他曾向斯大林告贝利亚的状,贝利亚想谋害他而未果),无论对法捷耶夫的争论有多么复杂,其实有一点是很明白的:他是在斯大林时代成功的,也是在斯大林时代被推上了悲剧的舞台。如果不是他,一定会有另一个人充当这个角色。或许会有一些个性的差异,但大的趋势不会变。有人拿周扬比之法捷耶夫,正是这个道理。

值得特别写一笔的是,法捷耶夫一九四九年十月曾率苏联文化代表团访华,出席中华人民共和国开国大典。他在《人民日报》发表文章,高度赞扬鲁迅:"鲁迅与柴霍夫(契诃夫)是近似的。但是鲁迅对于旧社会的批评比较柴霍夫来得尖锐,有更明确的社会性质,而在这一点上就与高尔基相近了";"鲁迅是中国文学的光荣,而且是世界文学的代表人物。鲁迅是短篇小说的能手。他善于简短地,明了地,朴素地把思想形象化,以插曲表现大的事件,以个别的人描写典型。"

二

一九四二年七月至一九四三年一月,德国法西斯短暂占领苏联西南部小城克拉斯诺顿,以武力进行凶残的统治。当地一些未能撤退的青少年,组织了地下"青年近卫军",进行勇敢而巧妙的抵抗,使占领者吃尽苦头,老百姓受到鼓舞。令人痛心的是,在小城被红军收复前夕,由于叛徒出卖,一大批近卫军成员被捕,他们虽然大多只有十六七岁,但受尽酷刑,顽强不屈,最后被全部杀害,埋入矿坑。这就是

一次行动

秘密收听斯大林的声音

红旗挂在德国人办公楼上

监狱里的歌唱

小说《青年近卫军》的真实依据。

法捷耶夫在卫国战争中，作为战地记者，采访了许多第一线的人物和事件，写了大量特写和通讯，他对战争中的一切都很熟悉。接受写作任务后，他在深入克拉斯诺顿小城调研的基础上，重点刻画了以政委奥列格为首的六位青年近卫军的核心人物（总部委员），使之个性鲜明，有血有肉。他既充分描绘了这些充满理想主义、英雄主义的年轻人的机智勇敢，又恰如其分地表现出他们稚气、善良、可爱，有时让读者为之担忧着急的大胆的、不计后果的斗争方式，比如他们在敌人的鼻子底下将红旗插满全城，再如明知一位同伴自大而软弱、被抓后可能叛变，却又不忍心怀疑他，错过了逃走的时机，几乎被一网打尽……唯其如此，这些年轻人的事迹才更感人，他们从容赴死的作为才更令人崇敬和震撼。法捷耶夫以高明的作家之笔，不但叙述这段鲜血淋漓的故事，而且让人物活起来，让他们按照各自不同的逻辑走完短暂、悲壮的一生……然而，这些主人公又有着某种代表性、典型性。毋庸讳言，这种代表性、典型性来自民族英雄的传统，也来自斯大林时期的价值观。

这部重头小说，法捷耶夫只用了一年多就写完了，先在报刊上连载，随即出版单行本，接着被拍成电影，一片叫好之声。可是两年后，斯大林忽然批评小说不完善，《真理报》发表文章说："小说没有写出能说明共青团的生活、成长和工作的最主要的东西——这就是党和党组织的领导和教育的作用。"这种批评在当时是严重的，何况，克拉斯诺顿的上级党委在撤退前确实对敌后斗争作了部署，留下干部进行地下工作和组织打游击，"青年近卫军"成立后，派专人对其进行指导。不知为何，法捷耶夫在创作中忽略了这方面的内容。他真诚接受批评，决定重写小说，“一次不成，将写两次、三次”。从一九四八年着手，到一九五一年新的版本才与读者见面，比创作这部小说用的时间还多得多。小说篇幅扩大了，整整加了十章，关于党的地下组织活动以及对青年近卫军指导的描写大大加强。据说，法捷耶夫对修改这部小说花了那么多时间流露过复杂心情，他对朋友抱怨：“您瞧，增写了十章，如不这样，我能写一部不比《毁灭》差的小说。”但总的来说，无论是他自己还是外界，对这次修改还是满意的，一九五一年的版本成为定本。

然而围绕着《青年近卫军》的争论没有停止。先是，法捷耶夫去世后，西蒙诺夫在《纪念法捷耶夫》的文章中首先提出新版本“把愿望当作现实”，还是老版本更有内在的完整性。一九六〇年，小说中叛徒斯塔霍维奇的原型特列季亚克维奇得到平反，有确切的证据证明他没有叛变，而是英勇牺牲了，于是有人指责小说凭空捏造，歪曲事实；到了一九九〇年代，冒出一位自称来自美国的人，说自己才是叛徒的原型，而且说“青年近卫军”根本没有什么“政委”，是一个民族主义地下组织建立的，于是一些好事者又闹得沸沸扬扬……不过，至今尚存的克拉斯诺顿市“青年近卫军博物馆”保留着许多历史照片和青年近卫军手写的誓词等遗物，展馆内有六位总部成员塑像，展馆外广场上，青年近卫军的纪念雕塑仍在，这尊雕塑曾经作为中

悼念我们年轻的烈士

文初版的封面画。奥列格的母亲的回忆录《我的儿子》亦于一九四〇年代末出版，一九四九年翻译成中文出版。如今，七十多年过去，斯大林被批，苏联解体，乌克兰独立，作为乌克兰边境城市的克拉斯诺顿，生活早已进入新的秩序，这些少年英雄和这部英雄小说，其存在有些让人尴尬。细想一下，这些青年近卫军们，如果活到今天，也不过八九十岁。历史离我们很远，又很近……

三

上世纪五六十年代，《青年近卫军》在中国极为流行，可能仅次于《钢铁是怎样炼成的》。最早的中文译本一九四七年根据苏联一九四六年版翻译，译者水夫，由上海时代书报出版社出版；一九五四年九月人民文学出版社第一版是水夫根据苏联一九五一年新版修订的，首印十六万五千册，一销而空；一九五八年人民美术出

版社出版了王素改编、华三川绘制的连环画上卷（一百八十八幅），同样大受欢迎。一九六〇年全部三卷六百二十七幅连环画完成，但因中苏交恶，被令“暂缓出版”，直至一九七七年才推出合集，首印高达一百二十万套。直到今天，无论是小说还是连环画，《青年近卫军》仍在中国出版发行，而且被作为主流图书推广。我猜想，它在中国的影响恐怕已经远远超过俄罗斯和乌克兰。法捷耶夫地下有知，也会感到欣慰吧！

我是在和小说主人公一样年龄，十六岁时读到这本书的。那时苏联小说盛行，《海鸥》《收获》《奥德河上的春天》《茹尔宾的一家》《远离莫斯科的地方》《金星英雄》《暴风雨》……碰到一本读一本。我确实从这些小说中感受到苏联的伟大和美好。我的小学同学杨克的母亲是苏联人，三年级时，他去苏联读了一年，回来后分给大家奶油糖块，好吃极了。大家都很向往。“苏联”、“近卫军”这些称呼给我一种庄严感、神秘感。那时我正迷恋俄罗斯巡回展览画派，尤其苏里科夫，他的代表作之一就是《近卫军临刑的早晨》。我特别喜欢一九五四年版《青年近卫军》里的插图，那幅为了庆祝十月革命节，华丽雅和谢辽萨在深夜爬到德国人办公楼顶挂红旗的插图，真是精彩，虽是简朴的素描，但美丽的形象、紧张的气氛和勇敢的精神跃然纸上，令人过目不忘。我至今保存着这幅插图。遗憾的是，二〇〇四年人民文学版“名著名译”插图本《青年近卫军》，虽然有十多幅品相不错的插图，但比一九五四年版插图差远了。

因为写文章，我重温了《静静的顿河》和《青年近卫军》。惊奇地发现与我小时候阅读感受大不一样：以文学性、艺术性而言，两者根本不在一个层次：前者是真正的史诗，表现出十月革命新政权建立过程中，边远的顿河哥萨克人无法把握的人生命运和经历血水浸泡后人性的觉醒，纵深，恢弘，充满了诗意，故事把主角葛利高里逼上了人性的搏斗场，堪称跨越时空而不朽；后者只是一篇精致、真切的故事，朴素、生动、感人，但单薄、狭窄，虽立足于对侵略者的仇恨和反抗者的赞扬，但对卫国战争这段大历史、大时空的动荡，缺乏广阔、深刻的描述，缺乏历史感和人性高度。（顺便说一下，关于“二战”，苏联和中国这两个受害最深的主战场国家，有那么多大起大落、可歌可泣的人生故事，却没有出现真正称得上经典的文学巨著，反之，美国却出现了《丧钟为谁而鸣》那样伟大的作品。这个问题值得我们深思。）也许，从文学才华上说，法捷耶夫并不输与肖洛霍夫，然而，命运和机缘决定了他一生的主要时间在忙碌作协和政府事务，而这些事务由于历史的悖论，大多成为“失误”。最要命的是，法捷耶夫的灵魂也因此被拘束甚至扭曲，纵有天大才华，也无法写出《静静的顿河》那样的华章。

当然，这一切对于逝者已经毫无意义，重要的是，他来过这个世界，写过了，留下了，至今还有人在念叨他。

永不凋谢的“白玫瑰”

◎翁义钦

他们(“白玫瑰”小组成员)赤手空拳同大火搏斗,他们依靠自己的信念和那架简陋的油印机,与至高无上的国家权力相抗争,这是不可能取胜的,他们的时间也很短暂。不过,在德国的反抗斗争中,即使只有他们,只有舒尔兄妹(汉斯·舒尔和索菲·舒尔)及其朋友们的出现,也足可为讲德语的人挽回一些荣誉。

(德)戈劳·曼《十九世纪和二十世纪德国史》

一

一九三九年九月一日,希特勒“第三帝国”入侵波兰。三日,英、法向纳粹德国宣战,第二次世界大战全面爆发。德军以闪电战术,攻占一个又一个欧洲国家。一九四〇年六月十四日,巴黎陷落,二十二日法国正式投降。

法国投降的翌日,希特勒便率领部下以及两名建筑师、一名雕塑家抵达巴黎。在那里,这位德国法西斯头目,花了三个小时,巡视一些地方,深深地陶醉在节节获胜、占领巴黎这座世界名城的喜悦之中。

当他参观拿破仑那座圆形墓穴时,他要求身边的建筑师吉斯勒为他建造一座墓地。返回德国后,他再次跟吉斯勒提起有关建造墓地的话题,其中特别强调墓地要建在他“真正的出生地”慕尼黑。

希特勒的出生地,分明是奥地利的布劳瑙,怎么会变成德国的慕尼黑?

原来,他所谓“真正的出生地”,指的是他加入德意志工人党(后改名德意志民族社会主义工人党,即纳粹党),发表纳粹党纲(《二十五点纲领》),出任党魁的地方;是他发起阴谋推翻魏玛共和国[①]的“啤酒馆暴动”,以及暴动失败、身陷囹圄期间口授《我的奋斗》的地方……简言之,就是他发起运动的所在地,亦即纳粹运动的策源地。由此可见慕尼黑在希特勒心目中的地位了。

二

可是，就是在这希特勒“真正的出生地”，以一些学生为主体的“白玫瑰”小组（以下简称“白玫瑰”），制作、散发传单，掀起了矛头直指希特勒的反纳粹抵抗运动。

任何的抵抗运动，在“第三帝国”，都会引起震动，都是不容存在的。发生在慕尼黑的抵抗运动，不啻希特勒后院起火，更是引起纳粹党和纳粹国家最高领导部门的极大不安，于是下令相关机构尽快查明这一事件。

查明事件的那一天，终于来到了。那是一九四三年二月十八日，“白玫瑰”成员舒尔兄妹在慕尼黑大学校园散发传单时，被人发现，遭到盖世太保逮捕，被投入监狱。先后被斩首处决的有索菲·舒尔、汉斯·舒尔、克里斯托夫·普罗布斯特、亚历山大·施莫莱尔、库尔特·胡贝尔、维利·格拉夫。还有慕尼黑及其他一些地方八十多人受到株连，遭到逮捕、审讯，有些人还被判刑。起诉书指控舒尔兄妹等人印制数千份传单，散发到许多城市，“叛国助敌，准备暴乱”，“号召破坏军火工业，瓦解国防力量”，极大地危害国家的安全。

面对极其恐怖的社会环境，面对死亡的威胁，他们勇敢顽强、泰然自若。还在被捕的前两天，索菲就对友人说：“已经有那么多的人为了这个暴政而死，现在应当有人为了反抗这个暴政而死了！”他们被捕后，当局急忙从柏林派来人民法院院长罗兰特·弗莱斯勒审理此案。当这位狂热的纳粹分子气势汹汹地问及他们怎么会干出这样的事情时，索菲平静地回答：“总得有人开个头。我们以前所说和所写的，实际上正是许多人所想的，只是他们不敢说出来而已。”她被监禁后，在牢房里想到了即将到来的死亡，想到了人生的终极意义：“多么美好、晴朗的日子啊，我该走了。但多少人今天不得不死去，多少年轻的充满希望的生命啊。如果千万人被唤醒，我的死会多么有意义呀！”她牺牲后，人们在她的牢房发现留下的起诉书的背面写着“自由”的字样。汉斯在牢房的墙壁上写下这样的话：“不怕任何暴力，坚持下去！”在断头台上，在斩首前的一刹那，他高呼“自由万岁！”克里斯托夫·普罗布斯特临刑前对难友们说：“几分钟后，我们又可以在天堂见面。”……那种维护正义、铲除邪恶的信念，那种不可抗拒的凛然正气，那种从容沉着的精神，一直持续到生命的最后一息。

三

这些人当中，除了库尔特·胡贝尔这位慕尼黑大学教授刚刚年过半百外，都是二十岁出头的慕尼黑大学的学生。

这些年轻学子，在他们的少年时代，经历了一九三三年一月三十日这个日子，就是兴登堡总统任命希特勒为总理，希特勒粉墨登场的日子。

那一天，纳粹党举行庆祝大会、火炬

游行，全国各地一片沸腾，陷入疯狂。当时德国的报纸、广播都说，如今德国的一切都将变得更好，之所以会变得更好，据称是因为德国有了希特勒。新任命的德国国民教育和宣传部长、纳粹头目之一戈培尔是这样描述、称颂希特勒的——

整个民族不仅怀着崇敬的心情，而且怀着深深的、衷心的爱拥戴着他。因为这个民族感受到他是属于他们中的一员。他的肉体来自于这个民族的肉体，他的灵魂来自于这个民族的灵魂。他来自这个民族，他就在这个民族之中。但整个民族热爱他，是因为这个民族感到在他的手中得到了保护，就像一个孩子在母亲的怀中一样。

当时，德国许多人对希特勒，确实心存信赖。舒尔兄妹的姐姐英格·舒尔在追溯那个年代时写下了这样一段话："希特勒想要帮助祖国获得幸福和成就，想要设法让人人有工作和面包，让每个德国人在他的祖国都成为一个自由幸福的人。我们认为这很好，并愿意做我们一直为之努力的一切事情。"

正是怀着对美好生活的憧憬，舒尔兄妹和许许多多人一样，充满着幻想和希冀，也和许许多多年轻人一样，染上了狂热。他们加入"希特勒青年团""德国少女联盟"[②]等组织，参加集会、游行、列队行军，接受政治训导，汉斯和索菲还因表现突出而分别成为"希特勒青年团"和"德国少女联盟"的小队长。他们感到自己是属于伟大组织的一部分，而且这个组织尊重所有的人，正在从事着伟大的事业。

不过，对希特勒掌权，并不是所有的人都看好的，从国内到国外，从知识界到宗教界以及政界等等，不同的声音仍时有所闻。德国小说家、政论家亨利希·曼早在纳粹势力初露头角之时，就预见到在德国极权统治将是不可避免的；及至希特勒攫取政权后不久，他在一次演讲时指出：法西斯制度意味着倒退到野蛮时代。奥地利犹太作家罗特在希特勒上台后的第二个月就说，让暴力执政的阴谋已经得逞，如今已是"魔鬼在执政"，犹太人受迫害，"我们面临着巨大的灾难"，整个形势在导致新的战争。德国神学家朋霍菲尔在希特勒掌权前不久这样写道：如果领导者被跟随者迷惑，并想成为他们的偶像，这个领导者的形象就会沉沦，成为魅惑者；希特勒掌权后，他在电台发表演说，抨击将领袖人物偶像化的制度。二战时期出任英国首相的丘吉尔，在希特勒上台后的第二年就指出：三两个不顾死活的人掌握那个具有高度科学知识、有智慧、服从而勇敢的民族，有可能整个世界会蒙受惨绝人寰的灾祸。

在这个问题上，与"白玫瑰"成员最接近的舒尔兄妹的父亲罗伯特·舒尔，其见解与上述的观点十分相近。这位追求民主的自由主义者，经过多年观察希特勒的作为，分析其动机，认定希特勒无异于"哈默恩捕鼠人"[③]，是地地道道的骗子，是在竭力欺骗和利用德国人民。

可是，这样一些看法，当初并不为舒尔兄妹和许多德国人所接受；相反，他们还把这样一些看法视为时代落伍者的偏见。

四

那么，舒尔兄妹及其伙伴们缘何会走上抵抗运动这条路呢？

那是他们在现实生活中亲身经历、亲眼所见、亲耳所闻，或者说，是希特勒的倒行逆施，促使他们逐步看清希特勒的真面目，从而走上了抵抗运动之路的。

专制独裁

一九三六年九月，汉斯奉命参加纳粹党在纽伦堡举行的一年一度党代会的群众集会。在那里，他看到的是人们穿着统一的服装，满耳所闻是“嗨，希特勒！”的呼喊，人们竭力表达的是纳粹党、纳粹国家的强盛，更多的则是元首的伟大和对元首的忠诚，联系到他在“希特勒青年团”以及学校的经历、见闻，给人留下这样的印象：在德国，就是纳粹党、纳粹国家至上，说到底，就是元首凌驾于一切之上，而作为个体的每个人，无足轻重，其思想、言行、生活……全都被模式化，任凭元首摆布，没有自由可言④。

汉斯为他带领的小队制作一面极具特色的旗子，立刻被告知不许使用这样的旗子，而应打出纳粹统一规定的旗子。汉斯用吉他弹唱年轻人喜爱的俄罗斯和挪威民歌，也被告知这些民歌是被禁的，只许唱纳粹指定的歌曲。汉斯等人阅读一些他们喜爱的书籍，例如德国诗人、政论家海涅的诗歌和奥地利作家斯蒂芬·茨威格的散文集等等，又被告知这些都是禁书，因为这类书或其作者是犹太人，或是宣传自由和民主、和平与反战的思想，与所谓“德意志精神”，即法西斯思想相抵牾，只许阅读体现纳粹精神的书。

在大学，学术自由已被取消。汉斯他们所在的大学被告知，大学不准倡导尊重事实的精神，因为“什么东西是否是真实的”，无关紧要，关键的问题是“它是否符合民族社会主义革命的精神”。

总之，“第三帝国”所有的一切，都必须置于希特勒法西斯思想中去权衡，放在纳粹许可的范围内去取舍，人的思想、言行等等都受到禁锢，就像一份“白玫瑰传单”所写的那样：十年来，希特勒“剥夺了德国人民所有物质和精神上的自由”。

倘若偏离法西斯的那一套，便会招来横祸，等待人们的是监狱、集中营，是囚禁、拷打、苦役乃至杀戮。罗伯特·舒尔曾因私下议论希特勒，说此人是个“劫数”，遭到告密而被捕入狱；一位年轻教师因持不同政见、不愿加入纳粹党而被捕，他被带走之前，纳粹下令所有在场的人都必须从他面前走过，朝他的脸上吐唾沫，后来，这位教师失踪在集中营里；对专制统治发出抗议之声的钢琴家、工程师、学校校长、大学生、军官、神父……一个个被杀害，每天都有相当多的人被判处死刑。

一些人即使没有偏离法西斯的那一套，没有反法西斯的言论或行动，也仍然逃脱不了灭顶之灾，例如那些患有精神疾病的人、智障者、残疾人等等就遭到杀害[5]。德国一位主教在布道时公开谴责对上述人员的屠杀[6]，这一信息被广泛传播，“白玫瑰”成员从中了解到事情的真相。他们还获悉德国一些有缺陷孩子的不幸遭遇。那是发生在德国一所颇具规模的儿童精神疾病治疗院。一位护士神情悲伤地诉说了事情的经过：

一些时候以来，一小批一小批的病儿被黑色的卡车运走。是纳粹军队把孩子们送到某个地方，然后在那里用毒气把他们毒死。

当最开始秘密运走的几批孩子没有再回来之后，治疗院的孩子们出现了奇特的不安。

“护士阿姨，那些车开到哪儿去了？”

护士们不知所措，只好回答：“他们去了天堂。”

从这以后，孩子们就唱着歌登上陌生的汽车。

这些天真而又无助的孩子和先前一批批的孩子们一样，没有一个生还[7]。

所有这一切，给“白玫瑰”成员留下什么样的印象，他们又有什么样的感悟呢？英格·舒尔的一番话，道出了他们的心声——

实际上，他们（指希特勒一伙）把我们的祖国变成了什么？

不是自由，不是生机勃勃的生活，不是让人们生活于其中的幸福。

不，在德国，人们的自由越来越少。大家慢慢感到像待在一所大监狱之中。

种族迫害

希特勒上台后的一段时间，“白玫瑰”成员在当局对待犹太人的问题上有过疑惑。索菲十二岁加入“德国少女联盟”；可是，令她和一些同学不解的，是她们的朋友路易丝却被拒之于这个组织之外。究其原因，就是因为她是犹太人。一九三八年十一月九日至十日那个“水晶之夜”，纳粹在全国各地焚烧犹太教堂，捣毁犹太人商店和住所，掠夺他们的财物，九十一名犹太人被杀害，两万多名犹太人被关进集中营。这以后大批犹太人逃离故土、避祸他乡[8]。“白玫瑰”成员亲眼看到犹太教堂被熊熊烈火焚烧……这一有组织、有预谋的事件，在他们看来，是极其可怕的信号。“二战”爆发后，他们又目睹盖世太保将德国犹太男人、妇女和儿童带到火车站，送往波兰纳粹集中营。他们还获悉，波兰被占领后，纳粹以最残忍的手段杀害三十万犹太人的罪行[9]。“白玫瑰”有一份传单写道：希特勒犯下的罪行“落在我们和我们后代身上的耻辱”是很大的，而屠杀犹太人，则是落在德国人身上极大的耻辱。

侵略蹂躏

希特勒承袭普鲁士军国主义的衣钵，穷兵黩武，以睥睨大千世界的霸气，挑起第二次世界大战，极力宣传为德国“生存空间”、为祖国而战。年复一年的烽火，导致生灵涂炭。德军侵入一个又一个欧洲国家以及其他地区的国家，致使受害国大批士兵和平民百姓倒在血泊之中[10]。作为第二次世界大战一个转折点的斯大林格勒战役，苏联红军和斯大林格勒市民浴血奋战、英勇抗敌，作出了巨大的牺牲；德军也遭受重创，精锐部队被歼，十几万士兵丧生，那时德国报纸版面上尽是阵亡者的讣告，看上去就像墓地一样。“白玫瑰”成员曾被编入医疗救护队，前往西线。巴黎沦陷后，他们看到的是德军强占法国居民的住房；侵略者将掠夺来的物资源源不断地运回德国；以及到处张贴的布告，披露德国占领当局因受袭击而枪杀法国人质的名单。来到东线，沿途看到的是战争的严重破坏，造成山河破碎、满目疮痍；听到的是大批波兰人被屠杀，苏军战俘受虐待，一个个被打得鲜血淋漓等等。从东线归来的一位慕尼黑建筑师告诉“白玫瑰”成员：德军向前推进，后面就有纳粹“特别行动队”执行大规模处决，除了犹太人，苏联红军政委、游击队员、反抗德国占领的人等等都是牺牲品。受害者被驱赶到一起，抢走他们的财物，然后将他们集中到反坦克战壕或天然的洼地，机枪扫射后，一大批人向前倒下，跌入坑中，其中的有些人余温尚存，尚未咽气……真是血色斑斑，骇人听闻！在集中营，纳粹党卫军除了强迫犯人从事极其繁重的劳动，还设置妓院，强迫占领区年轻的姑娘卖淫。“白玫瑰”成员维利·格拉夫在一封家书中写道：“东线这里的战争使我目睹了一些如此可怕的事情，我甚至永远也不会相信它们是可能的。”对于战争进程中纳粹的一桩又一桩的罪行，用索菲的话讲，就是“请不要说这是为了祖国。”[11]

“白玫瑰”成员通过亲身经历、亲眼所见、亲耳所闻，触及的这些现象，无疑只是希特勒“第三帝国”罪恶行径的冰山一角。但是，仅仅这样一些现象，在他们看来，已是“对人类尊严犯下的最可怕的罪行，是一种在人类全部历史上不曾有过的罪行”，是惨无人道、惨绝人寰的反人类暴行。

五

“白玫瑰”就是在这样的现实环境中、在希特勒罪行不断暴露的情况下出现的。他们在一起议论时政、互通信息，而且越来越意识到应该迅速行动，投入斗争。这种迫切的心情，在“白玫瑰”成员亚历山大·施莫莱尔的一番话中得到了鲜明的体现：“我们还等什么？难道等到战争结束的那一天，各国人民指着我们说，我们毫无反抗地容忍了这样一个政府吗？”于是，他们先后撰写、制作了六份“白玫瑰传单”，并且分别于一九四二年六七月和一九四三年一二月散发第一至第四份和第五六份传单，还在学校和路德维希大街涂写“自由”、“打倒希特勒”等的大字标语。

这些传单有一个明确的指导思想，那就是“白玫瑰”成员库尔特·胡贝尔所说：“我们的任务是，尽可能用清楚的和听得见的声音，将真理向德国的黑夜喊出来，我们要努力唤醒人们起来抵抗。”有鉴于此，他们在揭露希特勒专制独裁、种族迫害、侵略蹂躏罪行的同时，还提出这样的主张——

推翻暴政，还人民以自由

第一份“白玫瑰传单”有这样一段话：

国家本身从来就不是目的，唯有当它成为让人类实现目标的条件时，它才具有重要性。而人类的目标不外乎是提升个人的力量来促成进步。如果有任何国家体制阻扰个人内在力量的发挥、妨碍进步的思想，即使这个国家体制的思想再缜密，它依然是有害而无益的。

希特勒“第三帝国”实施法西斯专制独裁统治，扼杀自由，致使人的思想、言行及方方面面都受到限制，不仅阻碍个人内在力量的发挥，而且还极力铲除推动社会进步的思想，残酷镇压一切反法西斯主义者，迫害犹太人等所谓的“劣等民族”和其他无辜的平民百姓。正是针对这样的现实，“白玫瑰传单”呼吁恢复人民的自由权利，把“德国人最珍贵的财富”，亦即被希特勒用最卑鄙的手段骗走的“每个人应享有的自由”，归还给每个人。而实现这样的意愿，就是要“同纳粹党作斗争”，就是要推翻希特勒的政权，“消灭这个制度”。

结束战争，还世界以和平

希特勒发动战争，给包括德国人民在内的各国人民带来巨大的灾难，“白玫瑰传单”揭示希特勒的“帝国主义强权思想”，提出“绝对不许力图主宰一切的普鲁士军国主义再一次得势”。传单认为纳粹德国在这场战争中获胜将会带来无法估量的可怕后果，对于每个德国人来说，他首先关心的应是民族社会主义的失败而不是取胜。为此，德国人要“在重要的军火工厂和服务于战争的企业里进行破坏”，“在一切为推进当前的战争而工作的科学和思想部门进行破坏”……阻止希特勒战争机器的继续运转，尽快结束战争，以便在此基础上“建立起一个尊重人类精神的欧洲”，还世界以和平。

六

可是，在当时的德国，投身抵抗运动的人还是少数。大多数德国人或因为轻信而盲从，或由于畏惧而沉默，用“白玫瑰传单”的话说，就是他们是被“用缓慢的、欺骗性的、有计划的强制手段……关进精神牢狱的”。为此，必须尽快解除人们的精神枷锁，使他们从蒙昧、迷惘的状态中挣脱出来。

在相当长的时间里，希特勒及其一伙不断宣传德国人的命运必须寄托在希特勒的身上，宣传德国的命运同民族社会主义的胜利休戚相关，无论遭逢任何挫折，“最后的胜利”只能属于德国等等，以此欺骗人民，蛊惑人心。“白玫瑰传单”就此指出：过去，新政权的罪恶行径尚未完全暴露，所以人们受其迷惑；但是，现在希特勒的真面目已经越来越明显地暴露在光天化日之下，就不应该再轻信了。传单特别强调:“出自希特勒之口的每一个词都是谎言。”“一个犯罪分子集团不可能为德国赢得任何胜利。要及早同一切与民族社会主义有关的事一刀两断！”

在相当长的时间里，希特勒及其一伙实施恐怖手段，致使许多德国人明哲保身、保持沉默。“白玫瑰传单”指出，倘若面对邪恶，保持沉默，那么，厄运必将降临到每个人的头上，“如果我们在这最后时刻还不振作起来，鼓起我们一向缺少的勇气，那我们就只配像风中的尘埃一样，被抛撒到全世界。”

“白玫瑰”成员认为，铲除希特勒的法西斯统治，是对每个人最起码的道德期许，“必须成为德国人的唯一和最高的义务，甚至是最神圣的义务”。正因为此，倘若德国人仍然麻木不仁、无动于衷，使得希特勒这样阴险的人能够如此行动，那么，每个人都无法逃脱那应负的“共同的罪责”。

因此，几乎每一份传单都号召所有的德国人奋起反抗，投入反法西斯的斗争。传单还特别向德国青年发出呼吁:人民正在看着我们，“他们期待着我们！一八一三年我们战胜过拿破仑的暴政，如今我们要以同样的精神力量去摧毁纳粹的暴政！”

七

“白玫瑰”成员不仅在慕尼黑及其周边城市分发传单，而且还与柏林、汉堡、科隆、斯图加特、弗莱堡等地的抵抗运动组织联系，将传单送往德国更多的城市。有人经由瑞典，把传单传到英国、瑞士等国家，英国还印出数百万张“白玫瑰传单”，由英国皇家空军空投在广袤的土地上。

一位当年读过“白玫瑰传单”的人士回忆说：传单的字里行间燃烧着火焰，给人以勇气。这些传单在“二战”期间，激励着人们，鼓舞着德国本土以及纳粹德国占领区的反纳粹抵抗运动；在其他一些国家，人们也从中看到，在那个黑暗的王国里，仍然涌动着地火，仍然有那么一些人在进行着不屈不挠的斗争。及至硝烟散去，“二战”落幕，历史翻开了新的一页以后，德国人对那一场刚刚过去的人类文明史上最残酷的浩劫、对那一段不堪回首的岁月进行反思时，“白玫瑰”及其他抵抗运动的抗争历程，无疑又成了一种对照。雅斯贝斯战后的反省便是一个例子。这位德国哲学家、精神病学家在希特勒上台后，虽然顶着巨大的压力，不加入纳粹党，并且宁肯因妻子是犹太人而被政府解除大学教职也坚决不放弃与妻子的婚姻；但是，他仍然为自己在那个年代的沉默不语而深感愧疚，如他所说:“我们都有责任，对不义的行为，当时我们为什么不走上街头大声呐喊呢？”

八

“白玫瑰”受到世人的敬仰和称颂。还在“二战”期间，流亡美国的德国小说家托马斯·曼获悉“白玫瑰”的活动后，就给予高度的评价，赞扬汉斯·舒尔、索菲·舒尔、克里斯托夫·普罗布斯特、库尔特·胡贝尔等人是在世界面前把德国的名字又洗刷干净的德国人。“二战”结束后，慕尼黑大学将重建的大学政治学学院命名为舒尔兄妹学院，大学主楼易名为舒尔兄妹楼，设置“白玫瑰纪念馆”，还在大学主楼前的场地上制作了散落在地面以金属铸成的“白玫瑰传单”的“白玫瑰纪念碑”。德国一些城市的学校、广场、街道也用“白玫瑰”成员的名字命名。二〇〇三年德国电视台举办德国历史上十大“最杰出的德国人”的评选活动，评选结果，舒尔兄妹与马克思、歌德、巴赫、爱因斯坦等人一起名列其中⑫。

说人论事，人们常常以花相喻，诸如“人无千日好，花无百日红”，“好花不常开，好景不常在”等等。事实上，花开花谢，如同日出日落、月圆月缺、潮起潮落、树荣树枯一样，是自然习见的现象、生活的常态，表明任何的花都有凋谢之日的。但是，诞生在第二次世界大战期间的“白玫瑰”，却是永远不会凋谢的。究其原因，就是“白玫瑰”是用鲜血和生命浇灌的，是正义和良知的象征。这样的花，是社会正义之花、人类良知之花，只要有社会的正义在，只要有人类的良知在，都是不会凋谢的。

“白玫瑰”和所有为世界反法西斯战争、为人类正义事业的胜利而献身的英烈们一样，将与日月同辉，永远活在世世代代全世界人们的心中！

---

①魏玛共和国即1919年建立的德意志共和国，因采用在魏玛城召开的制宪会议通过的《魏玛共和国宪法》而得名。

②希特勒“第三帝国”的青少年依据年龄大小分别加入纳粹掌控的组织，即“德国少年团”（十至十四岁的男孩）、“希特勒青年团”（十五至十八岁的男孩）、“德国少女联盟”（十至十四岁的女孩）、“德国女子联盟”（十五至十八岁的女孩）。这些组织或以“尽我所能，倾我所有，时刻听从国家救世主希特勒的召唤”为誓词（“德国少年团”），或以“元首，请下令！我们服从”为座右铭（“希特勒青年团”）等等，教育青少年忠于希特勒，给他们灌输法西斯思想。

③“哈默恩捕鼠人”是德国旧时传说中的人物。哈默恩是德国下萨克森的一座小城，坐落在威悉河畔，相传小城鼠患成灾，一位身着彩服的乐师曾吹响笛子，诱引老鼠出洞，跟随他走向威悉河中，最后老鼠全被淹死；但是，他也用笛子的声响，诱骗小城一百多名儿童和少女，步入山林，致使他们走向毁灭。“哈默恩捕鼠人”遂成为骗子的别称。歌德诗剧《浮士德》第一部中市民少女甘泪卿的兄长华伦亭谴责魔鬼靡菲斯特：“畜牲！你想把谁勾引？/该死的捕鼠人！”其中的“捕鼠人”就是出自这一传说。这里提到的罗伯特·舒尔把希特勒比作“哈默恩捕鼠人”，亦为骗子的意思。

④1933年月2月27日晚，柏林国会大厦起火，希特勒一伙制造这起“国会纵火案”，诬陷共产党，在柏林及全国各地，逮捕大批共产党员和其他反法西斯主义者。翌日抛出的《保护人民和国家法令》，剥夺个人和公民的基本民主权利，个人自由、言论自由、新闻自由等的权利被限制、取消。3月14日宣布共产党为非法，3月23日又以法西斯恐怖手段，通过《授权法》，将国家权力控制在希特勒的手中。随后便解散工会组织、取缔社会民主党及其他所有的政党，宣布“德意志民族社会主义工人党是德国唯一的政党”。1934年兴登堡总统去世，元首希特勒不受任何约束，实行法西斯专制独裁统治。这样的统治权力，还被写入1939年的《大德意志帝国宪法》：“元首的权力是不受条件限制的，是自由的、独立的、绝对的、不受任何抑制的！”希

特勒的“第三帝国”,不给人民以自由,所有的人均应受元首的掌控,受其法西斯思想的箝制。戈培尔说过:在“第三帝国”,没有哪个德国人感到自己是一个属于自己的公民。

⑤希特勒于1939年10月签署了有关安乐死计划方案,实际上这一年的9月1日就已经开始施行。根据方案,精神疾病患者、严重残疾患者、以及不可能治愈的病人等等所谓的“没有生存价值的生命”、“没用的饭桶”,均为强制性安乐死的对象。这些人数量不少,采用的是以毒气结束他们的生命。

⑥德国城市明斯特天主教会葛伦主教于1941年8月3日布道时,公开揭露希特勒的安乐死计划,斥责纳粹杀害精神病人等无辜患者的罪恶行径,在场的人含泪为罹难者默哀。这份布道词被翻印,散发到德国的千家万户。

⑦1938年德国克瑙尔家生下一个残疾、畸形婴儿,其父要求医生将婴儿弄死。遭到拒绝后,他向希特勒提出请求。希特勒指示有关部门可采用所谓仁慈的方法,即强制性的安乐死,处置婴儿,这婴儿遂即被杀害。这就是希特勒安乐死计划最初的样本。对于婴儿、儿童一般采用的是饥饿或注射毒剂致死。本文引述的一批批被带走的儿童,就是根据希特勒的这一旨意,根据希特勒签署的有关安乐死计划方案遭到杀害的。

⑧美国诗人布罗茨基曾说:“迫使千百万人走上流亡之路的原因是苛政与苦难。”希特勒上台后直至“二战”爆发之前,纳粹不断虐待、羞辱犹太人。1933年3月,纳粹冲锋队闯入法庭,殴打、驱赶犹太法官等执法人员;4月1日组织抵制犹太人商店活动,禁止德国人进入犹太人商店购物,等等。希特勒一伙制定一系列歧视、迫害犹太人的法律法规,解雇大批国家公职中的犹太人,解聘犹太记者,吊销犹太医生的行医执照,禁止犹太人担任律师,限制犹太人子女进入学校学习、剥夺他们的受教育权,许多犹太教授、教师、科学家被免职;1935年颁布的《纽伦堡法》剥夺犹太人的公民权利,并且禁止犹太人与德国人通婚,既成的婚姻将失效,如此等等,都是旨在逼迫犹太人离开德国。1938年发生“水晶之夜”的前两天,希特勒就扬言:“在德国,没有犹太人的立足之地。”果然,发生这一事件后,更多的德国犹太人被迫背井离乡、浪迹异国。迄至“二战”爆发前,德国境内原有的五十万犹太人,减少了近一半。

⑨希特勒曾宣称:一旦发生战争,就消灭欧洲犹太种族。“二战”爆发后,在西线和东线,纳粹德国在其占领区掌控着一千一百万犹太人。为了消灭欧洲所有的犹太人,希特勒一伙制定了“最终解决”方案,除了原来建立的千余座集中营外,又增设了奥斯威辛－比克瑙、切诺姆、索比堡等六大灭绝营,其中都建有毒气室、储尸窖、焚尸炉,使用毒气,以更快的速度,大规模地屠杀犹太人。“二战”期间,犹太民族血肉之躯受到空前的摧残,被纳粹屠杀的欧洲犹太人竟达六百万。

⑩“二战”期间,有五千五百万人失去生命,三千五百万人致残,三百万人失踪,其中仅波兰和苏联就分别有六百多万人和两千多万人丧生。

⑪“请不要说这是为了祖国”,是索菲从广播里听到纳粹德国入侵波兰的消息后写给朋友信中的一句话。她对这个历史上备受蹂躏与屈辱的民族、屡遭瓜分和奴役的国度深为同情,在信中写道:“我不能理解,人们为什么不断地被他人驱赶到死亡的危险中去。对此我永远也理解不了,而且认为这是可怕的。”

⑫评选出的德国历史上十大“最杰出的德国人”依次为:阿登纳、马丁·路德、马克思、舒尔兄妹、勃兰特、巴赫、歌德、约翰尼斯·古腾堡、俾斯麦、爱因斯坦。

令人心碎的真相

◎李建军

第二次世界大战是人类有史以来规模最大和死亡人数最多的战争，也是军人的强奸犯罪最疯狂、最严重的一场战争。

由于民族性格和军队素质的不同，在欧洲和亚洲战场上的主要参战国中，军人的强奸犯罪记录大有不同。英军的素质最高，“无论在私人回忆，还是历史档案记载，涉及到英军士兵个体强奸平民的记录都比较罕见，而英军集体性的性放纵记录更是闻所未闻。”（朱维毅：《德意志的另一行泪——“二战”德国老兵寻访录》，世界图书出版公司，2010年11月，第308页）同样，进入印缅作战的中国军队，也军纪严明，未见有性犯罪的记录，不负仁义之师的令名。

与英国军队和中国军队相比，美军的牛仔们就显得有些粗野：“史料记载，在美军在德国境内长驱直入的一九四五年三月到四月间，美军军事法庭在一百六十万驻德士兵中共审理了四百八十七起强奸个案，犯罪人数占军队总人数的万分之三。”纳粹军队虽然残暴成性，但是，据“哥廷根历史研究会”提供的信息：“强奸风潮在德国军队中从未发生。少量的个案受到了德国军事法庭的处罚。”这倒不是因为德军有多么高尚和仁慈，也不单单因为他们有“重视荣誉的传统”，而是因为他们害怕这会造成“种族异化”，害怕“性病影响战斗力”。同时，“根据一九四四年的德国军事法庭判例统计，在总数为一千七百万德国军人中，性犯罪判例为五千三百四十九起，占军队总人数的万分之三，和美军进入德国后的性犯罪比例大抵持平。”（同前，第309页）

在“二战”中，军人强奸犯罪极其严重和恶劣的，是日本的法西斯军队。由于受到高级指挥官的纵容，日军就像一群穷凶极恶的野兽，歇斯底里地对占领国的平民百姓施暴。他们在中国等亚洲国家所犯下的强奸罪行，人神共愤，罄竹难书。另一个犯有严重的抢劫和强奸罪行的军队，是苏联军队。日军强奸妇女的暴行，通过远东大审判的揭露，世人知之甚详，然而，由于种种原因，对苏军在德国等地的强奸犯罪，人们至今仍然缺乏充分的了解和深入的反思："由于这些犯罪者属于反击侵略的一方，而受害者属于世界公敌的一方，这一骇人听闻的集体罪行不但没有受到过惩罚，甚至没有引起过国际社会的真正关注和谴责。"(同前，第 312 页)

二

"二战"期间，在德军的"闪电战"攻击下，苏联军队一开始措手不及，溃不成军，后来，随着全世界反法西斯同盟的形成，在美国、英国和中国等国家的军事援助与配合下，苏军才转败为胜，攻入柏林，占领了德国，并派遣大量部队进入了法国、捷克、波兰、奥地利、匈牙利、南斯拉夫、中国等欧洲和亚洲国家。

苏军为世界反法西斯战争的胜利，付出了巨大的牺牲，作出了巨大的贡献，功不可没。但是，同样需要正视的是，在许多国家，苏军军纪涣散，抢劫、强奸、任意杀人，给所在国的居民带来极大的恐慌，而大规模的强奸，则给成千上万的妇女造成了严重的肉体伤害和精神伤害。据英国学者杰弗里·罗伯茨（Geoffrey Roberts）说："……相当一部分红军士兵的暴行和抢掠也给红军胜利进军柏林蒙上阴影。红军强暴行为的数量之多尤其令人震惊。对于这种罪行，人们的估计从几万到百万出头不等。真实的数字可能介于两者之间，而绝大多数的强暴行为都是发生在大柏林市，因为这座城市到一九四五年的时候基本上只剩下妇女了。大规模强暴的受害者不仅是柏林人。在维也纳发生的强暴行为有可能多达七至十万起。在匈牙利，估计有五至二十万起。在罗马尼亚和保加利亚，在波兰、南斯拉夫和捷克斯洛伐克这些被解放的国家，都有妇女遭到红军士兵的强暴，只是数量要少很多。"(杰弗里·罗伯茨：《斯大林的战争》，社会科学文献出版社，2013 年 7 月，第 362 页–第 363 页)可见，苏军对妇女的强暴行为，不是一时一地的偶然现象，而是在长时段、多地域发生的普遍现象。

旅德学者朱维毅博士通过访谈、查阅资料等方式，如实叙述了苏军在德国的大规模的强奸犯罪行为，详细记录了普通德国居民尤其是妇女所遭受的侵犯、凌辱和伤害。一位脱下军装的德国士兵斯奥莫回忆说：苏军进入柏林，经常将居民集合到一起，然后收走所有人胳膊上的手表。苏军士兵劫掠手表之事，甚至见之于那幅著名的将红旗插上帝国大厦的摄影镜头中的一个细节：举着红旗的苏军士兵阿卜杜勒哈基姆·伊斯梅洛夫竟然两只手腕上都戴着手表。后来，拍摄这幅照片的塔斯社记者哈尔捷伊接到了修改照片的命令，要他把旗手右手上的手表修改掉（朱维毅：《德意志的另一行泪——"二战"德国老兵寻访录》,第306页–第307页)。

一九七七年，一位名叫希尔德伽特·克利斯托夫的受害女性去世后,她的女儿把她受苏军性侵的口述回忆,发表到一本名为《每天都是战争》的文集上。她回忆说:一九四五年一月,俄国军队进入小城逊克朗,“他们冲进民房，抢走首饰和手表。任何反抗都是徒劳的。遇到反抗,他们就开枪……俄国士兵到处寻找年轻的女人,只要抓住一个,立刻拖到空房子里,接着就轮奸……当时有很多女人被强奸后就被击毙了。我们小城中有很多人上吊自杀,我们常常要去剪断绳索,埋葬她们。”(同前,第313页)

在罗塞尔市一家医院里工作的阿诺特尼登楚博士,从一个医生的角度见证了苏军的强奸狂潮。他在回忆录中写道:“一九四五年一月八日，罗塞尔市在经过微弱的抵抗后被苏军占领,随即开始了占领者在城内的大规模殴打、焚烧、强奸和杀人。第一天就有六十个居民被杀,其中多数是拒绝强奸的妇女、试图保护妇女和儿童的男子,以及不愿意向俄国人献出手表和烈酒的人。我的医院有一天收下一个肺部被子弹打成重伤的流产孕妇。在一个俄国人意欲对她施暴时,她表示自己是孕妇,那个俄国人大怒,用脚狠狠踢她的肚子,并对她打了一枪……强奸很快成为失控的风潮。根据我在医院的了解,我相信在十五岁到五十岁之间的妇女中能逃脱被奸淫厄运的只有百分之十左右。俄国人对他们的施暴对象几乎不加选择,被强奸者包括八十岁的老人、十岁的小孩、临产孕妇和产妇。晚上,俄国人从门、窗或屋顶进入平民家庭，一家一家地搜寻女人,有时甚至白天就扑向她们。他们大多带枪,经常把手枪塞进女人的嘴里逼她们就范。而且常常是几个人按住一个女人,然后轮换着实施奸淫，结束时把受害者杀掉灭口。有两个我认识的妇女就是这样被杀的。俄国人还常常一边强奸一边殴打受害人……我相信,只有很少的俄国人没有参与这些可怕的罪行。在这方面,军官和士兵很少有差别。”(同前,第314页–第315页)一位叫兹策威茨的受害女性在回忆录《大逃亡》中写道:“俄国人要把女人们都带走,其中也有我的母亲。学校里也有一个小套间,他们把母亲往里扯,我们四个孩子一步不离地跟在母亲身后,结果他们就当着我们的面把母亲强奸了。为了确保我们不叫喊,俄国人多次朝天开枪吓唬我们,那枪口喷出的火焰至今好像还在我的眼前闪烁……”(同前,第316页)苏军甚至不放过儿童。德国前总理科尔的夫人哈纳罗荷·科尔也曾遭受过苏军的强奸,那年她才十二岁。苏军的强奸甚至到了不顾“阶级友爱”的程度。他们竟然极其放肆地强奸了一位配合苏军工作的共产党员市长的母亲:“马茨考夫斯基是德共党员,蹲过纳粹的监狱，曾对苏军的到来充满期盼。苏军占领东普鲁士后,在柯尼斯堡市指定了一批德共党员来管理城市,马茨考夫斯基就这样莫名其妙地变成了市长。上任后他很快就发现自己对这座城市并无管理的实权，他甚至不能约束苏军普通士兵的强奸行为。他曾经尽其所能去帮助当地的妇女免遭'苏联同志'的蹂躏，但最终却连自己的家人都无法保护。一九四五年的圣诞，他的老母亲惨死于苏军士兵的强奸。"(同前，第318页)这些事实充分地说明，苏军在奸淫妇女方面的罪行，其性质与日本军队一样残暴，但规模则比日本军队更大。

关于苏军强奸德国妇女的罪行，迄今为止，调查最为全面和深入的，是两位德国女权主义知识分子——作家兼电影制片人桑德和作家焦尔博士。他们的调查工作耗时五年，采访了许多受到苏军性侵害的女性，甚至设法接触了一些当年的苏军士兵。除此之外，他们还查阅了大量的日记、传记、文献以及医院档案。在此基础上，他们给出了一组比较有说服力的数字结论："在苏军进军柏林期间，约一百九十万妇女遭到了苏军士兵的强奸，其中一百四十万人受害于在德国东部的逃亡途中，五十万人受害于后来的苏军占领区。苏军占领柏林后，共计一百九十万柏林妇女遭到了强奸，其中百分之四十的人被多次强奸，近一万人被强奸致死……把以上数字加在一起，被苏军强奸的德国妇女合计约两百万人。这个数字被联邦档案馆和柏林市档案馆的历史统计资料所证实，美国历史学家奈马克教授在《俄国人在德国》一书中也给出了相同的结论。至于在苏台德地区、奥地利以及东南欧地区的德意志族居住区里有多少德意志妇女遭受了强奸，至今没有权威的统计数字。"(同前，第316页)还有十几万女性被苏军士兵强奸后残忍地杀害，单在柏林，就有十三万妇女遇害，其中有一万人因不堪忍受苏军暴行而自杀。

二〇〇二年，英国军事历史学家、著名传记作家安东尼·比弗(Antony Beevor)的《攻克柏林》(The Fall of Berlin 1945)出版。作者根据俄罗斯档案中一些未经公开的材料，根据德国、美国、法国和瑞典的战争档案，根据受害人的忆述，全景式地叙述了纳粹在柏林的全面溃败，真实可信地记录了苏军在柏林等地的大规模抢劫、强奸和杀害妇女的事件。苏军士兵将抢劫来的东西用被单做成包裹，寄回俄国家里："对苏联的士兵来说，能够给远方的家人和朋友分发诸如帽子和手表之类的礼物是件颇感自豪的事情，手表的魅力使它远比其他更有价值的东西珍贵。苏联的士兵总是戴着几块表，其中起码有一块表是莫斯科时间，还有一块表是柏林时间。"(安东尼·比弗：《攻克柏林》，海南出版社，2008年1月，第345页)"一个年轻的苏联科学家与一个十五岁的德国女孩陷入爱河，他从她那里听说，五月一日的晚上，一个红军的军官在强奸她时，为了让她顺从就一直强行将手枪的枪口塞在她嘴里。"(同前，第346页)苏军士兵在白天抢走了一名德国妇女的手表，到了晚上，三名红军战士又在黑暗中伏击了她，并开始轮奸她："当第二个士兵对她施暴时，走来了另外三个苏军士兵，其中有一个女兵。看到这种场面,包括那名女兵在内,都只是一笑了之。"(同前,第289页)苏联随军作家格罗斯曼记述了一个年轻母亲的故事:"她在一家农舍不停地被人强奸,她的亲戚都来恳求士兵们让她休息一下给孩子哺乳,因为她的孩子一直在哭。这一切都发生在指挥部附近,而那些视而不见的军官们本应负责维持好纪律。"(同前,第54页)甚至,连德国的共产主义者也未能幸免。那些左翼派别的德共人员,走出来欢迎占领威丁区的苏军部队指挥官,并出示自己隐藏多年的"党员证":"他们主动让自己的妻女来帮助苏军洗衣服做饭。不过,据一名法国战俘称,这支部队的军官们就在'当天晚上'强奸了她们。"(同前,第290页)

更加令人震惊的,是苏联红军连自己的同胞也不放过。许多被纳粹抓到德国的苏联妇女,终于盼来了解放她们的红军,可是,红军却像强奸德国妇女一样粗暴地强奸了她们:"这些妇女感到恐惧、沮丧和极度的不满,其中一名叫玛利亚·沙波瓦尔的人说:'我整日整夜地盼望红军的到来,我在等待解放,而现在我们的士兵对我们比德国人还差,我真的不想再活下去了。'另一个名叫克拉夫杰伊马·拉先科的妇女说道,'和德国人生活在一起的日子是艰难的,而现在我一样感到很痛苦。这不是解放,他们对我们太差了,不停地在我们身上做着可怕的事情。'"(同前,第87页)出生于一九二六年的十九岁的叶娃·施图尔的父亲和两个兄弟,在战争刚开始的时候,就参加了红军,可是,当她哭着告诉一个高级军官她的父兄也在红军里的时候,却遭到了他的毒打和强奸。这让她痛不欲生。(同前,第88页)

二

苏军不仅在被占领的敌国土地上掀起了可怕的强奸狂潮,而且,在自己的盟友国家也同样进行严重的抢劫、强奸和滥杀女性的犯罪。

一九四四年秋天,苏联红军进入南斯拉夫,解放了贝尔格莱德,随即就发生了"成批的红军战士危害南斯拉夫公民和军人的严重违法乱纪的行为,这些严重的事件为数之多,使南斯拉夫新政府和共产党不能不视其为政治问题",而几乎同时进入南斯拉夫的英国军队,则"没有那种违法乱纪的行为"。为了遏制这种野蛮的行为,铁托"用非常和缓的、很有礼貌的形式"向苏联的军事代表科尔涅也夫说明了事情的真相,然而,科尔涅也夫却"用粗暴和侮辱的方式表示拒绝",大喊大叫地说:"我代表苏联政府抗议对红军的这种造谣和中伤……"(米洛凡·杰拉斯:《同斯大林的谈话》,吉林人民出版社,1983年2月,第66页–第67页)事实上,根据南斯拉夫公民的反映,苏联红军进来没多久,"共发生了一百二十一起强奸行为,其中有一百一十一起是强奸后还杀了人,此外,还有一千二百零四起抢劫并伤人事件发生。"(同前,第68页)时为南共领导人的米洛凡·杰拉斯激愤地说:"我当时所处的地位,我不能对强奸我国的妇女(而且我从来把这些行为看成是最卑鄙的罪行之一),侮辱我们的战士和抢劫我们的财产无动于衷,保持沉默。"他因此被苏联代表诬蔑为"托派"。一九四四至一九四五年冬天,杰拉斯随一个庞大的代表团,来到了莫斯科。在招待南斯拉夫代表团的宴会上,斯大林发飙了。他颟顸而失态地数落了杰拉斯一通:"他泪痕满面地喊道:'这样的军队却受到了杰拉斯的辱骂!这完全出乎我的预料之外!我是如此热情地接待了他!我们的军队为了你们不惜流血牺牲!杰拉斯本人是作家,可是他是否了解什么叫人的痛苦和人的感情?难道他能了解一个经过几千公里浴血战斗的战士的心吗?如果这样的战士和妇女逛一逛,或者拿走了某一件小东西,这又算得了什么呢?'……他不断地举杯,奉承一些人,和另一些人开玩笑,和第三种人寻开心,嘲笑他们一下;他和我的妻子接吻,因为她是塞尔维亚人。然后,他又为红军所受的艰难困苦得不到南斯拉夫人的感激而流了泪……他很少或根本就没有提到党、共产主义、马克思主义,但过多地提到斯拉夫人、斯拉夫民族、俄国人同南斯拉夫人的联系,最后还是回到红军的英雄主义、苦难和自我牺牲的精神的话题上来。"(同前,第 73 页)

一九四五年四月,为了签订苏南两国的同盟条约,杰拉斯再次来到了莫斯科。斯大林依然不能谅解他,很长时间里,与他不交一言。直到有一天,在斯大林的别墅里,等到气氛开始活跃起来的时候,斯大林才觉得可以结束与杰拉斯的"争执"了。他倒了一杯白酒,半开玩笑地建议杰拉斯为红军干杯,而杰拉斯则错会了他的意图,建议为斯大林干杯。斯大林笑着用考验的眼光看着杰拉斯说:"不必,不必,还是为红军干杯!为什么?您难道不愿意为红军干杯吗?"杰拉斯喝了酒。斯大林这才问他在南斯拉夫"出了些什么事",就在杰拉斯解释的过程中,斯大林打断了他:"是的。您读过陀思妥耶夫斯基的书吗?您看到人的灵魂和心理状态是多么复杂吗?您想一想,一个从斯大林格勒打到贝尔格莱德,在荒无人烟的土地上打仗,看到多少战友和最好朋友牺牲的人——这样的人对周围事态怎么会是正常的呢?在如此可怕的战争之后,他和妇女玩一玩有什么可怕的呢?你们把红军理想化了,然而它不是理想化的军队,就是红军里没有那些刑事犯的话(这些刑事犯是我们让他们参军的),红军也不会是理想化的军队。有一件很有趣的事情。一个少校飞行员戏弄了一个女人,出来一位工程师,这位骑士要保护这位女人。少校拿起了手枪,喊着说:'你这个后方的老鼠!'就一枪把这位骑士——工程师打死了。少校被判了死刑。此事交到我这里,引起了我的注意。在战时我作为最高统帅有权过问这类事情,我释放了少校,把他派到前线去作战。他现在是一位英雄。必须懂得战士的心情。是的,红军不是理想化的军队。但重要的是,它应该打击德军,而且打得很好,其他一切都是次要的。"(同前,第 85 页–第 86页)斯大林将红军与小说作品中的恶魔相提并论，这不是理解他们，而是羞辱他们；他只看见了陀思妥耶夫斯基作品中人物“灵魂和心理状态”的“复杂”，却没有看到他们为摆脱罪恶所付出的努力，更没有看到陀思妥耶夫斯基对“恶魔性”的诅咒，对高贵的灵魂和仁慈的德性的赞美。作为“无产阶级的解放者”和“人类幸福的追求者”，红军不仅应该打击敌军，“打得很好”，而且，还应该成为一支“理想化的军队”，成为全世界执行“三大纪律八项注意”的军纪最严明、道德最高尚的军队，否则，它与那些“封建阶级”和“资产阶级”的野蛮军队又有什么两样？战争的胜利固然重要，但是，正义、德性、教养和人格的胜利，也同样重要，所以，绝不能说什么“其他一切都是次要的”。

有意思的是，一九四五年三月，斯大林也曾对捷克斯洛伐克的访苏代表团讲过类似的话：“大家都在赞扬我们红军，是的，它应该得到这样的赞扬。但是我希望我们的客人将来不会对红军感到失望。问题在于，红军现在有将近一千两百万人。这些人远远不是天使。战争已经使得这些人的心肠变硬了。他们中许多人已经在战斗中跋涉了两千公里，从斯大林格勒到捷克斯洛伐克的中部。他们一路上见到了太多的让他人悲伤的事情，见到了太多的暴行。因此，如果我们的人在你们的国家行为不当，不要感到奇怪。我们知道，有些没有什么头脑的士兵的行为是丢人的，他们纠缠并侮辱姑娘和妇女。让我们的捷克斯洛伐克的朋友现在就知道这一点，这样他们对红军的赞扬就不会变成失望了。”（杰弗里·罗伯茨：《斯大林的战争》，第363页）斯大林的解释看上去似乎合情合理，但其实是非常不负责任的，甚至隐隐然流露出故意纵容红军的隐秘心理。红军固然不是天使，但也不是魔鬼。既然知道他们的“心肠变硬了”，那就要通过耐心的说服工作和有效的纪律制约，来规范他们的行为，使他们不丧失高贵的人性，不丧失革命军人的教养和无产阶级解放者的荣誉感，不辜负那些被解放的“阶级兄弟”的期待和“赞扬”，不要让那些尊敬他们的人“失望”。苏军如此大规模地抢劫和强奸，斯大林明明知道，却不严令制止，还利口捷给，巧言曲辩，实在很不应该的。

三

如同在欧洲的苏军一样，一九四五年八月进入中国的苏联军队，也同样抢劫、强奸、杀人成风，给中国的国家利益造成了极大的损失，给中国东北地区的居民和妇女带来了极为严重的伤害。

苏军在东北的抢劫近乎疯狂，见到什么抢什么：“工厂、矿山设备被拆卸了，运走了。有的是整座工厂、整座矿山的拆卸、运走，只剩下一些空房子。据日本产经新闻出版的《蒋总统秘录》称：‘在电力工业方面，相当于东北总发电量百分之六十五的电力供应设备拆运而走，此外，鞍山、宫原（即本溪）、本溪（今本溪湖）等钢铁厂设备的百分之八十被搬走，抚顺、本溪、阜新、北票等处煤矿都被劫掠而受害甚大。’

美国国务院一份调查：‘估计在苏军占领期间，东北工业蒙受损失约达二十亿美元’。……八月二十八日，苏军仅从长春伪中央银行中，就提走库存满洲币七亿元，各种有价证券总值约七十五亿元，黄金三十六公斤，白金三十一公斤，白银六十六公斤，钻石三千七百零五克拉……从日本人的高级家具，到中国市民的收音机、座钟，都要。有的老人说，连农民的黄牛也往火车上赶。”（张正隆：《雪白血红》，解放军出版社，1989年8月，第95页）

抗战胜利后，刘顺元先被东北局分配到辽东省委任副书记。不久，因为需要加强苏军管制的旅大地区的工作，又被派到旅大地委去任副书记、第二书记兼关东行政公署副主席。在从安东到旅大的火车上，他看到原来是双轨的南满铁路，正在被拆去一边。一列列满载着铁轨、机器和其他物资的火车，呼啸着向北驶去。原来苏联人正拼命地在东北拆铁路、拆工厂。“在火车上，刘顺元还看到一种极不顺眼的现象：车厢里的苏联士兵，看到比较年轻的中国妇女，便吹起口哨，嬉皮笑脸地高喊：‘哈罗索！’有时还奔过去，把中国妇女抱在怀里，在身上乱捏乱摸。刘顺元忍不住骂了出来：‘这是什么红军？是混蛋！’……刘顺元不久便了解到：一九四五年八月二十二日，进入中国东北的苏联红军空降旅大，当地曾经出现万人空巷欢迎苏军的热烈场面。但是群众的欢乐情绪很快就发生了变化。因为一些苏联士兵，看到年轻的中国妇女，便要动手动脚，甚至在公共场所进行猥亵活动。苏军士兵强奸中国妇女、劫夺中国居民财物的事不断发生，使旅大的老百姓逐渐另眼相看；苏军大批拆走工厂的精密机器，连码头上的百吨塔吊也不放过，也引起旅大人民的反感。……刘顺元善意地向苏军司令部反映过苏军的纪律问题。苏军司令部也像模像样地进行过一些整顿。但是这批苏军的某些恶习并未因这种整顿而根本改变。”（丁群：《党内抵制苏联大国主义第一人》，《百年潮》1999年第9期）

一九四九年七月，刘少奇率团访问苏联。在一次“轻松的探讨”中，高岗“简单介绍了苏军在我东北的劣迹”。这次，斯大林没有像对南斯拉夫的杰拉斯那样发火，而是表示了“歉意”。师哲在自己的回忆录中说：“作为事后诸葛亮，我认为我们当时太傻了。苏军在东北对我国人民（尤其是妇女）造成很大伤害，东北所有工厂的机器设备几乎全部运到苏联去了，还赶走大量牛羊等牲畜。斯大林既承认苏军的劣迹并道了歉，如果我们趁势索赔，是完全办得到的，然而根本没有提索赔问题。我们总是以中国人的邻里关系想问题，认为他应该主动给我们，殊不知人家到手的都是自己的民族利益，岂能拱手让人?！以致到了赫鲁晓夫时期，我们反而‘偿还’了许多冤枉债！”（师哲：《我的一生——师哲自述》，人民出版社，2001年7月，第307页）

一九四六年秋天，作家萧军从延安回到了东北，参加收复失地的工作。在哈尔滨，他听到了很多关于“苏联军队破坏纪律的行为”:他们“侮辱妇女,抢东西,大量拉走物资和机器等等,在社会上留下了很坏的影响”。然而,萧军并没有谴责苏军的种种暴行,更不曾说过苏联是“赤色帝国主义”的话,而是在“驳《生活报》的胡说”中反复声明自己无论在文字中,还是在演讲中,都没有“任何‘反苏’的思想和证据”,并清楚明白地说“苏联与任何帝国主义绝无相通之点”(刘明芝等:《萧军思想批判》,作家出版社,1958 年 10 月,第 263 页,第 257 页)。正因为有着这样的态度和认识,他才不遗余力地为苏军“辩解”——“因为这是我们的‘老大哥’呀! 不能不辩解呀! 这是立场、态度问题。”(萧军:《人与人间》, 中国文联出版社,2006 年 6 月,第 463 页)萧军为苏军的曲言回护。他后来回忆说,为了“说服”愤怒的听众,自己如何变被动为主动,“在万不得已的情况下,施展了这一近乎狡猾的‘回马枪’”(同前,第 466 页)。他甚至告诉台下愤怒的听众:“……我相信斯大林也不会容许这类败坏纪律的行为存在的。据我所知,有一些败坏纪律的份子(原文如此),当场就要执行死刑的,你们知道不知道? ”(同前,第 467 页)萧军所提供的,是虚假的信息。苏军从来就不曾因为这类事情对他们的士兵“执行死刑”。由于可怕的暴行未曾受到严厉的惩罚,苏军对中国妇女的强奸才发展成一种汹汹然的狂潮。究竟有多少无辜的中国女性被苏军强奸、杀害,至今没有一个大体可靠的统计数据。

苏军进入东北的七十多年后,作家龙应台专程到东北, 采访了那些知情者,给人们提供了一些苏军强奸中国妇女暴行的细节:“那一年冬天,二十一岁的台北人许长卿到沈阳火车站送别朋友,一转身就看到了这一幕:沈阳车站前一个很大的广场,和我们现在的(台北)总统府前面的广场差不多。我要回去时,看见广场上有一个妇女,手牵两个孩子,背上再背一个,还有一个比较大的,拿一件草席,共五个人。有七八个苏联兵把他们围起来,不顾众目睽睽之下,先将母亲强暴,然后再对小孩施暴。那妇女背上的小孩被解下来,正在嚎啕大哭。苏联兵把他们欺负完后,叫他们躺整齐,并用机关枪扫射打死他们……许长卿所碰见的,很可能是当时在东北的日本妇孺的遭遇,但是中国人自己,同样生活在恐惧中。一九四五年的冬天,于衡也在长春,他看见的是,‘凡是苏军所到之处,妇女被强奸,东西被搬走,房屋被放火烧毁’,不论是中国还是日本的妇女,都把头发剪掉,身穿男装,否则不敢上街。所谓‘解放者’, 其实是一群恐怖的乌合之众,但是,人民不敢说,人民还要到广场上他的纪念碑前,排队、脱帽,致敬……你听说过索忍尼辛(即索尔仁尼琴)这个人吗? ……没听过? 没关系,他是一九七〇年的诺贝尔文学奖得主,透过他,这个世界比较清楚地了解了苏联劳改营的内幕。可是在一九四五年一月,二十七岁的索忍尼辛是苏联红军一个炮兵连上尉,跟着部队进军攻打德军控制的东普鲁士。红军一路对德国平民的暴行,他写在一首一千四百行的

'普鲁士之夜'里：小小女孩儿躺在床上，多少人上过她——一个排？一个连？小小女孩突然变成女人，然后女人变成尸体……"（龙应台：《大江大海一九四九》，天地图书有限公司，2009年9月，第195页-第196页）

关于苏军强奸和伤害中国女性的记录，实在是太少了。没有对知情者的访谈，没有深入的调查，没有可靠的档案资料，就连龙应台所做的这种简单的采访和描述，也难得一见。血流了，泪流了，人死了，但是，时间的尘土遮蔽了这可怕的惨象，仿佛一切都不曾发生过。

四

那么，到底是哪些原因导致了苏军的可怕暴行？

第一，斯拉夫人本来就是一个容易冲动、做事情容易趋向极端的民族。俄罗斯学者利哈乔夫说："在俄罗斯民众中善与恶之间的摆幅特别大。俄罗斯民族是一个极端性的，从一端迅速而突然转向另一端的民族，因此这是一个历史不可预测的民族……善良的巅峰临近邪恶的深渊。因而俄罗斯文化常常被战胜其文化中善良的'平衡'所压倒：相互敌视、专制、民族主义、狭隘偏执。我再一次注意到，邪恶追求破坏文化中最珍贵的东西。"（利哈乔夫：《解读俄罗斯》，北京大学出版社，2003年7月，第19页）我们在《怎么办》中的拉赫美托夫身上，在《白痴》中的梅斯金公爵身上，甚至从《战争与和平》中的娜塔莎身上，都可以看见这种容易冲动的极端性。

第二，斯大林的"大清洗"将苏军最优秀的将领消灭掉了，"在两年的时间里杀掉了上万名优秀的红军将领和政治委员"（梅德韦杰夫：《让历史来审判——论斯大林和斯大林主义》，上册，东方出版社，2005年12月，第473页）。这在客观上造成了军队管理水平的下降，并导致了整个部队军纪的弛废和军队的溃败，以致于，"第一天战斗结束时，西方面军的指挥系统就全面瘫痪了"（沃尔科戈诺夫：《斯大林：胜利与悲剧》，国际文化出版公司，2009年5月，第582页）；"在战争开始后的一年半之内有几百万苏联军人沦为德国俘虏"（同前，第629页）。

第三，由于匆促的战争动员，许多低素质的人员被招入军队，其中就包括大量在狱中服刑的罪犯。这也严重地影响了士兵的道德行为，降低了部队的道德水准。

第四，普遍而严重的酗酒习惯，削弱了影响了苏军士兵的自持力，造成了他们心智的混乱和行为的失范，从而造成了大规模的突破人性底线的严重犯罪。

第五，苏联的过于僵硬的禁欲主义道德管制，也是造成苏军强奸狂潮的一个原因。因为，这种绝对化的禁欲主义不仅会造成认知上的蒙昧主义，也必然导致性心理和性行为上的扭曲和变态，正像比弗所指出的那样："许多未受教育的士兵都深受性无知的困扰，他们对女人一无所知。所以苏联对其人民性欲的压抑适得其反，正如一位苏联作家写道：'那造就了一个

"色情军营",它的行为比最淫秽的外国色情文学所描绘的还要简单粗暴。'而所有这一切又与现代宣传的灭绝人性、人类蜕化的返祖现象以及交织着人类恐怖与苦难的冲动结合在了一起。"(安东尼·比弗:《攻克柏林》,第26页)

第六,斯大林的默许和纵容,也是一个不容忽视的原因。

说到这一点,首先涉及这样一个重要的问题:斯大林是不是像萧军所说的那样,对苏军在被占领国家的强奸犯罪行为完全不知情呢?

不是的。在苏联的国家制度下,没有什么事情能瞒过斯大林。也就是说,他全都知道。正像他从杰拉斯那里知道了苏军在南斯拉夫的所作所为一样,他从来自前线的报告中,也清清楚楚地知道了苏军正在如何伤害无辜的德国妇女。斯大林和贝利亚从一份报告中得知:"'许多德国人说,所有留在东普鲁士的妇女都惨遭红军士兵强奸。'报告还列举了许多红军士兵轮奸德国妇女的例证——'不满十八岁的少女和上了年纪的老妇都包括在内。'报告还说:'跟随第四十三集团军的俄罗斯秘密警察人民委员发现,留在斯普雷滕的妇女都不顾一切地想要了结自己的生命。'委员们审问了其中一个名叫艾玛·科恩的女子,她说:'红军在二月三日进入这个城市。他们进入了我们躲藏的地下掩体,用枪指着我和另外两个女人,命令我们到院子里去。在那里,我被十二个士兵轮奸。其他的士兵也对另外两个人干了同样的事情。第二天晚上,来了三个士兵,二月六日,来了八个,他们对我们施暴并且打了我们。'三天后,这几个妇女试图割脉了结自己和孩子们的生命,但显然她们并不清楚到底应该怎样做才能达到目的。"(同前,第23页)显然,这份报告的提供者希望所汇报的事情能够引起斯大林的重视,期待他作为最高统帅能积极地回应和处置。

然而,尽管有着绝对有效的控制力,但是斯大林并没有制止苏军的暴行。苏联的沃尔科戈诺夫将军在他的影响巨大的著作中,历数斯大林在"大清洗"等迫害运动中的严重罪错,尖锐地批评斯大林"丧失了最基本的人道素质":"他根本不知道同情、仁慈为何物,他丝毫不理解什么叫善良。"(沃尔科戈诺夫:《斯大林:胜利与悲剧》,第431页)至少,在处置军人大规模的暴力强奸问题的时候,他确实缺乏对无辜妇女的同情心和仁慈态度。他以默许的方式,放纵自己的军队。不仅如此,由于他的许可和纵容,"红军对待妇女的方式已变为公然占有,尤其是在斯大林允许军官拥有一名'战争妻子'以后,这些年轻的妇女被高级军官选为情妇,他们通常在司令部做发报员、秘书或医生——她们戴着贝雷帽而不是船形的大檐帽。"(安东尼·比弗:《攻克柏林》,第23页)事实上,这不过是另外一种形式的有组织的强奸行为罢了。

斯大林甚至不能允许任何人对苏军士兵的"强奸"行为进行批评。苏联作家爱伦堡在伏龙芝军校给军官们授课时，谴责了红军在东普鲁士的抢劫和破坏行为，并将这归咎于部队文化水平的低下。但是，当他唯一一次提到强奸时，却说“苏联士兵无法拒绝德国妇女对他们的敬意”。尽管如此，斯大林听到了关于此事的报告，还是很不高兴，认为爱伦堡的思想和言论“在政治上十分有害”（同前，第160页–第161页）。

事实上，斯大林之所以如此纵容苏军大规模的强奸犯罪，与他对女性的态度和意识是有着密切的因果关系的。

斯大林自己就不怎么尊敬女性。即使在小他二十三岁的妻子娜杰日达·阿里卢耶娃面前，他也经常“说一些难堪的笑话和流露出丑陋的表情，使任何一个有自尊心的女人都难以忍受。他感到这种行为使自己受了侮辱而他却得到了明显的满足，尤其是当着别人的面，在有人来吃午饭或晚宴时。阿里卢耶娃的烦恼自然引起了斯大林粗暴的反击。每当喝醉酒时，他就用一些不堪入耳的下流话骂她……警卫员们都很喜欢她那平易近人的性格。他们经常看见她一个人暗自哭泣。”（亚历山大·奥尔洛夫：《斯大林秘闻》，海南人民出版社，1988年4月，第205页）一九三一年夏天，她终于忍无可忍，与斯大林吵了起来：“你是个虐待狂，你算个什么人！你折磨自己的妻子和儿子，你折磨所有的人。”（同前，第208页）在女儿的回忆中，由于斯大林的粗暴，娜杰日达·阿里卢耶娃也是“不幸、幻灭和抑郁的”，“她的生活变得无法忍受”（斯维特拉娜·阿里卢耶娃：《仅仅一年》，外文出版局《编译参考》编辑部编印，1980年9月，第132页）。一九三二年十一月，娜杰日达·阿里卢耶娃死于枪杀（射中心脏部位），年仅三十岁。有人说她死于自杀，也有人猜测她是被斯大林射杀的。

在一个性质特殊的社会里，元首的意识和人格，会极大地影响全社会的心理和行为。由于缺乏对女性的尊重和同情，斯大林漠然地忽视了女性在战争状态下可能面临的危险，忽视了她们可能受到的伤害，所以，也就没有发布任何命令制止苏军的抢劫和强奸暴行。于是，一切就这样悲惨地发生了。

中国汉代的魏相在写给汉宣帝的谏书中说：“救乱诛暴，谓之义兵，兵义者王；敌加于己，不得已而起者，谓之应兵，兵应者胜；争恨小故，不忍愤怒者，谓之忿兵，兵忿者败；利人土地货宝者，谓之贪兵，兵贪者破；恃国家之大，矜民人之众，欲见威于敌者，谓之骄兵，兵骄者灭。此五者，非但人事，乃天道也。”（《魏相丙吉传》，《汉书》卷七十四）就具体的行为来看，苏军不仅是怒火中烧的“忿兵”和肆意劫掠的“贪兵”，还是强奸和杀害妇女的“骄兵”。他们的大规模的强奸犯罪行为，不仅使几百万无辜女性受到了凌辱和伤害，使她们中间的很多人失去了宝贵的生命，而且，也必将使苏军为此付出巨大的道德代价，使它长期蒙受无法洗雪的耻辱。

2015年5月20日，北京平西府

（作者系中国社会科学院文学研究所研究员、文学批评家）

农村大跃进的一个标本

——平落公社(1958–1962)

◎述　弢

成都友人在电话中提及，不久前曾到邛崃平乐古镇一游，印象不错。“平乐”原为“平落”，乃笔者家乡四川邛崃的一个乡名，乡人日常言谈中均称之为“平落坝”。平落乡位于邛崃市区西南二十公里处。俗话说：“山高皇帝远。”因地处偏僻，交通不便，平落免受兵燹之灾、“文革”之祸，于是古镇风貌得以较为完整地保留下来。近年来发展旅游事业，遂名声大噪。那古色古香的老街老屋，美不胜收的湖光山色，无不令人流连忘返。平乐古镇已成为全川乃至全国赫赫有名的旅游景点，游客络绎不绝，甚至同邛崃城内著名文物——西汉司马相如与卓文君遗址“文君井”相比起来，也不遑相让。

令人意想不到的是，“平落”虽已更名为“平乐”，平落古镇（平落乡）却曾经有过一段苦史。

一九五九年至一九六一年，平落乡人口明显减少。三年间净减少三千一百四十五人。其中，一九五九年减少四百六十一人，一九六〇年减少两千六百四十四人，一九六一年减少四十三人。

人口减少是否与自然灾害有关呢？这三年并未发生重大自然灾害。如一九六一年，平落公社受灾面积仅为八十五点八亩，其中旱灾十七点二亩，水灾五十八点六亩。

既然不是天灾，那又是什么原因引起的呢？原来是因为一九五八年的那场“大跃进”。想当年，神州大地，“大跃进”的口号声响彻云霄，个个奋勇当先。平落也不甘落后。召开扩大干部会议，要求到会者人人宣誓，保证一九五九年粮食翻一番。还说年底北京要召开两千人大会，只要粮食亩产达到一千五百斤、红苕（红薯）亩产达到万斤，即可参加。于是大家纷纷提出根本无法达到的目标，谁也不甘落后。有的村还把社员分成三类：一类社员为“上游”，二类社员为“中游”，三类社员为“下游”。凡评为“四类”者，无不受到罚站、批判、当众羞辱等惩罚。

七月中旬，邛崃县委在会上指名要平落乡一九五八年大春作物即稻子玉米翻一番半。平落乡总支则保证一九五八年水稻亩产翻一番半，达到一千两百斤，力争一千五百斤（1957 年全县水稻平均亩产仅为 473 斤）。

八月，中共中央作出《关于在农村建立人民公社的决议》。平落也宣告成立"政社合一""工、农、商、学、兵五位一体"的人民公社。一时间，平落公社的山林竹木、自留地全部收为公社所有，农具等生产资料收归公社，社员的耕牛、生猪也一律折价归公。眼见得人民公社大量无偿调用基层资金、物资和劳力，一些社员便说：现在而今眼目下，旮旮旯旯枝枝丫丫全都是人民公社的了！

平落公社和下坝公社的干部都争当"诸葛亮"，为粮食高产很是动了一番脑筋，生出了若干不乏"奇思妙想"的新法子、新道道。如深耕，要求田土深耕至少达到两市尺，各管理区的"卫星田""基本农田"(即小田块并成几十亩面积的大田块)都要深耕到三市尺。如改良土壤，规定一般田地铺垫肥土二十万市斤，万斤田铺垫肥土三十万市斤，卫星田铺垫肥土四十万市斤。肥料不足，便四处去挖木叶泥，铲草皮，掏泥炭。有的管区割草砍树烧灰肥，使植被遭到严重破坏。有的管区将茅草、竹鸡苔、林树叶作为绿肥，尚未沤腐，即施到田里，还过量使用石灰，氯化钠(食盐)等，造成土壤结构劣化。密植方面亦有若干"高招"。七区委为了证明高度密植可亩产万斤，一九五八年七月在清河村附近搞"样板田"，将二十亩稻田已经含苞的秧窝子移到一亩大的田内。原以为即将放个高产大卫星，却没料到秧窝过于密实、无法透气，稻株全部沤烂，闹了个颗粒无收。

一九五九年元月，县上提出少种高产多收的种植方针。平落公社将一九五九年的粮食种植面积压缩为一万一千亩，占全乡可耕地的百分之六十一；产量指标却分别提高到亩产三千市斤、一万一千市斤、一万两千市斤、一万五千市斤，甚至十万市斤。不少管区搞了小麦万斤丰产片，大春作物万斤片。一九五九年秋收季节，平落公社的粮食总产量非但没有提高，反比上年减产一百零五万四千四百市斤。下坝公社比上年减产五十二万七千两百市斤。但仍不甘心，一九五九年秋天制定来年计划时，下坝公社又高调提出，一九六〇年的粮食"一定要过万斤关"。平落公社亦提出"大战水稻破千关，猛攻玉米翻一番，誓要红苕(红薯)超一万，间种红苕亩四千，小麦保证翻一番"的豪迈口号。一九五九年十一月，平落、下坝两公社为了"回击右倾机会主义分子的谰言，保卫人民公社，保卫公共食堂"，再度掀起"大跃进"高潮，再度组织大兵团作战。社员人山人海，挤在一处积肥，管小春作物，改造冬水田。平落公社集中全公社劳力在四管区的桥楼子一带铲草皮、割竹鸡苔运往冬水田。

如此违反客观规律，一味"大干快上"，胡干蛮干，结果如何呢？一九六一年，平落公社全年粮食总产量由一九五八年的五百六十一万六千五百公斤降至两百零七万三千四百公斤。耕牛由一九五八年的六百二十一头降至一九五九年的两百十四头和一九六〇年的两百八十四头。毛猪由一九五八年的八千两百四十二头降至一九六一年的一千一百二十六头。

人民公社要搞组织军事化、生产战斗化和生活集体化，大办公共食堂。平落公社将社员家中的存粮统统拿走，家中的锅灶也统统拆除，以生产中队为单位办起公共食堂五十七个。当年秋收之后，除去国家征购、种籽、饲料以外的粮食即不再分给社员，由公共食堂统一使用。初时，有的公共食堂十分认真，硬是做到了一个月九十顿饭菜顿顿不重样。公社社员无不感到高兴满足。好些公共食堂还宰杀从社员家中牵来的猪羊，办起"大油大肉"的九大碗，可是实打实地感受到了人民公社"吃饭不要钱"的优越性。开办公共食堂初期，白米饭敞开吃，也算过了几天好日子，可由于粮食本不宽裕，没过多久，便难以为继。不过，两公社的负责人也能关心大家的吃饭问题，尽量让公共食堂改善生活。诸如用牛皮菜杆作回锅肉、以红苕为主办酒席等等。可这一切都难以让社员真正吃饱肚子。

就在干部社员都为肚子饥饿而忧心的时候，上面派人检查食堂，基层干部怕戴"右倾"帽子，只好往谷仓粮囤下面塞谷草，上面薄盖粮食，便成了"尖仓满囤"，好歹也算瞒了过去。可上面又要反"右倾"、清查产量。一九五九年四月下旬，县上召开万人大会追究缺粮问题，追究基层干部的贪吃贪占，平落公社负责人只好让下面的干部拿党籍、团籍和革命干部身份担保，务必在五月十二日晚至十三日晨，从每个中队清出粮食两至三万市斤。下坝公社眼见得食堂已经无粮，还要召开小队长以上的干部会议清查产量。平落公社和下坝公社只好虚报粮食库存，召开假现场会，对不愿在献粮会上讲假话的干部社员无情斗争。在强大的政治压力下，一九五九年秋，平落公社虚报产量为一千三百六十七万八千二百市斤，实际仅有一千零八十一万九千三百市斤，社员口粮亦存在两百八十五万八千三百市斤的虚数。下坝公社同样再次虚报产量。

情况确已十分严重。至一九五九年三月，平落公社已有部分食堂断炊，未停伙的食堂粮食定量也极低。是年八月二日，平落公社党委关于突击消灭三类(管区)的文件指出，十四管区二中队"食堂停伙，病人特别是脚肿病人得不到照顾。部分干部氢苛草煮豆腐一角钱一碗卖给病人吃，从中获利。"七管区十一个食堂已有六个停伙。是年秋，平落公社实际安排到人头的口粮为原粮两百八十五万八千九百市斤，人均两百五十四市斤。至一九五九年十二月底，全公社实际存粮只有六十一万五千七百市斤。其中，一管区已完全断粮，十三管区一千零九人只有粮食两千市斤。一管区第四食堂从十一月下旬起，每天只供应社员少量蔬菜，至十二月，蔬菜也无法供应。好些社员只好捉泥鳅、黄蟮、青蛙、田螺吃，还有的吃蟾蜍。有人因吃蟾蜍中毒死亡。下坝公社二大队的四、五生产队多有社员死去，一段时间，埋葬死人的劳动力都难以找齐。《下坝乡志》称：其时"人无口粮，死亡一千余人，猪无饲料，粮食总产量还不如一九五二年。"在此前后，平落公社一管区第四食堂发生了极其严重而悲惨的事件。上级部门高度重视，很快便派来地（区）县联合检查组，为救济极度饥饿的群众，紧急下拨粮食五十一万市斤，也只能是杯水车薪。全公社六十个食堂，除了三管区的四个食堂每日人均定量八两（16进制）的原粮而外，其余五十六个食堂日人均定量仅为六两，只好供应用苕藤、谷壳、玉米芯、玉米壳制作的淀粉食品。一九六〇年二月，平落公社对十三管区开展检查后称："二中队食堂四十七户，一百五十五人，才八十个碗。蒸饭时，可是大碗小碗、缸缸钵钵都用上了。七个食堂有四个食堂已较长时期无菜可吃。一中队用水脏得怕人，烧开后渣子、黄沙满锅都是，却依然用此水蒸饭煮菜。炊事员手不洗、脸不洗就煮饭。三中队一食堂仅有人均八两原粮的口粮。"各公共食堂还制作淀粉供人食用，其原料主要为谷壳、干红苕藤、玉米芯子、玉米壳叶。一些公共食堂还用枇杷树皮，沤烂的红薯来生产淀粉。不少社员采食青蒿、桑叶、槐花、鹅菜、芭蕉头、棉花篙、铁秆菜、青草籽、木槿花、水芹菜、鸡眼树叶和鹅脚板草等野菜。其时食品奇缺、价格飞涨，平乐市镇的"黑市"一只鸡四五十元，一个鸡蛋一元。社员饿得形容枯槁、面如菜色。不少社员患上了浮肿病和消瘦病；不少女社员患上了闭经病和子宫脱垂病。平落公社专门办了七个医院，收容此类病人。据一九五九年九月的调查资料，平落公社有此类病人九百九十三人，其中，浮肿病患者六百四十一人，消瘦病患者两百五十二人。一九六〇年三月，平落公社七管区有病人九十四名，其中，病情严重者三十九名。

据邛崍县志记载，一九六二年与一九五七年相比，全县人口减少了七万五千六百八十一人，相当于一九五七年总人数的百分之十六点七，也就是减少了六分之一左右。而一九五九年至一九六一年，平落乡人口明显减少。三年间净减少三千一百四十五人。人口大量减少，均非因为天灾，而是人祸使然。

一九八一年召开的具有重要历史意义的中国共产党十一届三中全会，全会作出《中国共产党中央委员会关于建国以来党的若干历史问题的决议》。决议对大跃进运动作了这样的诠释："由于对社会主义建设经验不足，对经济发展规律和中国经济基本情况认识不足，更由于毛泽东同志、中央和地方不少领导同志在胜利面前滋长了骄傲自满情绪，急于求成，夸大了主观意志和主观努力的作用，没有经过认真的调查研究和试点，就在总路线提出后轻率地发动了'大跃进'运动和农村人民公社化运动，使得以高指标、瞎指挥、浮夸风和'共产风'为主要标志的左倾错误严重地泛滥开来""主要由于'大跃进'和'反右倾'的错误，加上当时的自然灾害和苏联政府背信弃义地撕毁合同，我国国民经济在一九五九年到一九六一年发生严重困难，国家和人民遭到重大损失。"

如此沉痛的历史教训，自当认真记取，难道还能让悲剧重演吗？

活着玩，玩着活
——闲话乾隆

◎胡建君

乾隆帝爱新觉罗·弘历(1711—1799)

一、身世之谜

乾隆真可谓是含着金匙出生，祖父康熙一直对他宠爱有加，连其父雍正继位都是沾了他的光。他是中国历史上第一位密立的储君，因不愿超其祖父在位六十一年，至八十五岁便以满一个甲子恬然隐退，于八十九岁高龄圆满寿终，成为史上执政时间最长的皇帝，也是有史以来年寿最高的帝王，更是中国历史上最富传奇色彩的帝王。

历史上光记载他的实录就多达一千五百卷，计一千三百多万字。茫茫字里行间，有着费尽猜疑的逸事传闻。他究竟出生在何方？他的生母又是何人？堂堂一代帝王的身世竟然迷雾重重。

关于他的出生地众说纷纭，有说是出生在北京雍和宫的，更有说是在承德避暑山庄的。档案文献中，乾隆自己一直强调是生在雍和宫。嘉庆和道光一开始曾持避暑山庄说，后来又都坚定地改为雍和宫说，却更令人生疑。关于乾隆的生母也有多种传说。一说是浙江海宁陈元龙的儿子；一说是热河承德钮祜禄氏混进宫中，随着选秀女到了雍王府，生下乾隆；还有说是乾隆乃承德李佳氏所生；又有人称这位女子是南方人。

第一种传说，即乾隆是海宁陈阁老的儿子，居然还夹杂有实物印证：今天陈阁老的旧宅，还保存有乾隆御题的两块堂匾，一块“爱日堂”，一块“春晖堂”，用的都是孟郊“谁言寸草心，报得三春晖”的典故，言报父母养育之恩的。果真如此，他竟完全成了一个汉人皇帝了。那么清朝自乾隆以后的皇室，就成了汉满混血血统了。乾隆的确经常穿汉服，现在故宫还保存不少他穿汉服的画像，更令人充满了想象。

最早说乾隆是一个被偷换的汉家男

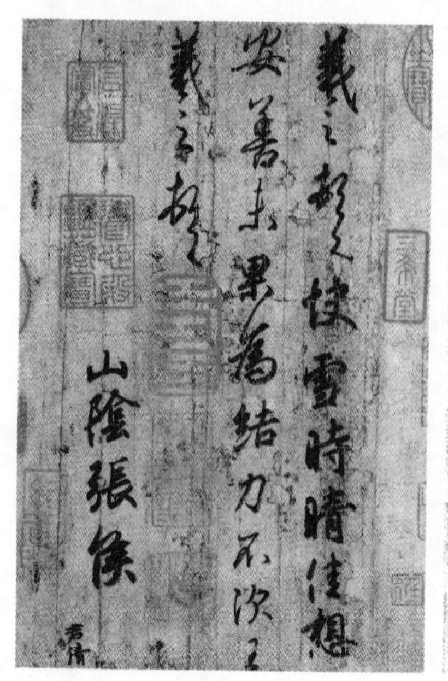

晋代王羲之的《快雪时晴帖》

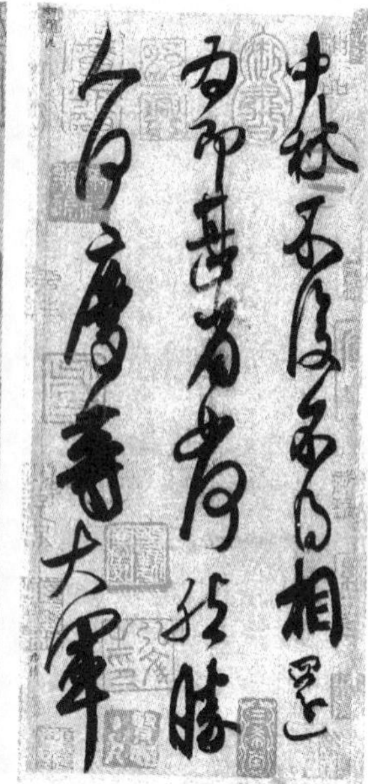
晋代王献之的《中秋帖》

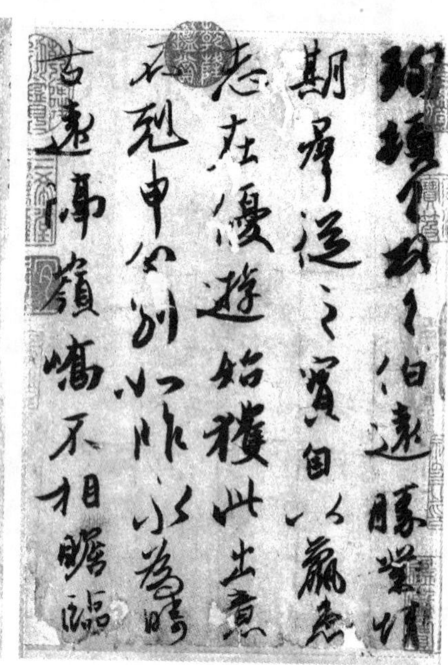
晋代王珣的《伯远帖》

婴的，源自晚清天嘏所著《清代外史》，后来又经过“鸳鸯蝴蝶派”的神奇编排，更加上同是海宁人氏的金庸在《书剑恩仇录》中的精彩渲染，陈阁老之子的说法几乎家喻户晓。可惜的是，历史学家孟森经过详细考证，认为那两块匾额确有其实，但都是康熙所写，是据陈家朝中做官的侍读学士陈元龙、陈邦彦奏请，题写赏赐其父母的。不过更多的人们还是愿意相信坊间野史，因为乾隆的一生的确令人眼花缭乱而精彩纷呈。

二、书画之嗜

乾隆少年得志，青年登极，文治武功，样样精通。他开疆拓地，一生中六次下江南，五次游五台山，三次东巡泰山，巡游、狩猎、诗词、书画、收藏等等，无所不好、精力无限。

由于喜好书画作品，乾隆凭借一国之力进行广泛搜罗，可谓十八世纪中国当之无愧的第一收藏大家。乾隆朝搜集书画的数量相当可观，存世的唐、宋、元、明名画，几乎收罗无遗。他对千方求得的名家巨迹宝爱有加，如获得唐代韩滉《五牛图》后，特设“春藕斋”庋藏；他花数十年时间收齐了宋代马和之《国风图》，特设于“学诗堂”中；他也能欣赏欧洲传教士的艺术，特别看重郎世宁和王致诚，收藏了他们大量杰作；在乾隆手上建起了“三希堂”，编印了《三希堂法帖》。所谓“三希”，即“士希贤，贤希圣，圣希天”，乃勤勉自励的格言。又因“希”同“稀”，又含有三样稀世珍宝之意，也就是乾隆倾尽心力广为搜求的历代名帖中最为珍爱的三件，即晋代王羲之的《快雪时晴帖》、王献之的《中秋帖》和王珣的《伯远帖》。他曾写下自己得到三件法帖之后的喜悦之心："唐人真迹已不可多得，况晋人耶！内府所藏右军快雪帖，大令中秋帖，皆希世之珍。今又得王珣此幅茧纸家风信堪并美！几余清赏亦临池一助也。御识。"并命钤"乾隆宸翰"、"涵虚朗鉴"二玺。其中王羲之《快雪时晴帖》，描绘作者在大雪初晴时的愉快心情及对亲人的问候。乾隆视《快雪时晴帖》为"三希"之首，并在帖前写下了"天下无双，古今鲜对"、"神乎其技"，又评价为"龙跳天门，虎卧凤阁"。王献之为王羲之第七子，官至中书令，世称王大令，其《中秋帖》运笔如火箸画灰，字势连绵不断，极备法度，誉称"一笔书"。王珣乃王羲之侄儿，官至左仆射，其《伯远帖》俊逸流畅，劲健灵动，其结字缜密，而又大小参差，疏密有致，正是信手写来，更显风流之美，深具"如升初日，如清风，如云如霞，如烟，如幽林曲洞"的晋人韵味。

乾隆还效仿宋徽宗编《宣和画谱》之事，亲自召集词臣鉴别宫中所藏书画作品，加以分类整理。这些藏品，大多编入《石渠宝笈》和《秘殿珠林》中。乾隆时期的皇家书画收藏，是继徽宗宣和内府后的最大一次集中。

在皇室指定的鉴别、编纂者中，不乏精于鉴赏的大家，如乾嘉时的张照、梁诗正、董邦达、励宗万、阮元、胡敬等人。乾隆本人目高于顶，俨然也以鉴赏家自居，喜欢议论品评，在名作上遍题诗文。其御制诗文之多、题材之广，是历朝皇帝所无法想见的。这些文字，如同他的"日记"和"起居注"，具有一定史料价值，但也留下诸多遗憾。很多煌煌巨迹经他题写品定后，别人很难再发异议。但是乾隆的书画鉴定水平并不高明，经他品评的藏品，往往鱼龙相混、真赝不分。如他对黄公望真伪两本《富春山居图》的颠倒品题，又将董源名迹《夏景山口待渡图》列为次等，而将伪造的米芾《云山图》定位上等，等等，都是收藏史上的经典笑料。故而《石渠宝笈》《秘殿珠林》数编，尽管内容详尽，具有重要史料价值，但在真伪鉴别方面不足徵信。

三、古玩之好

除了书画之外，乾隆还热衷于收罗器物古玩。"古玩"原称"古董"，董其昌《古董十三说》谓："杂古器物不类者为类，名古董。"也是从乾隆朝开始，才有"古玩"一词，即古代文玩的简称。一字之差，更显乾隆性情。

故宫博物院的许多奇珍异宝是以祝寿为由制造或进贡的。清代进贡有年贡、端阳贡、万寿贡等，根据地区不同、季节变更，宗室王公及部院大臣、地方高官都要进献各种宝物以表忠心。由于贡品名目繁多，为了给乾隆留下印象，大家都像申报吉尼斯一样，极尽想象、奇巧之能事。有的文玩形状以寿桃、葫芦为造型，直接表现祝寿之意。还有大臣从乾隆御制诗文中把带"福""寿"的成语诗句摘选出来，镌刻成组的印章，以博其欢心。在清宫档案中详实记录了清宫造办处制造、王公大臣和各地官员进贡、国外进贡或从海关购买异域

唐代韩滉《五牛图》

奇珍异宝的情况。故宫博物院收藏的各种清代工艺品，更以乾隆时期的为最多、最精、最奇。

乾隆皇帝尤其爱玉成癖，他耗费大量人力财力致力于玉器的加工收藏。仅一件“大禹治水”的玉山，将玉料从新疆经水路运到北京，后又转运到扬州，制成后又运回紫禁城，耗时整整十年。后世张大千万里运送巨石也差可比拟。故宫博物院现藏有上万件玉器，多半是乾隆时期收藏的。

乾隆最爱“三代”古玉，亲自组织收集、鉴别定级，对其中佳品题诗咏赞，并命玉工镌刻其上。他御题咏玉诗竟达八百首，其中六十余首是咏周或汉代玉璧的。玩性很浓的乾隆不仅四处搜寻高古玉，还命宫廷造办处玉作仿制。清代宫廷仿古玉器，绝大多数都以传世精品作母本，一丝不苟、精益求精，代表了仿古玉器史上的最高水平。在这些玉器上，有的刻“乾隆年制”或“乾隆仿古”等款识，有的则公然刻假款。据养心殿造办处记载，乾隆曾命在一件碧玉虎右腿刻“十三”，在木座上面刻隶字“宣和玉玩”，底面刻篆字“伯时珍藏”。乾隆还亲自捉刀，为宫廷收藏的古玉器题铭并撰写《圭瑁说》《搢圭说》等。人能沉迷耽玩于某物事，某种程度上也显得可爱。

古玉器往往出土于坟墓，自然带有土锈色沁。宫廷玩家们用各种办法把古玉器外表的土锈去掉，这个过程叫“盘玉”。一般经洗净、水煮，然后用白细皮或旧白布细擦，用手摩挲盘玩，甚至贴身放置，以人气养之。假以时日，古玉器污浊气退净，包浆锃亮，润泽无比。当时玩玉盘玉朝野痴迷，上行下效，民间亦出现好几处仿古玉器场所，以求高额利润。当时的做旧、作伪手法登峰造极，甚至眼界极高的乾隆也被骗过，他并不以为然。

玩玉的同时，乾隆还热衷于青铜器的收藏和鉴赏。官僚士大夫中普遍形成了嗜古的风尚，出现了一批眼光独到的收藏大家和古文字学家。他们不仅亲自鉴定考证，而且著录摹拓、著书立说、辩驳探讨，随之而来的考据之学便大行其道。此风一起，一直影响了近两百年的收藏界和知识界。

此外，乾隆年间瓷器和景泰蓝制品美轮美奂，玉器和牙雕工艺也精彩纷呈，凡此种种，都与乾隆广泛的赏玩兴趣密不可分。睥睨千秋的乾隆在北京西郊营造繁华盖世的圆明园，东造琳宫，西增复殿，南筑崇台，北构杰阁，把中外九万里的奇珍、上下五千年的宝物，一并陈列园中，因此圆明园被世界称为“东方艺术博物馆”，令后人无限唏嘘。

四、玺印之癖

在古玩上镌刻御制诗文、在画上遍钤印文是乾隆时期一大特色。乾隆篆刻印章多达一千方左右，其中有相当一部分是雅玩鉴赏印，如“比德”“朗润”“半榻琴书”“犹日孜孜”等，可见其雅兴。

兴之所至，性情中的乾隆还会为某一触动他的事件专门刻制印玺。如北京城西北有一处小村庄，村中有大小清泉汩汩涌出。乾隆经过此地，听当地人称“万泉庄”，但查阅前代专门史料《日下旧闻》和《春明梦余录》等，却无此地名，只有“丹稜沜”一名。乾隆详细查看了万泉庄的地形地貌，确认两书记载的“丹稜沜”即“万泉庄”，并专门撰写了《万泉庄记》。他对自己这一考证结果十分满意，作文立说的同时，得意洋洋地命内廷工匠制作“万泉庄宝”御玺。

内府书画钤印，本有一定格式，但好玩的乾隆经常随心所欲、突破规定，因此变化也很多。一般来说，入选《石渠宝笈》或《秘殿珠林》正编的钤五玺：本幅右上“三希堂精鉴玺”“宜子孙”二印，中上“乾隆御览之宝”一印，左方“乾隆鉴赏”“石渠宝笈”（或“秘殿珠林”）二印。选入重编的精品加钤二印，“秘殿新编”“珠林重定”（或“石渠定鉴”“宝笈重编”），称“七玺”。藏于以下五处者再加钤一印，或“乾清宫鉴藏宝”，或“养心殿鉴藏宝”，或“重华宫鉴藏宝”，或“御书房鉴藏宝”，或“宁寿宫续入石渠宝笈”，称“八玺”。有时也减至一玺、三玺，有时又加钤“寿”“古稀天子”“五福五代堂古稀天子宝”“八徵耄念之宝”等，不一而足。但是钤盖再多的印玺，也终究是烟云过眼，到底是乾隆拥有了书画，还是书画拥有了乾隆，有谁能是永远的主人呢？

乾隆晚年自称“十全老人”，夸耀自己的文治武功，其功过自有历史评说。但以其丰富传奇的一生、惊人的想象力和创造力，称他为“天子玩家”，也不为过吧。王世襄说“活着玩，玩着活”，乾隆也是这般玩转了江山风物，康乾盛世从他手中走向顶峰，同时也孕育了衰亡。

海外书情

进步主义的总统

◎ 郭 嘉

《威尔逊》
A.伯格著
普特曼出版社

一百年前担任美国总统的人和当下白宫的主人有那么一点相似的地方,他们都靠着某种理想主义的纲领而当选,都在国内外引起热烈的期望,特别是在国外。奥巴马当选后在欧洲欢迎他的人要大大超过他在美国国内的支持者,还没做什么事,欧洲人就送给他一个诺贝尔和平奖,把他看作是能结束美国海外军事干涉的人。威尔逊也一样,他被普遍地看作是一位具有高尚理想和原则的政治家。当时的法国总理克雷孟梭把他比做耶稣基督,是一位负有拯救人类使命的人。

威尔逊出身于一个牧师家庭,一辈子都是个虔诚的教徒,他父亲是新教长老会的牧师。据他自己说,宗教信仰是他一辈子生活的指南。威尔逊还是一个真正的知识分子,发表过不少政治学著作,最初的职业是大学教师。一九〇二年他被任命为他的母校普林斯顿大学的校长,在任期内锐意改革,将普林斯顿大学建设成一个学术高地。由于他执掌普林斯顿大学的成就,他被新泽西州的民主党党部看中,被推为新泽西州长的候选人,果然高票当选。他当选后毫不含糊地实现他建立廉洁政府的诺言,使得推选他的那些党棍们大为懊恼。一九一二年,威尔逊艰难地赢得了民主党党代会的推举,成了当年大选的民主党候选人,并且赢得了大选,成为众望所归的美国新总统。他代表了当时美国的社会福音运动的理想,实施"新自由"的政纲。威尔逊的内政改革影响深远,他确立了实施至今的内阁制,建立了充当中央银行功能的联邦储蓄体系,为促进贸易大幅降低关税,打击为既得利益服务的游说集团。威尔逊的政绩大致反映了当时流行欧美的进步主义的思想。

威尔逊是靠着内政改革政纲当选的，他在美国国内留下的政绩许多留存至今，不过人们更多地记得却是他在国际舞台上发出的声音。威尔逊竞选总统的初意也只是要在美国更好地实现民主自由的理想，他的竞选纲领几乎完全是关于国内问题的。一九一三年，威尔逊总统对他的朋友说，如果我这届政府关注外交，那就太有讽刺意味了。不过形势比人强，风云突变的国际政治把他拽到国际舞台的中心。一九一四年，欧洲大战爆发。威尔逊极力想置身事外，保持中立。但是他内心还是倾向协约国的，因为他觉得英法两国要比德奥更民主。一九一六年威尔逊依靠“远离战争”的政纲再次当选，不过，他的孤立主义政策没能维持太久。德国发动的大西洋潜艇战导致美国船只和人员的大量伤亡，使得威尔逊最后决定参战，协约国力量由此大增而获胜。

在战后的凡尔赛和会上威尔逊的国际名声达到了顶点。他提出著名的十四点原则，目的是建立一个新的国际秩序。不过，他的民族自决原则听上去非常好，实现起来却问题太多，现有的国家要分裂到什么程度才算实现了民族自决？他的其他国际政治方案也太具理想主义色彩而不切实际。参加谈判的凯恩斯轻蔑地把威尔逊称为傻瓜。而许多人则把他当作是个虚伪的政客，认为他的演讲和提案里的那些漂亮的话语和原则只是为了掩盖美国的实际利益。

直到今天，历史学家们对威尔逊的评价还是截然对立的。

超越时代的艺术大师

◎ 秦若成

《格列柯的生平和作品》
F.玛利亚斯著
泰晤士和赫德逊出版社

伟大艺术的产生需要独特的环境和条件，这些条件难以复制，常常是出现在人们意想不到的地方。十六世纪的希腊早就不是一个产生灿烂文明的圣地了，只是强大的奥斯曼帝国的一部分，希腊南边的地中海中的克里特岛倒没有落在奥斯曼帝国的手中，一直是处在威尼斯的统治之下，岛上驻扎着一个威尼斯军营。就在这样一个边缘的小岛上，西方世界的主要文化交汇在一起。威尼斯的贵族和岛上的希腊上流社会和平共处互相影响，更西边的意大利文化那时正处于巅峰，很快传播到克里特岛。在东边的拜占庭帝国派出的船队也常常光临，克里特岛正处于东西方交往的要道上，四面八方的过路人带来了商品，也带来了诗歌、音乐、建筑艺术和绘画，于是产生了历史学家称之为“克里特文艺复兴”的文化运动。就在这样一个多彩的文化环境里，诞生了一个年轻人。他原来的希腊名字现在很少有人记得，他后来定居在西班牙，西班牙人都叫他“格列

柯”,意思是“希腊人”,所以在艺术史上他就以”格列柯“的名字而流芳百世。

格列柯先是向岛上的画家学习画圣像画,不久,和克里特岛上的其他学者和艺术家一样,格列柯选择了离开家乡以躲避奥斯曼帝国入侵的威胁。他来到威尼斯,见到了提香大师,最后他移居到西班牙,成了西班牙王国的臣民,以他的画艺为西班牙贵族和教会服务。

他的画技无疑是一流的,不过西班牙人觉得他的画风实在难以接受,和他们期待的太不一样了,他们觉得根本无法接受他的那些巨幅画作,同行和赞助人认为他的画可笑而格调低下。格列柯的那幅《奥尔加斯伯爵下葬》一直被卷起来塞在地下室里,他的那幅《圣母升天图》被修道院卖给美国人换钱修房子,许多拥有他的画作的西班牙人都愿意将他们的收藏脱手给傻傻的外国人。

但是,那些外国人并不傻,到了二十世纪初,格列柯的绘画艺术受到了越来越多人的赞赏，特别是那些现代艺术家们,马奈和毕加索将他看作是自己的先驱,诗人里尔克对他的艺术无尽赞美。一九一一年,在他的第二故乡西班牙的托莱多城建立了格列柯博物馆,西班牙人也开始将格列柯的画作当作国宝了,原来被遗忘在地下室的格列柯画作现在高居国家博物馆的中心展位。

格列柯的艺术太现代了,站在他的画作面前，你会惊讶这居然是四百年前画的,他笔下充满张力的色彩和造型,完全超出了他的时代,显示了一个天才艺术家的巨大创造力,现在每年有大批的艺术朝圣者特地来到西班牙的博物馆用膜拜的眼光观看这位来自克里特岛的希腊人的作品,仿佛他在四百年前就是为今天的这些膜拜者画这些画的。

一个有悠久传统的法院

◎ 周家林

《法院之母》
J.芝林著
美国律师协会出版

美国是个三权分立的国家,美国联邦最高法院的权威和影响力一点不次于国会和白宫。不过在美国的司法体系里最有名的、能称为法庭之母的法庭不是联邦最高法院，而是纽约南部地区联邦法院,因为这个联邦法院的历史比联邦最高法院更长,今年是它建立的两百二十五周年。

纽约南部地区联邦法院是个不同寻常的法院，这不完全是在于它的悠久历史,它在美国司法界的独特地位更是建立在它的高水准的司法实践上的。

在最初的年代里,这个法院只有判决海运诉讼的权利,但是在以后的一百多年里这个法院的司法权大大扩展了,这是由于美国最高法院的大法官们需要到全国各地巡回判案,这个地区法院就担负起了其他领域里的司法权,纽约市里发生的案子都由它来判决。十九世纪中纽约渐渐发展成了一个国际性的大都市，在纽约发生的诉讼案无论在范围上还是在复杂性上都是其他地区法院的案子所无法比拟的，这让这个联邦地区法院成为了美国司法系统中的领头者。

在上个世纪里，纽约南部地区的这个联邦法院判了不少举国瞩目的案子，引领了美国司法以致社会风尚的发展。乔伊斯的《尤里西斯》出版后被美国政府查禁，理由是内容伤风败俗。兰登书屋的出版人把官司打到这个联邦地区法院。审判这个案子的联邦法官沃尔赛经过深思熟虑，判定这部小说可以公开发行，在判决词中他认为文学作品是否淫秽要从整个作品的语境及其意义来判定。这个判决可以说是历史性的，他对淫秽的定义为所有的法院所采纳，由此影响了当代文学的发展。

这个法院目前有五十名法官，他们的司法实践涉及面之广之新是独一无二的，因为在纽约每天都有新事物出现，需要不断地进行司法创新。纽约金融业花样百出，新的金融产品和交易层出不穷，需要法官们在法理上及时跟上发展。新的科学技术特别是信息技术也导致新的知识产权诉讼，往往也都是在纽约的这个联邦地区法院作出最早判例。恐怖主义活跃起来后，这个联邦法院也需要在他们的判决中显示他们如何把握公共安全和个人自由之间的平衡。“基地”组织被抓获的地位最高的一个头目就是在纽约地区联邦法院判决的，这个案子万众瞩目，判得很是公正，与关塔那摩的军事法院的判决形成了对比。

这个法院的法官们的法学修养相当高，判例一般都能经得起时间的考验，被普遍看作是美国司法的标杆。但是再出色的法院总也有失误的地方。上世纪五十年代时，这个法院判决过那个有名的罗森堡夫妇原子间谍案，罗森堡夫妇被控将美国原子弹的机密泄漏给苏联。最后的判决是罪名成立，夫妇俩以叛国罪被判死刑。现在苏联的档案被公布了，加上历史学家搜寻出的许多其他证据，证明罗森堡先生确实是犯了叛国罪，但是罗森堡夫人却是不知情的，她是无辜的。但是死刑是个无法纠错的刑罚。这是这个法院最有名的一个错判。

瓦尔登湖边的变化

◎ 李农罗

《瓦尔登变暖了》

R.普拉美克著

芝加哥大学出版社

波士顿大学的一位教授每年带着他的研究生到波士顿郊外的一个小湖边上仔细地观察和记录那里的每一株植物的形态和每一点动物的痕迹。他们不是在上生物课或做实验，他们在继承一位先知的事业。

这个小湖处于波士顿近郊的康科德镇，那儿是美国的一个圣地。美国独立战争时期，起义军队在那里打了第一场胜仗，更重要的是，美国建国之后，奠定美国文化基础的一批作家都曾居住在那里，包括霍桑、爱默生、奥尔科特和梭罗等。可以说美国文化精神就是在这里形成的。

在这些美国文化的奠基者中间，梭罗和康科德镇的关系特别密切。读过美国文学史的人都知道，梭罗写的《瓦尔登湖》是美国文学的经典，这部作品是梭罗在瓦尔登湖边隐居时写的，记录了他在大自然中的沉思。一般的解读都把这部经典当作是梭罗超验主义哲学思想的表白，但是我们还可以从另一个角度来读这部作品。

梭罗在他的隐居期间每天都要到瓦尔登湖边散步，他说他需要这些林中散步就像病人需要服药一样。他不仅天天散步，还仔细观察林中湖滨的动植物，并且把他观察到的物候忠实地记载下来。这样，他有意无意地为美国东北部康科德镇的四季物候变化留下一份可靠的历史档案。波士顿大学的那位教授带领他的学生要做的，就是比较梭罗的记录和他们的观察，来看看一百五十多年来这里的气候物种到底发生了怎样的变化。

他们观察的结果是，气候非常明显地变暖了。瓦尔登湖旁各类植物开花的日子比起梭罗的时代大大提前了。例如，在梭罗的记载中，苹果树是在五月的第三周才开花的，现在早到四月十八日苹果花就绽开了。有一种粉色兰花，梭罗看到它们在五月二十到二十四日之间开花，他把这种兰花归为晚春的花卉，现在到了五月二十日时，这种花基本上都早凋谢了。更使人震惊的是，瓦尔登湖边的物种也没有梭罗时代那么多样了，许多物种消失了，显然是因为没有能够适应变暖的气候。

气候在变暖，这是梭罗的文学遗产确切无疑地证明了的。如何应付这个变化呢？出于经济考量，政府和企业都不肯轻易放弃使用化石燃料，不肯从根本上去除大气变暖的根源。在这方面，梭罗也给我们指出了方向，他在他的作品中主张使用非暴力反抗来对付错误的政府。果然，仰慕梭罗的人们现在也敢于采取非法的但是非暴力的抵抗活动来反对使用煤和石油的发电厂，他们的活动有了成果，好些燃煤发电厂终于被迫关闭了，巨大的风力发电机树立了起来。人们期望能够让瓦尔登湖保持梭罗时代的美景。

躲避大萧条

◎ 许克诚

《压力测试》
T.盖特纳著
克朗出版社

盖特纳是前美国财政部长，在他的任期内正好爆发了动摇了整个世界经济的财政危机，这是对他的一个考验，也是显示他的能力的一个机会。危机过后，盖特纳自认为他取得了成功，在他的努力下，让美国和整个世界避免最可怕的灾难。

盖特纳的自信来自于历史。经济学家和历史学家都清楚地记得上世纪三十年代的大萧条。那场大萧条开始于一场金融危机，危机迅速地拖垮了整个西方经济，千百万人陷入了失业的困苦。这场大萧条直接导致了法西斯的登台。谁也不想看到这样的灾难重演，当然现在的经济学家也从那场危机中学了一课，所以最终也真的设计出了有效的应对手段，阻止了更加可怕的危机的发生。

全局性的经济危机总是从金融危机开始的，金融危机总是从信用危机开始的。当大家对银行失去信心，争着要把自己的钱从银行取出来时，没有一家银行能够抵挡这样的挤兑风潮，于是银行倒闭，经济危机开始了。

按理说现在的金融体系里已经有了有效的制度来防止这样的信用危机发生，美国政府的联邦储备委员会按照法律有责任和能力防止挤兑风潮发生，因为它是所谓的“最后的借贷者”。不过，到了二〇〇八年，美国金融界的金融创新造成了许多“影子银行”，它们和传统的银行不一样，在法律上联邦储备委员会不能保护这样的新式金融机构，所以有莱曼银行的倒闭，莱曼银行就是一所影子银行，它不是靠储蓄和存款来经营，而是靠短期借贷和抵押来周转。

当莱曼银行的倒闭引起华尔街的连锁反应时，盖特纳和美联储的主席伯南克联手介入，尽管从他们的法定责任上来说，他们是不能如此积极地用大笔的政府资金来救援那些私有的金融机构的。这要求盖特纳大打擦边球，突破传统的做法，创新制度，尽力地避免华尔街的那些大金融企业破产。他同时还要对付国会的牵制，既要冲破那些自由市场教条，不能让银行和保险公司自生自灭，这会导致全面性的经济崩溃，也无法直接国有化那些大银行和大保险公司，因为反对的力量太大。

盖特纳的努力基本上是成功的，二〇〇九年以后美国的金融危机就过去了，金融市场恢复了健康，政府投给银行和保险公司的救援资金也都成功地收回并还有盈利。整体来说，这次金融危机给美国经济造成的损失并不大，很快就开始了新的增长。

不过，世界经济是一个整体，美国金融危机波及了整个世界经济。靠着积极的财政措施和美国经济的巨大潜力，美国成功地避免了深度的经济危机，西方世界的其他比较弱小的经济体则没有那么幸运，许多欧洲国家和新兴经济体至今还在寻找走出危机的道路。盖特纳把起自于华尔街的这场经济危机当作一场压力测试，美国金融和经济经受了测试，显示它还是具有别国无法比拟的经济活力，但是整个西方经济体制则还在经受着不良的后果。

美国英雄

◎ 乔峰旗

《无处躲藏：斯诺登，国家安全局和美国国家监视》
G.格林沃尔德著
都市出版社

一个小人物可以掀起冲动整个世界的巨浪，斯诺登的故事就是例子。他原来是个微不足道的小人物，没有大学文凭，甚至连中学文凭都没有。不少美国人现在把他当作是美国的叛徒，但实际上斯诺登是个典型而地道的美国人，完全是沉浸在美国传统的价值观中长大的。他一直很爱国，直到现在也仍然是。他原来想要参军当兵为国服务，不巧在入伍训练时跌断了双腿，无法上伊拉克战场，只好退伍。后来他去为中情局工作，开始只是个保安，后来转而做信息工作。他颇有信息技术的天分，在信息工作中越做越好，情报机构给他的保密级别也越来越高，他主要负责网上安全问题。不过，斯诺登越是接触核心机密，他越感到疑惑，觉得自己的工作在道德上和合法性上都有问题，他向上司表达了自己心中的疑虑，上司叫他闭嘴，不要问那些令他不安的问题。

斯诺登是个信仰美国式自由理想的人，对他来说，个人自由至上，法治至上，他所服务的那些秘密机构对个人自由和个人隐私的侵犯，他觉得是无法忍受的，特别是这些侵犯显然违背了美国的法律。他决定要做些什么来阻止这些非法的秘密行为。不过，他是个谨慎的人，早已看到在他之前那些公开挑战情报机构的人都失败了，于是他构想了自己独特的计划，要通过媒体来达到他的目的。

斯诺登悄悄地准备，甚至都没有告诉同居的女友。他秘密地收集了大量的材料，同时物色可以合作的媒体工作者。英国《卫报》的记者格林沃尔德写过许多抨击政府滥用安全权力的文章，纪录片制作人巴塔斯获得过奥斯卡奖提名，《华盛顿邮报》的格尔曼得过普里策奖。斯诺登觉得可以信赖这几位媒体人。后面的戏剧性故事大家都知道，他精心设计了在香港和记者的会面，将他收集的秘密文档都交付给了记者。

斯诺登的行为是经过深思熟虑的，他意在保卫公民自由，但是也不想损害真正的反恐工作，所以他不像维基揭秘那样把收集到的所有材料都一股脑儿地公布在网上，他让这些他信任的记者根据他们的职业准则来有选择地揭秘，事实上格林沃尔德等人在根据斯诺登的材料发表报道前，都让安全机构检查过，以免伤害个人。

通过斯诺登的材料，世人现在知道了像“棱镜”这样的绝密项目，使美国政府针对网络和信息通讯的间谍活动大受指责，这促使奥巴马总统任命一个由独立人士组成的检察小组来审视美国政府在《爱国者法案》的授权下进行的各项情报收集活动，这个小组的报告现在也已经发表，报告明显地对政府的情报收集活动持批评态度，认为根据历史经验，不能排除某些政府高官会利用这些涉及个人隐私的情报谋取自己的利益。报告指出，美国不能犯完全信任政府官员的错误。

其实美国人应该为斯诺登而骄傲，他完全是一个美国理想主义培养出来的为自由和法治不怕牺牲自己的美国英雄。

亚马逊的成功故事

◎ 祝小林

《万物之店》

B.斯通著

小布朗出版社

亚马逊靠的是卖书起家，现在几乎垄断了美国和世界上很大一部分地区的图书销售业。亚马逊的老板贝索斯也很喜欢说他的事业是维护读书人的利益，他要当美国文化的保护人。确实，至少在美国，读书人没有不从亚马逊买书的。但是，实际上贝索斯从事图书销售完全是出于商业计算。

和许多信息时代的成功人士一样，贝索斯并不是出身于富豪家庭，但是他从小智力超群。他毕业于普林斯顿大学的计算机和电子工程专业，毕业后加入了华尔街的一个投资公司，这家公司的创办人大卫·肖原来是哥伦比亚大学的计算机教授。肖很有远见，他看出了网络带来的商机，认为互联网能够将生产厂商和消费者直接联系起来，这样就可以在全世界销售任何商品，不受传统商业的限制。这还是在一九八六年，他们俩设想建立一个网上销售的万物之店。

贝索斯不久就离开了肖自己创业。他决定利用互联网开创新的销售模式。贝索斯寻找最合适网络销售的商品，他列出一张可能的商品表，一共有二十多种，他最后筛选出书籍，因为他觉得书籍将是最典型的网上商品。书籍的种类极多，没有一家实体书店能全部提供，而且每种书的每本都一模一样，消费者没有货比三家的必要，并且书的价格容易控制，也容易运输。书籍被选定以后就开始了亚马逊的故事。

当亚马逊网上书店开张之时，美国的出版商非常高兴，他们觉得这是打破那些大的连锁书店垄断的好机会，所以乐意和亚马逊合作。不料亚马逊很快就成长为一个更加可怕的垄断商，把小出版商几乎逼上了绝境。贝索斯熟读沃尔玛的成长故事，他也采取类似的战略，利用一切手段压制生产商和批发商的利润空间，以便他能以尽可能的低价和优良服务来吸引消费者，这使得小的独立的出版商几乎没有和他谈判价格的能力。美国的出版商协会目前最大的敌人就是亚马逊了，不过他们奈何他不得，因为亚马逊使得书价下降，符合消费者的利益，反垄断法院和国会不大可能冒着使书价上涨的风险来打压亚马逊。

贝索斯在刚创办亚马逊的时候，还雇佣了一批作家和编辑来为他制定图书销售策略出主意，不久，这种做法就被他认为是过时了。他不需要人来做他的顾问，他制定了算法系统，由精密的算法根据数据来决定他的销售方法。

当贝索斯看到乔布斯推出的 iPod 改变了人们消费音乐的方式，把传统的唱片业逼上了死路时，他感到了危机，觉得传统的图书也会被数字技术埋葬。于是他决定要在苹果公司行动之前就采取措施，结果就是kindle电子阅读器和亚马逊网上的无数电子书。现在美国一半以上的电子书是亚马逊出版的。

对美国的出版商来说，亚马逊的电子书销售战略也非常可怕。刚出现电子书时，贝索斯就宣布，电子书的价格一律为九点九美元，这个数字并不是市场研究的结果，是他出自本能随口说的，现在成了亚马逊网上电子书店的标准，如此低的售价是出版商难以接受的。他们和苹果公司合谋，定出更高的售价，结果却被法院根据《反垄断法》判为非法。无疑，在今后的年代里，贝索斯还会给美国和世界的图书出版业带来更多的变化。

一位天才的毁灭

◎ 季克路

《沃尔特·本雅明》
H.艾兰特与M.叶宁斯著
哈佛大学出版社

在二十世纪的巨大灾难中，思想家本雅明的死可以说只是个小小的悲剧了，但是离这个悲剧时代越远，这个死亡事件越来越具有象征意义。他的死既是非常偶然的也是不可避免的。法国投降后亲法西斯的维希政权拒绝给犹太人本雅明出境签证，他只好和一群难民试图越境到西班牙。不料西班牙边境警察封闭了口岸，绝望之中本雅明自杀了，但是实际上第二天这个口岸就开放了。只要他再坚持一晚，这位旷世天才完全可以和别的犹太知识分子难民一样在新大陆继续他们的事业。不过在这个偶然事件中有着不可抵挡的必然性，本雅明是被二十世纪黑暗所吞噬的一个牺牲品，本来很可能他就此默默无声地被吞没，很可能今天谁也不知道曾经有这么一位富有独特思想的文艺批评家。本雅明死后没有什么人记得他，除了他的几位朋友，他很可能再遭受第二次死亡，他的思想的死亡。不过，他的很少的几位朋友里有多年后在纽约知识界影响巨大的阿伦特。在本雅明死后三十年，阿伦特在美国编辑出版了他的论文集，并且写了一篇长长的序言，阐述本雅明的思想。西方的知识界这才第一次开始了解本雅明的思想。后来，另一位美国知识界的重量级人物苏珊·桑塔格发表了一篇长论文，解读本雅明的理论，本雅明于是成了当代思想史上不可逾越的人物。

本雅明出生在柏林的一个完全德国化了的犹太人家庭，他从小在家里没有受过犹太教的教育。离开家庭后他才从朋友那里接受到自己民族文化的传统。本雅明是个非常内向的不善交际的人，他找不到能养活自己的职业，只能靠给报纸期刊写文章来谋生。纳粹上台后禁止犹太人出版书籍和发表文章，本雅明这才被逼得逃亡到巴黎。

尽管本雅明在动荡的欧洲过着流离颠沛的生活，他从没有停止深入地思想。他的思想历程清晰地表现在他在不同时期写的文章中。他早期深受犹太宗教思想的影响，后来和法兰克福学派的阿多诺交往，从事一种精致的马克思主义的文化批评。最后成为布莱希特的好朋友，倾向于投入共产主义事业。不过，本雅明一直和现实保持着精神上的距离。他被认为是一位对当代文化特别是大众时代文化做出最深刻分析的理论家，他的几篇论文是现在学术界讨论工业化时代文化现象必定引用的，但是他花费巨大心血写的两部著作都是关于历史的，一部是他的博士论文，研究德国十七世纪的戏剧；一部是他至死没能完成的文化专著，研究十九世纪法国城市里的拱廊街道。他要通过发掘历史遗迹来救赎当代文化。

许多论者，包括阿伦特，都把本雅明的自杀看作是他不善处世而做的傻事。但是本雅明的传记作者通过仔细研究他的生平资料，认为他的死不是一时冲动的结果，而是遭受了太多挫折后的一个结果，在他的内心中很早就有了自杀的念头。他和这个可怕的世道搏斗了太久，他已经筋疲力尽了，西班牙边境警察的拒绝只是压垮他的最后一根稻草。

补白

爱读书的拿破仑

拿破仑十岁时到巴黎的布里恩诺少年军校读书，由于家庭经济困难，十六岁的他不得已中途辍学，当了一名炮兵少尉，从而开始了艰苦的自学生活。他寓居在瓦朗斯城的一座咖啡馆内的小屋里，常常一个人坐在闷热的房间，两眼紧盯着书本，废寝忘食刻苦读书。咖啡馆附近正好有一家出租书籍的铺子，他在铺子里一坐就是一整天。一七九八年，拿破仑调任法国远征埃及军总司令，在舰上他设立了一所小小的图书馆，所藏书籍全都是他亲手挑选的。四十多天的海上航行，由于晕船，拿破仑无法读书，他就躺在床上，让人为他大声朗读。一八〇七年法俄之战处于相持阶段，拿破仑曾因在前线无书可读而大发雷霆，他写信质问巴黎有关人员，命令他们把所有新出版的书籍和新书预告迅速送来。拿破仑一生指挥了近六十次战役，几乎每次都带着一个随军图书馆参战。

媒体不时有一些值得关注的信息，现摘录若干，以飨读者——

中国的“癌情”为何不断加重

近年来，中国的“癌情”实际上处于不断加重的态势中。以肺癌为例，世界卫生组织的统计表明，二〇〇〇年中国男性肺癌死亡率为50/10万，但十多年之后，这一数字增长到60/10万。与此形成鲜明对比的是美国，其男性肺癌死亡率二〇〇〇年为55/10万，但二〇一二年已经下降到40/10万左右。

美国的肺癌发病率和死亡率日益减少与其坚持预防重于治疗或预防与治疗同等重要的科学理念是分不开的。从一九六四年开始发起长达五十年的控烟运动。结果证明，控烟行动仅在美国就避免了至少八百万成年人死亡，让这些人的寿命平均延长了约二十年。但是，控烟运动在中国进展不大，首先遭遇到社会和经济方面的阻力，因为中国每年税收的百分之七左右来自烟草消费，二〇一四年的烟草税收高达一万亿元（占税收的第一位），而且吸烟与癌症的关系也没有得到医疗界更为大力的宣传。甚至当一些人称“不吸烟同样会患肺癌”时，健康管理者和医疗专业人员也很少对这些误解进行纠正和解释。而美国癌症研究所资助的一些研究证明，百分之九十的肺癌患者都是吸烟者，男性吸烟者患肺癌的几率是不吸烟者的二十三倍；女性吸烟者患肺癌的几率是不吸烟者的十三倍。吸烟者肺癌中基因突变的数目比不吸烟者多十倍以上。

法院院长腐败现象严重

公开资料显示，自二〇〇八年一月至二〇一五年四月，全国共有九十三位法院院长、副院长被查处，其中院长四十九人，副院长一百四十四人，仅二〇一五年的前四个月，就有十位法院院长、副院长被宣布接受调查。他们的案情见于媒体报道、官方通报和司法文书等。落马或被调查原因中，百分之五十七属于刑事犯罪，百分之三十三属于违法违纪，百分之十涉嫌严重违纪、正在接受调查，但未公布具体原因。

中国目前共有三十二个高级法院（含一个解放军军事法院）、四百零九个中级法院和三千一百一十七个基层法院。在九十四位落马法院院长、副院长中，有六十七人来自基层人民法院，二十一人来自中级人民法院，四人来自高级人民法院，一位来自最高人民法院。根据公开资料，法院院长被追究刑事责任的原因多种多样，在已审结的案件中，近百分之六十的罪名是受贿罪、贪污罪和巨额资产来源不明罪。另外，在法院院长腐败行为中，除了个人单方面的腐败外，腐败窝案也占有相当大的比例。

中国彩票究竟有多少猫腻

彩票决不是一个小行业，二〇一四年中国彩票销量高达3823.68亿，中国彩票发行费占彩票总盈利15%，远远高于国际惯例的5%。据财政部公布二〇一四年的数据，我国福利彩票和体育彩票累计销量已分别达到1万多亿元和7354亿元，筹集公益金量分别达到3100多亿元和2119亿元。然而这些彩票公益金去向成谜。

许多人提问中国彩票究竟有多少猫腻？媒体近期披露的隶属于中国福利彩票范畴的福彩即开型彩票——中福在线，其管理运营公司中彩在线名为国有控股，实为私人掌控。数据显示，截至二〇一四年底，中彩在线运营的中福在线即开型福利彩票收入高达1371亿元，获得的服务费用也高达45亿元。可是，按照中彩在线的股权结构，作为控股股东的福彩中心仅获得18亿元，另两个私人股东则获得27亿元。

中国超八成的帕金森病患者未能及时就医

随着人口老龄化不断加剧，中国已经成为全球帕金森病第一高发国。中国目前有近两百五十万名帕金森患者，但真正确诊并接受治疗的患者只有百分之二十左右。

帕金森病已经成为仅次于肿瘤和心

脑血管疾病，严重危害老年人身体健康的致残性疾病。根据美国罗切斯特大学发表的研究结果，在全球四百一十万名帕金森患者中，中国患者约为两百万人，占比接近百分之五十。这一估计比中国的实际情况要低。有关部门在北京三个区县和全国六所城市作过统计，目前中国六十五岁以上人群的帕金森患病率约为百分之一点七。按照民政部二〇一四年发布的人口数据计算，中国目前约有两百五十万名帕金森患者。其中大约有不到百分之十的帕金森患者是遗传因素所导致的，另外超过百分之九十的患者是受到环境因素的影响。曾大量接触过农药和杀虫剂、受过脑外伤、得过病毒性脑炎、有过煤气中毒经历的人往往会是帕金森病的相对高发人群。而经常喝茶和喝咖啡的人患帕金森病的风险则相对较低。通过对北京、上海、西安三所城市一百三十七个居民区进行入户调查发现，三地帕金森病的平均诊断率为百分之四十七点六，平均治疗率为百分之四十五点一，有近八成强的帕金森病患者未能及时就医。

中国人才的外流数量称冠全球

专门追踪中国富人财富的《胡润财富报告》说，百分之六十四的净资产超过一百万美元的中国人都正在移民或有这样的打算。据统计，许多财富和“知识精英”都去了美国。社会学家将这种现象称为“脑力流失”。

《人民日报》曾刊文指出：“中国是目前世界上数量最大、损失最多的人才流失国。就绝对规模而言，中国人才的外流数量的确称冠全球。”一项研究显示，从一九七八年至二〇〇二年，有将近五十八万名学生与学者走出国门到海外留学，但最终回国的只有十六万人。不少分析人士说，近年来出现的“移民潮”和中国大学系统内的腐败及丑闻更进一步减少了海外知识精英归来的吸引力。

李立三夫人李莎的回忆

◎李　莎

一度担任中国共产党最高领导的李立三的夫人、中国籍俄罗斯人李莎于二〇一五年五月病逝。李莎在新中国成立前便离开自己的祖国，随李立三来到中国。可是，在“文革”中被诬为“间谍”，长期关押。在她所著的《我的中国缘分——李立三夫人李莎回忆录》(外语教育和研究出版社出版)介绍了自己的经历，现摘录部分字节，以飨读者。

给江青上课

二十世纪七十年代末“文化大革命”刚刚结束，我突然获悉，有些所谓“知情人”在散布有关李立三的谣言，说什么“江青和李立三关系密切，经常跑到他家和他老婆打牌”云云。这种“天方夜谭”真叫我气愤，如果我和立三果真与江青有什么特殊关系，那么“文化大革命”中我们一家又何以遭遇如此惨重的迫害呢！

俗话说“无风不起浪”，一九四九年至一九五〇年间我和江青确实有过一段交往，但绝不是谣言所说的那种情况。我要实事求是地陈述历史，决不能因为江青后来成了祸国殃民的“四人帮”成员，就在自己的文章中任意丑化她，把二十世纪五十年代初的江青说成是穷凶极恶的妖婆。

一九四九年秋天，江青随同毛主席入住中南海后，我便成为丰泽园的常客。为什么会这样呢？江青第一次出访苏联归来，很想学点俄语，主要是想掌握一些必要的日常生活用语和官场上的应酬话。学俄语当时已成为时尚，上上下下都在学。于是，我经我的好友林利推荐，被请去担任江青的老师。我之所以能够被选中，一是因为俄语是我的母语，我又有一定的教学经验，但更主要的原因是我有李立三夫人的身份，政治上可靠，被容许出入毛主席的寓所。

就这样，我每周几次乘车前往中南

海。来接我的是一辆普通的"胜利"牌轿车(当时,最高级的进口汽车是政治局委员乘坐的"吉斯110",其次是部长使用的"吉姆",全是苏联制造)。从新华门驶人中南海,顺利通过门卫,再在沿湖小路上走一段,跨过三座有汉白玉栏杆的石桥后,便来到这位"第一夫人"的官邸。

毛主席住菊香书屋北房东头的两间,江青住西头的两间。毛主席住所最引人注目的是一排高大的书柜,珍藏着大批古书。我给江青上课的书房四周,也同样摆着大书橱,摆放着江青的个人藏书。看到里面中国古典作家的名著,我心想:"但愿这些书摆在这里不仅仅是为了给主人装潢门面的。"

初见江青,她给我留下了一个有教养、善于交际的良好印象。她面貌清秀,动作像猫一样轻盈,有一种诱人的魅力。她讲话的声音尤其甜美,十分容易迷惑和吸引对方。难怪她在延安一下就征服了毛泽东。据说那时她在杨家坪或枣园的礼堂听毛泽东演讲时,总是要坐在第一排,十分虔诚地记录主席的讲话。与当时许多同龄女性相比,江青毕竟见过世面,在上海文艺圈里也呆过几年,她的兴趣和谈话内容比别人更广一些。

由于我的特殊身份(苏联人加老师),江青对我的态度是友好的。我们上课的内容很简单,我耐心地教她发音、认字,她像小学生一样模仿、跟读。应该说,江青这个学生还是比较聪明的,有较好的模仿能力。结束后把我送到门口时,她总是乐于用刚刚学会的词语向我告别。但她毕竟是学着玩的,并没有刻苦学习的毅力和志向。每次上课时间的长短都由她定。她兴致高,情绪好,我们就学得长一些。碰到她有更重要的约会,或者头天晚上睡眠不足(记得她常常向我抱怨失眠很严重),一见面便会客气地向我说明理由,于是简单地跟我应付几句,算是交了卷。我也明白她的意思,所以并不像对正规学生那样严格要求她。有时我把女儿英娜也带去,跟比她大几岁的江青的女儿李讷一起玩耍,更是增加了这种课型的家庭气氛。

没有多久,我们的课程就停止了,理由是"江青同志工作忙",但我想,实际真实的原因应该是她对俄语的兴趣已尽,无心继续上课了。应该说明,我教她完全是义务的,没有收取一分钱的学费。最后,江青托林利向我转送了一套贴花台布作为酬谢,我们的关系就到此结束了。

一九六六年夏,我在电视屏幕上再次看到江青的时候,她的娇柔、轻盈已全然不见,她目光冷酷,声调僵硬,有时简直是在歇斯底里地大喊大叫,十足的泼妇相。

秦城监狱

北京北部的小汤山附近,有一个隐秘的地方,这便是秦城监狱。这是一九五八年苏联援建中国的项目之一,里面的设施和机关都是苏联专家精心设计的,犯人想越狱或自杀都是徒劳。牢房里的某些窥孔暗藏于犯人不知道的隐秘之处,外面的士兵对囚徒实行二十四小时不间断的监视。

初建时仅有四座带审讯室的楼房，孰知“文革”一爆发，秦城监狱立刻人满为患，只得仿照原来的图纸又加盖了六幢监舍。

我被监禁在秦城单人牢房里长达八年之久，那里的一切给我留下了刻骨铭心的烙印。

一九六七年六月二十二日，我被公安部门从北外押送到秦城。经过全身搜查后，被迫换上一身黑色囚服，迈着沉重的步伐上楼，进了自己的牢房。看守人板着面孔对我交代说：“你以后就要关在这里，狱号七十七。以后不许你叫名字，只能叫号。”

我环顾四周，看到的只有铁门、白墙和一扇高得我举手都够不着的小窗户。半透明的玻璃完全挡住了室外的光线，把我与墙外的世界彻底隔离。

铁门“咣当”一声关上以后，一种莫名其妙的轻松感萌生在心中，我长长地叹了一口气，心想我再也不会被揪斗，再也听不到红卫兵的喊声了！秦城死一般的寂静比起批斗会上的狂喊尖叫总要强一些。

没过多久，我的两个女儿、我的好友赵洵、林利、葛拉妮娅、欧阳菲、张锡俦等许多人在“李立三特务集团”的罪名下也陆续被投进秦城，和我一样变成了囚犯。我们虽近在咫尺却像是远在天涯，彼此谁也不知道对方的消息。

我最牵挂的莫过于立三了。在监狱八年，我无时无刻不想念他，惦记他，担心他。我相信他肯定也在秦城，也许就在隔壁牢房。我哪里知道，立三已于一九六七年六月二十二日含冤辞世，安息在无人知晓的地方了！

1998 年，李莎在寓所李立三像前

头三个月，我每天干坐在监舍，不提审，不放风，也不给洗澡。一天只给三杯开水，连喝带洗，相当紧张。有时实在难忍就躲进厕所，用省下的水把毛巾蘸湿勉强擦擦身体，看守打开小窗口，向我吼道：“不许脱衣服擦澡！”我忍无可忍，不客气地顶他一句：“我不擦不行，你干吗偷窥！”

监狱的饭菜，质量极差不说，而且都是限量供给。我总是吃不饱，成天处于饥饿状态。我有时想，这大概也算是惩处囚犯的一种方式吧。

秦城监狱的特点就是犯人与外界、犯人与犯人的绝对隔离。除看守以外，囚犯见不到别的任何人。隔壁牢房里也偶尔传来一点动静，艰难的咳嗽声或是痛苦的呻吟，顶多能辨出性别来，而里面究竟关的是谁，就根本无法知晓。放风时，也是把囚犯一一押送到外面的小院子，有专人密切监视每个人的动静，严防他们相互碰头，串通信息。

一九六八年初，专案组对我采取了轮番提审、连续训话的残酷办法，企图在办案方面获得突破。每天晚上十点，当其他犯人被允许就寝时，看守把我带出牢房，押到审问室，由专案组人员进行审问，直到第二天凌晨三四点钟。这五六个小时一直要求我立正回答问题，不许坐下，而且动辄大喊大叫，甚至破口大骂。我被折磨得精疲力尽，难以站稳，全身像是要散架似的无力支撑，最后摇摇晃晃回到牢房时，天已近破晓。我刚躺下不到两个小时，起床铃就响了。中午，监狱又不让休息，我只好强打精神坐在木板床上，眼皮不知不觉地上下打架，欲睡不能，昏沉中万分难受，真是生不如死。一位好心的看守实在看不下去了，打开铁门悄声说："你去用凉水洗洗脸吧，也许会好些。"这种关切，对我来说已是莫大的支持和安慰了，受宠若惊之余我顿时振作起精神来，准备着迎接下一轮提审。

夜间提审一直持续了三个多星期，专案组对我不断加码施压。有一天，我进到审问室，看到坐在长桌边的有二十多人，比平时多了一倍。坐在中间的是一个个头不高、身材敦实的男子，很有派头，显然是一个大官。别人对他毕恭毕敬，唯唯诺诺。我仔细一看，面孔很熟悉，原来是当时的公安部部长谢富治。他的嗓门最大、声音最高，提审的内容依然捕风捉影，无限上纲，力图把我和立三在家设宴，并邀请杨尚昆、李维汉等同志出席说成是"特务活动"。专案组的险恶目的是要把"李立三特务集团"和"刘少奇资产阶级司令部"连在一起，捏造出一个"内外勾结、颠覆无产阶级专政"的大案件。但不管他们对我进行什么样的肉体和精神折磨，我坚持按实际情况回答，绝不承认莫须有的栽赃，也不诬陷好人。这是我在秦城监狱八年间自始至终坚持不变的一贯立场。

专案组审问无果，百般无奈，只好把我"挂起来"，连续几年不来找我，似乎是让我自己面壁思过。有时我也陷入了迷茫："莫非专案组把我给忘了？"我坚信自己是无辜的，早晚会水落石出，重获自由。但单人牢房的环境是非常阴森可怕的，非人的生活严重摧残了我的身心健康。为了给自己减缓压力、维持心理平衡，我想出了许多办法，比如默默地做些语言游戏，回忆各种鱼类、鸟类、哺乳动物或花草的名称，或是一边在牢房中踱步，一边默诵普希金、马雅可夫斯基、叶赛宁等俄罗斯诗人的诗歌。

狱中真正使人窒息的是没有任何读物，精神食粮极度匮乏。想到立三在苏联监狱图书馆还能借书阅读，我感到很是羡慕。

一九七一年深秋的某一天我被叫去审问。一进审讯室便听审查人员说："这次找你交代李立三和林彪的关系。"开始我以为没有听清，请他再说一遍。那人又重复了他的提问，我仍是一头雾水，心想，从什么时候开始林彪的大名可以不必加"副统帅"一类修饰词，还可以和立三的名字相提并论了？莫非太阳打西边出来了？记得，几年前我被审问李立三在哈尔滨的情况，讲到林彪时，我习惯性地直呼其名，没想到犯了大忌，马上招来一顿严厉训斥，被迫“向林副统帅请罪”。曾几何时，事情就发生了戏剧般的一百八十度转变！

但是，长期的监牢生活已严重影响到我的身体状况。失眠、头晕、食欲不振，最后发展到恶心、呕吐，滴水难进。狱医发给的药品不起作用，于是他们决定把我送到城里作进一步的检查。那天我突然被带出牢房，他们不由分说，强行给我作了一番伪装：头上给裹上了一块白毛巾，假扮成山村的农妇，怕别人从我的高鼻子上看出破绽，又煞费苦心地给我架了一副墨镜——不用照镜子，我就知道自己变成了怎样可笑的模样。但我没有怨言，我想，历史都可以随心所欲地打扮，又何况我呢?这本来就是一个人妖颠倒的时代，一个充满谎言和伪装的时代。做什么都不能正大光明，而只能偷偷摸摸，所以可笑的不应当是我，而是他们，是这个荒诞不经的时代。两名看守把我押上汽车后，立即凶相毕露，叫我伸出手来，“咔嚓”一声，给我戴上了冰冷的手铐。他们对一个体弱多病、急需去医院救治的妇女采取这种“预防”措施有必要吗？究竟依据上级的哪一条政策？一个手无寸铁、年逾花甲的老妪难道还会跳车逃跑不成?我感到从人格上受到了莫大的污辱，一路上只能用沉默表示着我的抗议。

汽车迅速驶进城内，开到复兴医院门诊部。复兴医院当时属于公安部，还设有带铁窗的特殊“住院部”，萧三等人在狱中患上重病后，曾在这里住过。这些我也是后来才知道的。下车后，看守给我摘下手铐，将我带进诊室。坐在楼道里候诊的那些病人，原本是无精打采的一群，这时却好像被上足了发条的玩偶似的，一个个睁大眼睛，用惊讶的眼光争相瞧着我这个怪异的病人，有的还捂着嘴窃窃私语，悄声交换着各自的意见，大概是说我可能是个老外之类。对这些场面和这些热心的看客我真是见惯不怪的了。医生给我作了抽血、透视等例行检查，但检查结果没有直接告诉我。回到秦城，狱医给我增添了一些药片，但疗效甚微。假如继续被监禁，我的身体很可能完全垮掉。

多年后，当我从运城回到北京，在北京医院作全面体检时，才知道我在秦城曾一度患上了十二指肠溃疡。但没人搭理它，居然就神不知鬼不觉地自行痊愈了。不过留下的一些后遗症至今像影子一样地跟着我，无止无休地折磨着我，我想，这大概是秦城留给我最具象征意义的纪念吧。

一九七五年春天，秦城的许多政治犯开始分期分批地被释放出来，甚至可以回家居住。我的老朋友萧三、叶华夫妇就赶上这个时机，回到了孩子们的身边。但没过多久，形势又发生了一些变化，或许有人担心，这么多“牛鬼蛇神”集中在首都会带来一些政治危险，于是释放人员就不再留在北京，而改为遣送到外地安置监督。五月中旬走出秦城的赵洵被送到了河南商丘，张锡俦去了四川……我是最后一批被释放的，虽不算最幸运，但我已经非常知足了。我被送到了山西省运城。

胡耀邦促成刘少奇平反

◎盛　平

为刘少奇平反,并不是轻而易举的,其间胡耀邦做了大量的工作。《国家人文历史》刊登的《胡耀邦促成刘少奇冤案平反》一文作了介绍,现摘登如下——

刘少奇冤案是党的历史上最大的冤案。据最高人民法院一九八〇年九月统计,因刘少奇冤案受株连被错判的案件多达两万两千零五十三件,涉及两万八千多人。刘少奇冤案案情复杂,直接关系到八届十二中全会通过的决议正确与否,关系到对"文革"的评价,关系到毛泽东的一系列论断和决策正确与否。一九七六年十月粉碎"四人帮"后,在大局未稳的情况下,刘少奇仍然作为反面人物,继续受到批判。

一九七七年八月党的十一次代表大会对刘少奇问题的提法仍然与九大、十大一致:"无产阶级文化大革命粉碎三个资产阶级司令部的斗争,清楚地表明,刘少奇、林彪、王张江姚'四人帮'这样的死不改悔的党内走资派,的确是复辟资本主义的主要危险。""我们党相继打倒刘少奇、林彪和'四人帮'这些死不改悔的走资派,有力地证明资产阶级在我们党内的代表人物总是要失败的,我们党不愧是久经考验的政治上成熟的无产阶级政党。"

胡耀邦是十一届三中全会前唯一公开表态应当为刘少奇平反的中央机关负责人。他顶着"两个凡是"的压力,奔走三年,最终促成这一重大冤案的彻底平反。

在一九七八年十一月中央工作会议召开之前,胡耀邦已经指示中组部调查起草刘少奇问题报告。此前他领导了中央党校关于党的"三次路线斗争"大讨论,对扣在刘少奇头上的"叛徒"、"内奸"、"工贼"三顶帽子,明确表示不同意("三次路线斗争"即所谓第九次、第十次、第十一次路线斗争,分别指的是刘少奇、林彪和"四人帮"的问题)。十二月二十六日,刚刚担任中央秘书长的胡耀邦针对刘少奇的问题说:"如何评价刘少奇错误路线问题。拿给大家讨论去,议论纷纷,有好处。"

刘少奇冤案的平反并非一帆风顺。以思想解放著称的一九七八年十一月的中央工作会议和十二月的三中全会，会议讨论时也只是说到不存在另外一个以刘少奇为首的“资产阶级司令部”。这是会议的底线。中央工作会议上各个分组提出了很多应当平反的冤假错案，但因为刘少奇案件太大，牵扯面太多，涉及许多重大政治问题，许多人认为提出这个问题的时机还不成熟，因此在会上极少有人提出为刘少奇平反。

华国锋、叶剑英、邓小平在十二月十三日中央工作会议闭幕式讲话中，都没有谈到刘少奇的问题。刘少奇冤案的平反，仍然任重道远。

胡耀邦出席三中全会，并主持了全会公报的起草。公报宣布，设立专案机构审查干部的方式，弊端很大，应该永远废止。胡耀邦决定乘势解决中央专案组转交档案之事。一九七八年十二月二十日，中央组织部在胡耀邦的领导下，开始全面接管中央专案组档案。同时，刘少奇、王光美专案组被撤销，相关案件材料移交中央组织部。

一九七八年十二月二十二日，中央组织部根据胡耀邦的指示做出决定，王光美被释放出狱。王光美出狱后急于为屈死的丈夫刘少奇申诉平反。胡绩伟和《人民日报》编发了王光美在翠明庄写的申诉材料，经胡耀邦批转给中央领导。

一九七九年二月五日，地质总局局长孙大光致信胡耀邦并党中央，建议重新审议刘少奇一案。孙大光曾在十一届三中全会的一次会议上提出复查刘少奇冤案，当时没有得到正面回应。现在胡耀邦已是中央秘书长、中纪委第三书记，这封信经胡耀邦决定，正式转报中央主席华国锋和副主席叶剑英、邓小平、李先念、陈云、汪东兴批阅。华国锋圈阅了孙大光来信，

在此期间，邓小平曾批示中央纪委研究处理刘少奇冤案。二月二十二日，中央纪委召开书记办公会议。据会议纪要记载：“刘少奇问题，群众来信要求予以平反，小平同志要中央纪委研究。这两个人的问题（另一人指瞿秋白）如何研究，另定。”

一九七九年四月十八日，刘少奇案件复查组正式成立。当时刘少奇案有四百二十多卷档案，再加上王光美等人的一些案卷，总共五百七十卷档案。复查组在四月至五月中旬集中看材料，五月至六月搞调查，七月至八月做补充调查，写复查报告。十一月，复查组向中央正式做出《关于刘少奇案件的复查情况报告》。

后人在记述这段历史时，往往讲中央政治局一致同意为刘少奇冤案平反昭雪，实际情况不是这样的。一些领导人明确反对给刘少奇平反，他们认为平反了刘少奇，那毛泽东怎么摆？“文化大革命”怎么评价？党的基本路线和继续革命理论怎么看？

一九七九年冬季的第一天，在京的中央政治局成员集体听取了复查小组的汇报。华国锋、邓小平、汪东兴、胡耀邦、徐向前等人出席了会议。邓小平、胡耀邦、徐向前先后发言，肯定了复查工作。邓小平、陈云、

叶剑英、李先念等人与华国锋、汪东兴进行了面对面的交锋。邓小平等人对不理解和抵制十一届三中全会路线，阻挠为刘少奇平反的人进行了严厉的批评。会上华国锋明确表态，同意为刘少奇平反，对十一届五中全会将要决定的其他重要事项也表示赞同。华国锋的转向，为解决问题提供了最为有利的条件。

与此同时，胡耀邦主持起草了《关于党内政治生活的若干准则》。《准则》特别强调："建国以来的冤案、假案、错案，不管是哪一级组织、哪一个领导人定的和批的，都要实事求是地纠正过来，一切不实之词必须推倒。"这条规定即是胡耀邦提出的著名的平反冤假错案的"两个不管"原则。

一九八〇年二月二十三日至二十九日，中共十一届五中全会在北京举行。胡耀邦在全会上被选举为中共中央政治局常委、总书记，主持中央书记处工作。胡耀邦成为主持中央一线工作的主要领导人。

全会在对刘少奇案的复查进行讨论时，有的同志提出，如果要为刘少奇平反，就要公开承认党和毛泽东在"文革"中犯有严重错误，可能会引起社会思想的混乱。胡耀邦指出：我们党是一个实事求是、有错必纠、严肃认真、光明磊落的马克思主义革命政党，我们要恢复党的优良传统，要恢复毛泽东思想的本来面目，就不是一句空洞的口号，而必须贯彻在党的全部实际活动中。为刘少奇平反，以及为一系列冤假错案一一平反，正是为了使党和人民永远记取这个沉痛的教训，使这类错误永远不致重演。

经过讨论，全会通过《关于为刘少奇同志平反的决议》，决定：一、撤销八届十二中全会的决议和相应的文件，恢复刘少奇的名誉；二、适时举行追悼会；三、对因刘少奇受株连的人和事，进行复查，凡属冤假错案一律予以平反。

补白

谁最早提出"中国共产党"这一名称

蔡和森一家是中共党史上绝无仅有的一个家族，一门四个中央委员。蔡和森是中国共产党创建人之一，中共早期最主要的理论家、宣传家。

蔡和森于一九二〇年八月十三日、九月十六日写给毛泽东的信，一九二一年二月十一日写给陈独秀的信，为两人提供了丰富的思想支持。在一九二〇年九月十六日的信中，蔡和森明确提出党组织的名称为"中国共产党"，从现有资料来看，这是首次提出"中国共产党"名称。

张闻天庐山蒙冤

◎范小方

《人民日报》出版社出版的《军政名人的最后岁月》一书，介绍了现当代一些军政人物是如何走完生命的最后一程的。曾担任中国共产党总书记的张闻天是其中的一位。现将张闻天在庐山会议上的遭遇摘介如下——

庐山，南濒鄱阳湖，北倚长江，雄伟壮丽，风景优美，自古有“匡庐奇秀甲天下”的美誉。

一九五九年七月二十日傍晚，从庐山疗养区河东路一七七号东幢小楼里，走出一位风度潇洒、气质不俗、温文尔雅的老人。他出门后，悠闲地沿着崎岖小路，慢慢走上山去。他，就是曾担任过中共中央总书记，时任中央政治局候补委员、外交部常务副部长的张闻天，他正在庐山出席中央政治局的扩大会议。

一九五九年七月的庐山会议是为了总结经验、继续纠“左”、以制定新的经济建设规划而召开的。根据中央“成绩讲够，缺点讲透”的精神，会议开始不久，政治局委员、国防部长彭德怀于七月十四日给毛泽东写了一封信，信中尖锐明快地批评了“大跃进”以来中国经济建设中的主要问题。十六日，毛泽东给这封信加上“彭德怀同志的意见书”的标题，要求“评论这封信的性质”。于是庐山会议的气氛一下子紧张起来。在讨论中，一部分人赞同彭德怀信的看法，一部分人基本赞同，但对某些提法提出不同意见，也有一些人明确表示反对，并以激烈的言辞批评彭德怀。就在这严峻的时刻，张闻天决定在小组会上发言，犯颜直谏，支持彭德怀的信。为慎重起见，他反复思考，对自己调查及下面反映的材料反复核对，并亲自起草发言提纲，用圆珠笔密密麻麻写了五六张，还用红铅笔作了好几种醒目的记号，一直忙到吃晚饭后才完成。

本来，庐山会议是总结经验，继续纠“左”的，毛泽东一上山就说了三句话：“成绩伟大，问题不少，前途光明。”但张闻天通过几天的会议及与一些同志的接触，感到要在会上真正把问题讲透，也并非容易的事情。

张闻天为会议中弥漫着不愿讲缺点的空气而深感忧虑，不讲缺点，又怎能正视缺点、改正缺点呢？他甚至认为，在这“万马齐喑”的状况下，“江湖侠骨恐无多”了，现在彭德怀给毛泽东写了信，直言不讳地谈缺点、谈问题，打破了会议沉闷的空气，但由此受到一些人的无理指责与围攻，自己是共产党员，应该站出来讲话，支持彭德怀。

晚上，田家英打来电话，关切地告诉他，要他对有些问题最好不要讲了，因为上面有不同看法，但张闻天毫不犹豫地说：“不去管它！”秘书萧扬也过来劝他，说这个发言不合潮流，后果恐怕很难预料。张闻天笑了笑，说：“主席不是要我们学海瑞，敢于讲真话吗？在中央会议上讲话，不会出问题的。”他已暗暗下定决心，按自己所写的提纲发言，做一个光明磊落的共产党员。

七月二十一日下午，张闻天毅然而又自信地走向华东组的小组会场，当主持会议的组长柯庆施宣布开会后，张闻天便摆上提纲，侃侃而谈了。他在肯定成绩的基础上，对“大跃进”运动作了全面分析和总结；对我们在经济工作中暴露出来的缺点及引起的后果，以及产生这些缺点的原因，作了系统的论述；对政治与经济的关系、三种所有制的关系、民主与集中的关系等根本问题，作了理论的探讨，指出我们在工作中犯了“左”倾错误，这种错误对社会主义建设事业造成了巨大的损失。为什么会犯错误呢？张闻天归结到党内民主作风的缺乏，他说，领导上要“造成一种空气、环境，使得下面敢于发表不同意见，形成生动活泼、能够自由交换意见的局面。”张闻天在发言的最后，还无所畏惧地肯定了彭德怀的意见书“本意是好的”。

张闻天的发言足足讲了三个小时，会场的气氛越来越紧张，他的话多次被打断，有几位同志在不同的问题上插话，表示反对意见，张闻天毫不让步，继续申述自己的观点，按自己的思路发言，他说：“缺点定要讲透。缺点要经常讲，印象才会深刻。毛主席就说过，缺点要经常讲，不要采取轻描淡写的态度。”

会开下来，秘书十分担心，怕有人抓住他的发言作把柄，攻击他。张闻天充满信心地说：“不可能，我的发言组织得相当严密，不好攻。”但张闻天太天真了，在不正常的情况下，他的发言只能得到完全相反的评价。

七月二十三日，毛泽东在大会上讲了话，讲话中错误地批判了彭德怀，将党内分歧与社会上的阶级斗争结合起来，提出了“共产党的同路人”“民主革命派”的概念。这天，张闻天从会场回来，情绪激动，但他很快控制了自己，满怀忧虑地说：“这样，以后还有谁敢讲话？”

张闻天确实闯了“大祸”，他的发言被印成会议文件，被当作“罪证”进行批判，说他是“彭德怀反党集团”的副帅，彭德怀“文武合璧”，想逼毛主席检讨，进而推翻毛主席。面对铺天盖地而来的批判，张闻天不能分说，也不让他分说，他私下叹息说：“谁想推翻毛主席？就是真要推翻，也推翻不了。”

八月九日下午，张闻天从会场回来，心情十分沉重，他晚饭也没吃，带上秘书，让车开到牯岭镇外的山中，在一块巨岩边，他走下车来，在苍茫的暮色中长久沉思，好久好久，才慢慢回过身来，对秘书说：“他们在追‘秘密反党计划’，好像谁先发言，谁后发言，都是有组织有计划的！这种做法很危险，共产党内不能这样啊！”说着，眼中露出无限的激愤与忧虑。此时的张闻天，并不是为自己受错误批判而感到痛苦，而是在深深地忧国忧民。

庐山会议结束后，张闻天回到北京。

接踵而来的是外事系统的批判斗争，主题完全离开庐山发言的是非，而是追逼根本不存在的“军事俱乐部”和“里通外国”。九月中旬，张闻天被解除了外交部常务副部长的职务，虽然还保留了中央政治局候补委员的名义，但实际工作已经完全停止了。

斗争告一段落后，张闻天待不住了，他要为党工作，他说：“我不能闲着，我要工作，大的工作干不了，就做小的工作。”他先后找了邓小平、刘少奇、李富春等同志，希望安排他的工作。最后，中央安排他到中国科学院哲学社会科学部经济研究所当一名没有任何职权的“特约研究员”。

政治上的沉浮，对于张闻天已经不是第一次了，还在延安时期，他多次提出将总书记职位让与毛泽东。

从此，张闻天离开了政治舞台，开始了他的“学者”生涯。

补白

为苦难的中国提供书本，而非子弹

抗战时期，王云五主持的商务印书馆先后出版“大学丛书”“中国文化史丛书”，还加入到与中华书局的古籍出版之战中，出版大型古籍丛书“丛书集成”。从这一时期商务出版的新书中，我们可以看到许多极有价值的学术名作，如冯友兰《中国哲学史》，汤用彤《汉魏两晋南北朝佛教史》，熊十力《新唯识论》，王国维《海宁王静安先生遗书》，钱穆《先秦诸子系年》《中国近三百年学术史》《国史大纲》。

当时《纽约时报》有一句对王云五的评价，最能概括他在抗战时期的贡献：“为苦难的中国提供书本，而非子弹。”

一个部队文艺兵回忆毛泽东

◎赵淑琴

中央文献出版社最近出版了《我给毛主席讲“故事”》一书，此书作者赵淑琴一九五九年入伍到中国人民解放军空军政治部歌舞团。一九六二年开始到中南海执行为中央首长举办的舞会伴舞的政治任务，从此与毛泽东相识。此后经常去毛泽东的住所，每次毛泽东与她交谈后，她回家都用笔记下来。本书的一些素材取自这本笔记本。更为难得的是，一九七六年春天以后，毛泽东的病情已十分严重，极少人能得到允许进人他的卧室，而赵淑琴却是其中一个，她在此书中记述了她见到重病中的毛泽东的情景，在车载斗量的有关毛泽东的回忆文章中，这方面的内容还是很罕见的。现将此书的部分内容摘录如下，以飨读者。

“怪我这个主席没当好”

记得在九届二中全会召开的十个月之后，我于一九七一年六月二十日，去看望毛主席时，他的精神比我上次去看他时强多了。

主席见我去看他，就像见到老朋友一样很高兴，他说：“小赵同志呀，我们有多久不见啦？有半年了吧？”

我说：“上次是今年一月份来看您的，正好是半年。”

主席用歉意的口气说：“你上次来时正赶上我的身体不太好，也没有和你多谈话，就让你走了。”

接着我谈了一些在学习中关于“先验论”和“天才”问题的争论，我对主席说：“您在批评陈伯达的‘我的一点意见’中，谈到了天才问题，那么到底有没有天才呢？”

“怎么没有？”主席开玩笑地对我说，“我看你这个人就有那么点天才。”

我笑着对主席说：“我们这种小兵怎么谈得上什么天才呢？我觉得能称得上天才的人都应该是非常了不起的伟人。”并说：“主席，您说的马克思、恩格斯除了他们的天才条件之外，主要是他们的实践。那主席说的天才条件是指什么？是不是有先天的天才呢？”

毛主席耐心地听完我的问题后，肯定地说："有那么点！列宁可伟大了，他的脑子特别好，很聪明。"

"马克思早五十年或晚五十年都不行，只有那个时候才能有马克思的思想。因为早五十年资本主义还没有那么发达，晚五十年也就不是当时的情况。"

我说："主席，我知道我们现在说的毛泽东思想也就是您的思想，也是在客观实践中才形成的。"

他听后兴致勃勃地对我说了如下一段话："要是谈我个人的历史呀，几分钟就能讲完。"他看着我，伸出右手大拇指和小拇指比划了一个六说："我读了六年孔夫子，是封建主义的书。"然后又比划了一个七说，"上了七年洋学堂，是资本主义的书。封建主义加资本主义一共十三年。"毛主席说到这里，停顿了一下，瞟了一眼放在旁边茶几上的水杯，我连忙把杯子递给他，主席喝了口水后把杯子放回原处，接着说："那个时候根本不知道马克思。直到一九一七年，俄国十月革命传到了中国，我才知道还有个马克思主义。"

说完这段话后，主席像忽然想起什么事似的说："记得那时候有个曾经在国民党银行当过行长的人和我辩论，他不承认他是大资产阶级，非说自己是小资产阶级。于是我说，我是大资产阶级。"

我插话问："您怎么是大资产阶级呢？"

主席笑着对我说："那个时候我就是不愿意穿工人、农民的衣服，愿意穿知识分子的衣服。有时穿的衣服破了一点还觉得不好意思，怕人家笑话。这就是资产阶级思想嘛。"

说着主席突然转身问我："你小赵就没有这个思想吗？"

我一听笑了，我告诉主席说："这种思想太普遍了，尤其是我们刚参军的时候，军装裤子肥大了点就嫌不好看，于是就自己动手把它改瘦了，结果老师就批评我们这是资产阶级思想。"

毛主席听后似作结论地说："所以呀，不管是大资产阶级，还是小资产阶级，资产阶级思想是一致的。"

他说："我还是后来上山打游击时，才改变了我的思想感情。"

紧接着我们又把话题转回到天才问题上来，我问主席："我们有些同志认为没有先天脑子好的人。如果承认这一点，就是刘少奇的脑髓产生思想，您说这个看法对吗？"

"不完全正确。"毛主席看着我说，"要承认人和人之间是有差别的。"说着他抬起右手掰着手指说，"比如，老年人和青年人、青年人和青年人、小孩子和小孩子都

1965 年赵淑琴穿军装留影

不同，有的就聪明一些。”

“那是不是说人的脑子就不同呢？”我反问。

主席摇着头说：“这个问题说不好，这里恐怕不完全是哲学问题，还有个生理学问题。”

后来，当谈到文工团存在的一些问题时，他还说：“我看你这个人的嘴很厉害，能说是优点，也是缺点，缺点是不让人。你呀，以后就多看点，少说点。你也有资产阶级世界观。你原来就不懂什么叫先验论，听都没听说过嘛！”

我说：“我听主席的话，以后就多看点，少说点。”

他又接着说：“还是我这个主席没当好呀，我们认识这么多年，就没怎么和你们讲马列主义，你连什么是先验论都不懂。”

我说：“这怎么能怪您呢？主要怪我自己学习得不好。”

毛主席仍然认真地重复说：“还是怪我这个主席没当好。”

“人的思想和信仰是可以变的”

还是一九七一年六月二十六日这一次与主席交谈时，我曾顺手拿起放在他书房茶几上的一本杂志，封面上的书名用大红颜色写着《红太阳升起的地方》：

我边拿书边把这个标题“红—太—阳—升—起—的—地—方”一字一字地念出来，毛主席听后用手指着书名说：“太阳升的提法就不对。”

我无知地问：“太阳不就是早晨升起晚上落下吗？”

“太阳根本就不升，那是地球转动。”

听了主席的话，我自嘲地说：“我原来就认为太阳是升起来的呢！”

我翻开书的第一页，又把上面写的标题“毛主席出生于光荣的无产阶级革命家庭”大声地念出来时，主席听后也大声对我说：“我看这句话是放屁！我的父亲是个剥削者．根本不是什么无产阶级。我和我的母亲，还有毛泽民，都很反对我父亲。我们经常联合起来‘斗’他。他管我们很严，从小就教我们两句话，‘人不为己，天诛地灭’。”

我说：“革命现代京剧《红灯记》里的日本军官鸠山不也说过这句话吗？”

他接过我的话说：“所以我说我的父亲是剥削阶级。”

他接着说：“我看现在有很多提法都不是真的。有人说我从小就不信神，那才不对呢。我的母亲是信神的，我从小就跟着母亲，受母亲的影响我怎么能不信神呢？”

毛主席告诉我：“正相反，那时候我父亲倒是不信神的。记得我八岁的时候曾和父亲辩论，我说有神，父亲问你怎么知道？我还理直气壮地说：人家都说有神！父亲便骂我，你才八岁，懂个屁！”

我问主席：“那您后来怎么又不信神了呢？”

毛主席喝了口水，接着告诉我说：“那时候我受母亲的影响，是个唯心论者，而我父亲倒是个唯物论者。可是，等我到十二岁的时候，因为我读了很多书，所以就不信神啦。虽然，我的母亲劝说我还是要信神，但我坚决不信啦。可是我的父亲却又信神啦。”

听到此处，我奇怪地问：“他为什么会改变呢？”

此时，主席就像给我讲故事似的有声有色地说：“那是因为我父亲有一次劳动完了回家，当他走到两座山之间的一条小路的时候，突然碰到一只老虎，把他吓得要死。”

听到此处，我的心突然紧张起来，迫不及待地想知道下文。可毛主席这时候却张开双臂把身体往后靠了靠，头躺在沙发上哈哈大笑起来，似乎在笑话他的父亲胆子太小。

他看我紧张的样子，又把身体往前倾了倾，伸出右手的一个手指，低声对我说：“谁知道呀，老虎也怕人，它一见我父亲扛着把锄头，回头便溜跑了。”听到这里我紧张的心情一下子放松了。

主席接着对我说：“那天，我父亲吓得连魂都没啦，回家就病倒了。”说到这儿主席又大笑起来。

我担心地问：“这一病时间不短吧？”

主席说：“他（指主席的父亲）躺了好几天，起不来床。”

我问：“碰到老虎和后来信神有什么关系呢？”

主席告诉我，父亲躺在病床上对他说：“如果我的病好啦，那就说明真的有神，是神保佑了我。如果我的病不好，说明还是没有神。”

我说：“我明白他为什么改信神了，肯定是他休息了几天后，病就好了呀！”主席点点头说：“后来他真的是病好了以后，就开始信神啦。”

我笑着说：“主席是从唯心论转变为唯物论，而您的父亲却从唯物论转变成唯心论啦。”

毛主席笑了，笑得很开心。他说：“所以我认为人的思想和信仰是可以改变的。”

“中国的好人还是大多数”

还是在一九七三年二月五日这一天，我和毛主席聊天，当谈到‘“林彪反革命集团”的危害性时，我说：“真没想到林彪会这么坏。”

主席说：“当时我也知道林彪坏。但也没想到林彪这么坏。我时时刻刻，大小会议都在观察他。九届二中全会上他暴露了，可我在《我的一点意见》中，还是把他放在我这一边的。后来才采取了三条措施。”他抬起右手掰着手指说：“第一，抛石头；第二，挖墙脚；第三，掺沙子。”他告诉我说：“你知道吗？他们最怕抛石头。”

我不解地问：“您是怎么抛石头的？”

主席回答说：“他们没想到我在九届二中全会上，会把陈伯达抛出来。这样一来他们就乱啦。”

毛主席又主动告诉我，“挖墙脚就是改组了北京军区的领导班子；掺沙子就是给军委办事组增加人。”

我插话说：“其实这时候您还没点林彪

的名呢。”

他点头说：“我是没点林彪的名，但事后我感到问题严重。八月份，我就到南方各地会见了各路‘诸侯’，和他们讲了这三条办法。他们大多数还都站在我这一边。”

我问：“那时候就没有人把您的讲话告诉林彪吗？”

主席说：“就是广州有个参谋长，打电话把我在南方的讲话告诉了林彪。他们才真害怕啦。”

毛主席这里指的是一九七一年九月五日，当广州军区的负责人传达了毛主席南巡时的讲话后，广州军区空军参谋长顾同舟，连夜告诉了林彪的亲信于新野和周宇驰，他们迅速向林彪作报告。

我接着说：“林彪知道了主席的态度后就吓得逃跑了。”

主席说：“对啦，我九月十二日回北京，林彪九月十三日就逃跑了。”

我问主席：“您想到过他会逃跑吗？”

毛主席摇了摇头认真地说：“我没有想到他会逃跑。”

他还说：“林彪对我是四部曲：反；捧；反；逃。”他老人家看着我在说这四部曲时，每说一个字就掰一个手指。

我对这“四部曲”的提法表示不理解地摇了摇头，主席看出我不懂“四部曲”是什么意思，于是便耐心地说：“在王明路线时期林彪就反我，后来不反了。一九六〇年，是总政萧华他们搞了一本我的语录，林彪就乘机来了个前言，拚命地捧我。那个时候到处都是什么“语录”“万寿无疆”“四个伟大”，搞得太过火了。后来他在九届二中全会上又搞阴谋反我，被我发现了，他就逃跑了。”

我点点头，表示听明白了。我说：“其实林彪捧主席的目的，就是想借主席的威望来抬高自己。”他点点头说：“所以，后来我就命令大会堂把那些语录都取消了。”

我说：“我们在学习您和斯诺谈话时，对于您说的‘四个伟大’讨嫌，都不理解您说‘讨嫌’的本意是什么?还以为是谦虚呢。”

主席说：“我和好多外国人都谈过这个问题，什么‘四个伟大’，统统都要去掉，我就要一个名。”

“教员。”我很快说出了主席要说的话。

他点头说：“对啦，不是中学教员，而是小学教员。”

“直到现在有很多人都不理解，您在党的第九次代表大会时为什么要定林彪为接班人呢？”我不解地问。

“开‘九大’的时候吹他的人很多，有些老干部也拥护他。他是副主席嘛，要接班就接班吧。再说，那时候我也没有看到他那么坏。”

主席说此话时又像想起了什么似的问我：“你认识那个副部长吗？”

听了主席的问话我一愣，不知他指的是哪位副部长？

主席看我没有明白他指的是谁？于是说：“你们那个副部长可了不起呀!一年兵、二年党、三年副部长。”

此时，我插话说：“我知道了，您说的是林彪的儿子林立果。”

他立即说："对，是林彪的儿子，他可是第四个里程碑啊，连他老子都不算，除了我就是他啦，他那个报告，到现在我也没有看到。"

我告诉主席说："那个时候吴法宪把这个报告吹得很厉害，说林立果是个天才，在空军可以指挥一切，可以调动一切。"

后来我才知道，一九七〇年八月四日经吴法宪批准，把林立果的报告录音拿到空军"三代会"上播放，而且有人吹捧："放了一颗卫星，是天才、全才、帅才、超群之才，是第三代接班人"等等，毛主席得知此事后非常不高兴。他曾多次说："不能捧，二十几岁的人捧为'超天才'，这没什么好处。"并针对空军的"三代会"说："路线不对，那些积极分子代表会就开不好。"

我联想到社会上的一些议论，问道："您看我们现在应该如何处理第九次路线斗争（指与刘少奇资产阶级司令部的斗争）和第十次路线斗争（与林彪反党集团的斗争）的关系呢？"

主席回答说："就是一句话，以第十次路线斗争为标准，十次路线斗争以是否是死党为标准。是死党把问题查清，一个不杀。"

他接着说："我们这么大个国家，出了这么大的事情，才跑了一架飞机，说明中国好人还是大多数，坏人才几百，还不到一千嘛！"

听着主席的话，我不住地点头表示明白了他的观点。

毛主席继续对我说："你知道吗，那个给林彪开直升飞机的可是个好人呀，当他知道林彪要他把飞机往北开时，就觉得不好，他上天后一直想办法要把飞机往南开，最后飞机还是没飞出去嘛！"

他又说："林彪过去手下的人很多，秘书也很多，对这些人的问题查清后，将来也都要给他们分配工作。"

接着，毛主席语重心长地对我说："你要记住我说的，中国的好人还是大多数。"

此时粉碎"林彪反党集团"已有一年多的时间，可是毛主席在谈到一些细节问题时，记忆还是那么清晰。

毛泽东重病的日子

一九七六年五月中旬，歌舞团领导决定让我和团里的另外八位同志，一起去黑龙江省的牡丹江"五七"干校下放锻炼。

当我接到去"五七"干校的通知后，唯一使我担心的就是毛主席已经每况愈下的身体。

那时，我们都知道有关毛主席的健康状况，属于党和国家的最高机密，是万万不能随便向外人透露的。

一九七六年五月二十六日，我又一次去中南海毛主席的住地"游泳池"。这次去看望他老人家的本意，就是告诉他我要去干校的消息，并向他道别。

当我刚走到主席的书房时，张玉凤同志便从主席的卧室走出来，我和她打招呼说："张秘书，我来啦。"

她小声对我说："最近主席身体很不好，除了医护人员外，他基本上不见任何人，但听说你来看他，他马上就同意让你进来,你注意不要让他多说话。”我点点头表示明白了。

张秘书拍拍我的肩膀说:“你进去吧,主席等着你呢!”

我轻轻地推开他卧室虚掩着的房门,就听见毛主席操着浓重而缓慢的湖南口音问:“是小赵来了吧?”

我忙快步走到他的床前,双手握住他的手轻声说:“主席,是我来看您啦。”

毛主席看着我,无力地用手指了指摆在他床前的椅子,示意让我坐下,并客气地看着我说:“小赵,谢谢你又来看我。”

虽然,这次在我来看主席之前,对于他的身体状况已有心理准备,但没想到实际情况比我想象的还要糟糕。我坐下后才注意到他老人家是侧身躺在床上,大概是因为很久卧床不起的缘故,他的头发有些蓬松凌乱。在紧靠床头的小方桌上,放着一盏被大灯罩罩着而光线稍暗的台灯,在微弱的灯光照射下,雪白的枕头套衬出他那有些灰暗的脸,宽阔的额头下面转动着的双眼,已经失去了往日奕奕的神采。我感到疾病已经把这位伟人折磨得精疲力竭。虽然主席的身体极其衰弱,但从那平静的面庞上看得出来他的头脑依然非常清醒,显然还在不断地思考着问题。

主席的卧室内没有什么明显的变化,他躺着的床上还是一大半都堆放着像个小土坡似的书籍,只是房间里又多了一些医疗设备和吸氧机,可想而知他经常还要靠吸氧气来减轻疾病给他带来的痛苦。残酷的疾病正在无情地折磨和吞噬着他的体力。

我不禁想起有一次也是在毛主席病重期间,我们在书房陪同他听京剧《李陵碑》时,他老人家先是坐在沙发上认真地用右手一正一反地打着板眼听唱,然后跟着录音一起唱。当唱到“我的大郎儿替宋王把忠尽了,二郎儿短剑下命赴阴曹”时,他已是泪水涟涟了,但他还是伴随着录音继续往下唱……当唱到“可怜我八个子把四子丧了,我的儿啊!可怜我一家人无有下梢”时,毛主席竟大声痛哭起来,而且哭得很伤心,再也唱不下去了!见毛主席哭得伤心,我们也跟着掉泪了。

现在,我看着年迈体衰的主席,我哽咽着说:“主席,您可一定要多保重啊!”

毛主席看我在哭泣,他清楚地知道我是因为看到他的身体状况而感到难过。此时他忍着疾病带给他的痛苦,还强带微笑地轻轻拍了一下我的手,像哄孩子似的用非常缓慢的语气安慰我说:“不要哭,不要哭,我会好起来的。”

不知是因为病痛,还是受我情绪的感染,主席的神情也流露着无奈和伤感。

这时我突然想起刚来时张玉凤同志对我说的“不要让主席多说话”的叮嘱,为不影响主席的情绪和休息,我决定迅速离开。

后来我才知道,一九七六年的五月份,毛主席的身体状况已经到了极度恶化的程度,他的医疗小组正在想尽一切办法抢救,延缓这位领袖和伟人的生命。在他几乎处于病危的情况下,还没忘记我这个“小兵”。

乔冠华的家务事

◎乔松都

世界知识出版社出版的《乔冠华和龚澎——我的父亲母亲》，是由乔冠华和龚澎的女儿乔松都所著。

乔冠华是新中国第四任外交部长，才华横溢；龚澎是新中国第一任新闻司司长，她的人格魅力被周恩来称为“没有人能够代替她”。夫妻俩被人看作是天作之合。一九七〇年龚澎因病逝世，两年多后，乔冠华与章含之结婚。原来的家庭发生了很大的变故，乔松都在书中作了介绍，现摘介如下——

一九七三年初春的一个下午，爸爸（乔冠华——编者注）把我叫到了客厅，他很久都没有说话，我静静地陪他坐着，等待他先开口。

其实，两个月前哥哥就告诉我，爸爸已决意再婚，对象是一位中年女性（章含之——编者注）。哥哥还说，一些知情的同事和朋友谈到这位女士当时的婚姻状况及一些做法时，都感到担忧，他们认为，“文革”最艰难的时期乔冠华都挺过来了，现在正走向事业的高峰，还是谨慎为好，不要辜负了老同志们的期待。哥哥仅将其中一部分内容以转述的方式极其婉转地告诉了爸爸，可是爸爸听不进去。此后哥哥几次试图同爸爸深谈，都没有进行下去。一向轻松幽默的爸爸不同以往。哥哥说，若不是妈妈临终前曾嘱托哥哥要多帮助爸爸，他实在不愿多问这事。考虑到父子之间的关系，哥哥以后就不再谈了。

哥哥说，我们希望爸爸今后生活幸福，不反对他再婚，但我们希望爸爸能确实选择一个合适的人。他非常严肃地告诫我，爸爸的事情最终只能由爸爸自己决定，子女不能说反对的话，否则一旦有他人挑拨，连最起码的关系也难维系了。

爸爸终于说话了："我想找个伴儿，你们都在外面忙，我一个人很寂寞。可是我还要这个家，你和你哥哥谁也不要离开我。"我默默地点点头。

爸爸告诉我，他只是想找个人做伴儿，彼此都是有孩子的人了，他不能丢下这个家。爸爸说，他向对方提出的条件就是孩子们都不离开他。望着和妈妈生活了将近三十年的家，爸爸的声音哽噎了："我们一家三口不能再分开了！如果我们再分开就太对不起你妈妈了！你和你哥哥都不要走，我们几个谁也不离开谁！咱们三个人一定要紧紧团结在一起！"至今他那呜咽的声音还回响在我耳边。

我点点头，爸爸，我愿意你过得好，我和哥哥都希望你找一个对你合适、对咱们家人都好的阿姨。

爸爸认真听着我的每一句话，沉思片刻后，他诚恳地对我说："你的话爸爸全都听进去了，我知道你是为爸爸好，我会当心的！"爸爸欲言又止："要是你再早一些对我讲这番话我会采取另一种做法的，可现在……已经有些晚了。"

当时我没有完全听懂他的话。望着女儿疑问的目光，爸爸低下了头。

爸对我说："我尽最大可能争取最好的结局，不管怎样，我走到哪里就把你带到哪里。有一件事是我保证可以做到的，今后不管出现什么样的情况和变化，我向你保证：我决不会做对不起你和伤害你的事情！"他的神态变得庄重起来。

我信任地点点头，毫不犹豫地相信了他。爸爸不会撒谎，他从来没对任何人下过保证，这是我们之间神圣的诺言！

春节过后，我的小侄子快出世了。爸爸对哥哥说，他希望哥哥一家三口能够搬出去住(当时我们全家住在一套单元房子里)。爸爸说，他需要一个安静的生活环境。爸爸希望哥哥另行安排住处(按父亲的要求，小侄儿出生后，一直没有回过报房胡同的家)。

可是，成家不久的哥哥搬到什么地方呢？在住房紧张的上个世纪七十年代，这可是大难题，住房都是单位分配的，哥哥参加工作只有几年，这样的资历是排不上队的。买房就更没有这一说了。爸爸说，他在部里想想办法，至少在院子里安排一处简易的地下室也成。哥哥住在附近，家里有事也好照应。

爸爸委托有关部门协调此事，当时有关部门已经做了相应的调整，准备把哥嫂和即将出生的小侄子安置在同一条胡同的另一座宿舍楼里，房子很简单，但好处是距离父亲近一些，家里有什么事可以随时过去。

可是这一切不知为什么总是落实不下来。

最后，爸对哥说，他的住房是国家分给他工作用的，除此之外，他不能向组织提出更多的要求。爸爸让哥嫂自己想办法解决。哥哥决定，和怀着小侄子的嫂子回丈母娘家，在一个大革命时期的红军老干部家里住下。

报房胡同的家越来越寂静了，静得令人感到丝丝的寒意，除了周末，爸爸每天都归来得很晚。

八月中下旬的一天，哥哥终于搬走了。爸爸允许哥哥继续使用他小屋里的家具和物品。哥哥带走了其中的床、桌子和书架，离开时应宿舍管理员小贾要求，列出了清单，并签了名（当时家里使用的家具都是租用单位的）。

母亲去世后，父亲一直说，家中一切摆设保持母亲生前原样，谁也不许动。可不到两年，情况大变，哥哥担心他走后，母亲的物品将被弃之如垃圾（事情果然不出所料），所以，匆匆将母亲的一部分衣物、信札、随身用品等一起带走。哥哥的同学帮助借了一部老解放牌汽车运走了这些物品。

当时，家里够得上“大件”的物品是我每天练琴用的，妈妈给我买的东方红牌立式钢琴；我的东西是两个木制包装箱，里面装着儿时攒起来的小人书、各国糖纸、在海边收集的贝壳、爸妈出国为我买的洋娃娃……

爸妈一生两袖清风。他们没有其他储蓄。唯一值点钱的，大概算是爸妈留下的几幅字画、册页等，但这些东西我们连动也没有动过。

家里就剩我和爸爸了。

那时我一直以为，我有把握和父亲沟通。我想马上告诉爸爸，不管他将来搬到什么地方，无论如何要把钢琴保存下来。好好讲讲我们的想法，他会接受的。可是爸爸上班还没回来，我要按时回单位（部队规定战士不能在外过夜），怎么办呢？情急之中，我在一张便条纸上给爸爸写了几行字，拜托他一定要替我保存好这架妈妈留下的钢琴，然后用胶水将其贴在钢琴头上。我想，爸爸下班回家就能看到我的留言了，他会明白我的意思的！可是我实在是太天真了！此后不久，我再也没有见到那架东方红牌钢琴。

当我从医院休假回家时，我惊讶地发现，家里的大门重新换了锁，原来的老钥匙不能用了。

十几分钟后，家里新来不久的保姆M（化名）买菜回来了，她年过四十，消瘦的脸上透着世故，我跟着她进了家门（在我家做了十几年的老阿姨不久前走了）。

不管怎样，我打算先配一把新钥匙，M顿时紧锁眉头，她向我透露说，已经有人交待过，她不能把大门钥匙交到我手里。

“不是我不给你钥匙，是有人交待安排了，我不这么做就别想在你家干下去，我家还有孩子等着我供养上学呢！现在合适的活儿不好找，我要是没工作了可怎么办啊？我的孩子怎么办啊！”M又变得可怜兮兮的。

过去，家里有什么事大家总是坐在一起谈，就是天大的事也要讲清楚道理，哪怕是挨批。我们一家的事情应由我们自己解决！我要等爸爸回来跟他说！现在我就打电话！M一个健步横在我面前，她用身子挡住电话说：“你别，别找你爸！”

M见我在踌躇，便趁机说道，你要是

去找你爸,我可就全完了!M欲言又止,她吞吞吐吐地说:“反正你一找你爸我就闯下大祸了!”我更奇怪了:“我找我自己的爸爸关你什么事?”见我刨根问底地追问下去,她垂头叹气说,唉!这下子我可要闯大祸了!

我隐约感到,我已不能像过去那样与爸爸自由沟通了。一种近乎绝望的心境使我一下子明白了许多,难道世事就是这样反复无常吗?

走出了家门,我浑身打了一个冷颤,M在门口唠叨着:“我没办法啊!真的不是我让你走的!你不走,我在你家就干不成啦!”当确信我真的迈出了大门槛时,M说:“你可千万别怪我啊!真的不是我让你走的呀!”

一周之后,哥哥打电话告诉我一个简短的消息:咱们报房胡同的家已经腾空并要交回部里,你不要再去了。爸爸已搬到别的地方去住了。

这个消息是由爸爸单位的工作人员通知他的。

片刻我才缓过神来,不管爸爸搬到哪里,我得先回家收拾一下呀!我问电话那一边的哥哥:那搬家了怎么没提前告诉我们一声呢?哥说:“刚刚我才知道,这不是告诉你了嘛,你还想怎么告诉?”

此刻我真想插翅飞回去,家里还有许多东西要收拾,我读过的书、穿过的衣物、巴扬手风琴、费了很多心血制作的天文望远镜……还有妈妈的遗物。

“那我这就回家,回报房胡同看看,收拾一下妈妈和我们留下的东西!”

“回家?”哥哥笑了,“我接到电话的时候报房胡同的房子已经腾空收拾干净,交还外交部了,哪有什么家?你去找谁?你去看什么?房子是国家的,妈妈不在了,爸爸搬走,交回住房是按国家规定办的。”

妈妈去世后,爸爸就是我这个世界上最亲近的人。未曾料到,三年不到,和我朝夕相处的爸爸也走了。

我有点语无伦次了:“那爸爸住的新地址呢?”哥哥说,还没有通知他,目前只知道那是一个四合院,“这件事就这样了,没你什么事,就别问了。”哥哥在电话中叮嘱我,“一定沉住气把现在安排好,最重要的现实问题是你要有一个固定的宿舍,上下铺也是好的,否则你今后怎么生活下去?”

此刻,我的眼前出现了妈妈亲切的面容,她坚毅的眼神注视着我,似乎在说,孩子,你要坚强!

离开报房胡同以后,我开始了自己人生之旅的新征程,而那架浅棕色的老钢琴也在众人面前消失了。在很长一段时间里,它独自静静地躺在单位仓库里,渴望小伙伴能来看它一眼。

老钢琴凝结着我们全家的一份深厚感情,爸爸曾经对一位熟悉的同事谈起这件事:“钢琴是孩子的妈妈给她买的,我一直想带过去,可是我说的话不管用,只有先存放到仓库里。”由于单位仓库存放物品的空间有限,有关部门曾打电话询问过对这架钢琴的处理意见。

这架钢琴还是没有被保留住。几年以后我才得知,她最终被卖走,流落他方,不知去向。老钢琴似乎已被人遗忘.

我细心珍藏着那把幸存下来的钢琴钥匙,每当看到它,眼前总是浮现出和爸妈在一起的日子。曾经,在与钢琴失散以后,我又见到了爸爸。在我们单独谈话的片刻,我抓紧时间问爸爸:“爸!咱家的钢琴呢?”爸爸听后满脸通红,他无言地把头垂到了胸前。我再次问道:“爸爸,咱家钢琴放在哪里了?这事不用你出面,我可以自己去找。”爸爸听后再次深深低下头迟迟不肯抬起,并且沉默良久。

按中国人的传统,没有出嫁的女儿总是与自己的父母住在一起的,即使远在万里之外学习工作,也有探亲回家的这一天,可是我却被迫离开了家和父亲。

不管我愿意不愿意承认,在经历了这场家庭变故后,我们家原有的格局被打破了,这是不容回避的事实。与爸爸生活了几十年的亲人一个个从他身边消失了,我从一个备受呵护的女孩子成了一个“独行者”——从二十岁开始,我走上一条完全独立的道路,独自在人海茫茫的世界里打拼着,爸爸的选择改变了他自己的轨迹,也改变了女儿的生活。

补白

毛泽东下令不许提审王力

在“文革”中,王力曾跻身于中央文化革命小组。没多久,毛泽东便对他有看法,说:“王力会写几篇文章,膨胀起来了。要消肿。王的错误大,我的看法:此人书生气大些,会写几篇文章,不大懂政治。王的破坏性大些。王力的兴趣不是什么部长、副总理。这个人爱吹。”又对正要回北京的杨成武说:“王(力)、关(锋)、戚(本禹)是破坏文化大革命的,不是好人,你只向周总理一人报告,把他们抓起来,要总理负责处理。”从此,王力等人便失去了自由。

一九六八年,王、关、戚都被押入秦城监狱。王力入狱后,当时毛泽东曾指示,不许提审王力,但并未说明不许提审的原因。在秦城,王力一直单独监禁,无人审问。对林彪、四人帮两个集团的“审判”之后,中央对王力也进行了审理,决定不予起诉,维持原来的开除党籍的决定不变。一九八二年,王力获释。一九九六年十月二十一日,王力在北京肿瘤医院病逝,享年七十五岁。

邓丽君和政治

◎蒯乐昊

> 邓丽君对海峡两岸、以及整个华人世界音乐的影响，可能还未有人能超过。她的歌声至今还随处可闻，有关她的介绍文字不断在媒体出现。然而，鲜为人知的是，她的一生被政治紧紧困扰着。《南方人物周刊》刊登的《邓丽君 华人世界里最大公约数》一文中，披露了有关情况，现摘介如下——

邓丽君的葬礼规模空前，在台湾，这几乎是自蒋介石过世后最大规模的葬礼：宋楚瑜亲任治丧委员会主任，包括连战在内的台湾政界高官悉数到场默哀。

有人把这个视作“间谍论”的一个旁证，在邓丽君的演唱生涯中，这种关于政治的窃窃私语始终没停歇。

最早披露的公开信源是原国民党高级将领谷正文。据台湾杂志《独家报道》，谷正文承认，“邓丽君是台湾国民党国家安全局的秘密情报工作员，隶属于‘台湾国家安全局’第三处，配合协同工作的是我所在的台湾国民党国防部军事情报局。”

按谷正文的描述，一九六八年夏天，邓丽君应邀去新加坡参加慈善演出，当时台湾仍处于军事管制戒严令期间，各种民间社会活动和人身自由均被“明松暗紧”地监视着，进出台湾的任何人均受到台湾安全局的严格审查。“连外交部门都不例外。”谷正文说。出入境申请的审查有一个十分重要的项目，即申请人能否利用现有条件为台湾进行情报工作。这是一九四九年蒋介石改编重组国民党特务系统以来一直占主导地位的“特务政治”，许多台湾民间人士、知识分子以及文艺界人士为了出境，都不得已接受这一交换条件，被收编为“台湾国家安全局”的情报工作员。而那一年邓丽君十五岁，还是个未成年人。

日本记者宇畸真及自由作家渡边也寸两人曾共同对邓丽君生平进行了四个月的追踪采访调查，出版了《邓丽君的真实》：“关于邓丽君是间谍一事，我们的结论是肯定的……在她所生活的那个时代

(20世纪60年代后半期)，她所能选择的道路也只有这一条……冷酷的国际政治硬将邓丽君推上了政治舞台。”

以上说辞是否值得采信，始终存疑，但有一条是肯定的，邓丽君始终被时代政治所裹挟。她曾经梦想来大陆演出，而且是“在天安门广场，不收门票，就唱给大家听”。这在那个时代听起来也像一句不切实际的梦呓。

据邓丽君的妈妈说，丽君生前最大的遗憾不是没有嫁人，而是始终没有机会回到祖籍。小时候，作为外省人的眷村子女常被台湾当地孩子欺负，邓丽君不参与打架，但会编排歌曲唱回去，比起她的同时代人，她身上始终有一种深厚的原乡情结。

邓丽君一生的艺术生涯都笼罩在冷战的铁幕之下，而且对她的演艺事业发展最重要的三个地区：台湾、日本、大陆，恰恰有着极其错综纠缠的历史恩仇。她去日本发展，曾是抗日军人的邓爸爸不同意，在大陆青年人一度只能偷偷听她的歌；而她陷入“护照危机”，台湾民众也表示难以原谅，纵是人美歌甜，夹心人终归难做。

一九七九年美国即将跟台湾断交，台湾陷入国际困境，适逢事业巅峰期的邓丽君涉嫌使用一本印尼假护照入境日本，平生第一次被警察拘捕扣押调查，台湾媒体群起攻之，视如“叛国”。在被扣押的两个星期里，邓丽君哭干了眼泪，最后的调查结果：护照是真的，但是护照取得的途径不合法，邓丽君被日本政府驱逐出境。回

如涓涓细流滋润人们心田的邓丽君

台湾，她可能面临封杀和起诉，于是她直接从日本飞到了洛杉矶，进入加州大学洛杉矶分校进修英文、日文、生物和数学，这是她人生的又一次巨大调整，也为她日后成为名贯东西的国际巨星埋下伏笔。

不管邓丽君主观意愿如何，在台湾，她的歌曲确实在相当长的时间内充当了政府的“心战”工具。从一九七九年起，台湾广播系统开始推崇“软性宣传”，台湾“国防部”委托光华电台特别制作“邓丽君时间”栏目，播音稿件由情报局负责撰写，而海的这边，大陆也有基于政治和军事目的的对台广播。这场没有硝烟的战争里，飞行员驾机投奔对方的事件时有发生。“邓丽君时间”广播中常常强调：如果驾机、驾舰，或者携带什么文件投诚，会有多少奖励。

一九八〇年，中国音协在北京西山召开会议，专门展开对邓丽君歌曲的讨论与批判。正统学院派专家认为，邓丽君歌曲

邓丽君 像

内容比较灰暗、颓废，是精神文明的“大毒草”。会上批得最猛的是《何日君再来》。歌词从字面意思理解是男女依依不舍，属于“黄色歌曲”；这首歌创作于一九三六年，正值日本入侵中国之时，“君”或指国民党军队，“何日君在来”暗指“何时收复失地”，与当时国民党鼓吹的“反攻大陆”暗合，属于“反动歌曲”。

让我们回到当时的语境中，来欣赏一段当时音乐界主流专家编撰的书籍——《怎样鉴别黄色歌曲》：

《何日君再来》不是汉奸歌曲，但它是首黄色歌曲；不是一首爱情歌曲，而是一首调情歌曲；不是艺术歌曲，而是商业歌曲，是有钱的舞客和卖笑的舞女的关系，是舞场中舞女劝客人喝酒时唱的……这是对血泪现实的掩盖，是对灯红酒绿纸醉金迷的歌颂，是以醉生梦死的态度来对待现实……现在还喜欢《何日君再来》的同志要认真想一下：是‘好花不常开’，还是应该用我们双手去创造永不凋谢的花朵。

西山批判会议之后半年，一九八〇年十月，邓丽君在台北国父纪念馆举办义唱，门票收入悉数捐给公益基金会。

第二年，邓丽君在台湾全省劳军一个月，看望海陆空的国军将士，并为他们演唱。她跑遍各地军营，包括在金门前线用电台对大陆喊话。台湾电视公司据此制作并播放了名为《君在前哨》的电视特辑。邓丽君也因为配合劳军表现良好，常常受到台湾“国防部”表彰，被称为“爱国歌手”、“军中情人”，邓丽君在大陆主流体系里的“敌对大陆”身份更是彻底坐实了。

在大陆民间热传，却被官方禁止，在“抵制精神污染”的运动中，邓丽君成为文艺领域的“黑靶子”，这种现象直到二十世纪九十年代才渐渐改变。一九九五年，中央电视台第一次播出了关于邓丽君的新闻，这也是大陆主流舆论体系第一次公开报道邓丽君，但这第一次，却播出的是她的死讯。

时任文化部长的刘忠德曾回忆说，“邓丽君一直想到大陆开演唱会，我们也准备让她来。可刚决定没几天，报纸上登了则消息，说她参加了国民党特务组织。这下就得等调查完了才行。调查清楚了，而邓却在一九九五年五月八日，猝死于泰国。”

何智丽挑战“潜规则”

◎梁 言 王鼎华

中国的乒乓球界出过许多世界冠军,何智丽是一个特殊的冠军。当年她拒绝领导安排好的“让球”,遭到了非难。此后又改名换性,成了一个日本运动员。她的近况如何?山西教育出版社出版的《国球传奇》一书,对此作了披露,现摘登如下——

何智丽是一位特殊的世界冠军,曾经有一段时间,每次她的名字在报端出现,几乎都意味着一场风波。

何智丽第一次出名是因为“让球事件”。在一九八七年印度新德里举办的第三十九届世界乒乓球锦标赛上,女子单打项目进入半决赛时,出现了中国三名选手何智丽、管建华和戴丽丽面临韩国选手梁英子一人挑战的局面。

上世纪八十年代,韩国一号主力梁英子是中国女子乒乓球队的头号对手,这次半决赛对阵形势为何智丽对管建华,戴丽丽对梁英子。如果戴丽丽能战胜梁英子,那么另一场半决赛无论管建华和何智丽哪个人胜出,决赛都将在中国选手之间进行,女子单打冠军肯定是中国的。那么戴丽丽对梁英子胜算有多大?戴丽丽当时状态下滑,半决赛有可能负于梁英子,如果发生这种情况,接下来的决赛中,梁英子会与何智丽、管建华的胜者争夺冠军。这时候是让管建华上有利呢?还是让何智丽上有利?这就需要进行一番战术上的规划了。

管建华和何智丽都是优秀选手,同梁英子都有得一拼。但何智丽刚刚在五个月前的第十届亚运会上团体比赛中被梁英子打败过,那次输球的直接后果是中国队丢掉了亚洲冠军。此番再战梁英子,何智丽能否有把握取胜很难说。

亚运会上丢了女子团体冠军后,领导、

何智丽获得了第 39 届世界乒乓球锦标赛女子单打冠军，但是她被称为“不笑的冠军”

教练承受了巨大的压力。五个月后的今天，如果让何智丽去碰梁英子，万一女子单打这块金牌丢了，那责任就更大了，所以领导、教练都不想让何智丽去冒这个险。

而管建华是以状态稳定、比赛作风顽强见长。这次比赛，管建华以三比零战胜一九八六年欧洲冠军巴托菲，接着又将朝鲜名将李芬姬击落马下。如果在决赛中由她对梁英子的话，以她稳健的削球，很可能把体力欠佳的梁英子拖垮。第三十七届世兵赛以后，梁英子因患肝炎休息了一段时间，病愈后，体能一直没有得到恢复。对于从事高强度运动的球员来说，肝炎初愈，体能不足是致命伤。梁英子当时的竞技状态非常之好，单打进入了半决赛，双打进入了决赛。但双线作战对她的体能是一个严峻的考验。

最后中国队的教练决定决赛由管建华打梁英子，这就意味着半决赛中何智丽要让管建华轻松取胜。

三月一日上午，半决赛开始。教练组的关注焦点显然不在何智丽她们这边，当时赛会规定必须有一名教练坐在教练席上，中国队干脆让队医关大夫坐那儿权充教练看比赛。

何智丽和管建华的这场半决赛进展神速。管建华无心恋战，她不想为这场早已有了结局的比赛消耗太多体力。她要留着体力对付梁英子。连失两局之后，管建华仍不以为意，慢条斯理地和队友对抗着。第三局开始，何智丽一路砍杀，迅速将比分发成十八比十。这时候，管建华才意识到何智丽绝对是在动真格的了。管建华徒劳地向何智丽示意，不知如何是好。

看到要出问题，李富荣急了，用上海话对着教练席上的关大夫喊：“二比一休息！”何智丽也是上海人，李富荣此话是喊给她听的。

果然，何智丽有所动摇，她的动作犹豫起来，一转眼连输十分。

二十比十八，管建华领先二分！教练们总算松了口气。这时，何智丽突然改了主意，再一次突然发力，开始新一轮强攻。管建华感到深深的惊惧，她呆呆地看着球台对面的队友，含着泪继续比赛。比赛结束。何智丽毫不留情连下三局，将管建华淘汰出局！

教练们被这一切惊呆了，醒悟之后，纷纷拂袖而去。

何智丽面无表情，离开了赛场。

那个下午，没有人指责她，中国兵协领导下令谁也不许干扰何智丽。但所有的教练和队员也没有一个人理睬何智丽，没有人对她进行赛前指点。晚上决赛时，竟然没有一位教练愿意给何智丽进行场外指导，只有张燮林小声嘱咐她一句："正手弧圈线要低一点，防止对手突击。"

当晚，何智丽殊死一搏，梁英子没能续写奇迹。三比零，何智丽为中国队保住了吉·盖斯特杯！

全团上下这才松了一口气：世界冠军还在中国人手里。

这是一次蒙着厚厚阴影的胜利。站在冠军领奖台上的何智丽被称为"不笑的冠军"。不知情的观众向她递上热烈的掌声，冠军本人却一脸茫然，也许那一刻她开始怀疑自己是否承受得住这块金牌带来的后续效应。

拿了冠军的何智丽带着忐忑的心情回到了国内，她需要鼓起勇气接受将要面对她的一切。

预计中的风暴并没有立即爆发，只是她无论走到哪里，空气都会骤然紧张起来。在教练和队友们看来，这件事何智丽错得太离谱了。她破坏了中国乒乓球队的优良传统。

贺龙曾对中国乒乓球队提出了一个重要原则——"国内练兵，一致对外"。这一原则在中国乒乓球队一以贯之，何智丽打破了这一原则。

一年之后，在一九八八年奥运会参赛资格选拔中，让球事件才真正掀起轩然大波。

中国队共有五名选手获得女子单打资格，但只有三人可以入围。教练最终确定了人选：何智丽成为替补，同时配合主力队员训练。

这时，何智丽的主管教练在报纸上公开表示了对选拔制度的不满及对何智丽的声援，而"让球事件"也在此时被曝光，引来极大争议，惊动了国家体委。主教练最后仍然坚持不让何智明参加。

奥运会结束后，何智丽远嫁日本。

一九九四年四月，亚运会在日本广岛揭开了帷幕。

谁也没想到，何智丽摇身一变为小山智丽，又一次在中国乒乓球界掀起风浪。一九九四年十月十三日，对于何智丽来说，是历史性的一天。

位于广岛郊区的亚运乒乓球馆，当天上午进行女单八分之一决赛，陈静对阵小山智丽。陈静没有把这名曾三次在正式比赛中负于自己的手下败将放在眼里。可是，三十岁的小山智丽从一开始就表现出寸步不让的势头，打得很稳健，连胜陈静两局，小山智丽晋级四强。这次，她的对手是世界二号种子乔红。

十三日下午观看女单半决赛的现场观众太幸运了，他们看到了一场罕见的激烈比赛。双方运动员基本功都非常扎实，大斗相持球。乔红没料到对手如此难缠，连续拉十几板也难以奏效，屡攻不下，反被对方借力打回来。一向以心理素质好、相持能力强著称的乔红被逼急了，在后面

何智丽近影

阶段加大了扣杀力度，结果造成大量失误，一比三痛失此役。

谁能想到乔红会负于何智丽呢？邓亚萍本来是去看热闹的，坐在看台上和队友聊着天，看了一会儿，感觉到不妙了，邓亚萍和身边的队友交流着，不过她心里并不害怕："何智丽拉球线路太高，没有什么杀伤力，我的反击能力绰绰有余。"虽然如此，邓亚萍还是没敢掉以轻心，专门请陪练模仿何智丽打了几组半高球，她试了试，觉得没有太大难度。

当晚，小山智丽和邓亚萍出现在女单决赛现场。

这是亚运会万众瞩目的一场决赛。

绝大多数观众都断定何智丽必定输在邓亚萍板下。果然，邓亚萍一上场，就先声夺人，以猛烈的攻势压制住对手，迅速以三比零控制了局面。"拿下小山智丽问题不大。"教练席上气氛轻松下来。

无论教练还是邓亚萍本人，谁都没料到小山智丽近台两面防守如此出神入化，她顶住了邓亚萍势大力沉的重板扣杀。

当小山智丽以三比一将排名世界第一的中国兵坛"大姐大"邓亚萍斩落马下，夺得亚运会乒乓球女单金牌时，和输了球的邓亚萍一样，当众失声痛哭。

小山智丽名声大震，同时又一次陷入争议的漩涡。

颁奖时，小山智丽对着日本国旗又鞠躬又叫喊，一次次挑战着中国人的情感底线。随后在接受中国记者采访时，小山智丽竟然让翻译先把记者的汉语提问译成日语，她用日语回答，再请翻译将自己的回答翻译给中国记者听。

无数中国人坐在电视机前目睹了这一时刻，一个喝着黄浦江水长大，在中国教练的精心培养下成长起来的运动员站在领奖台上，面对太阳旗在日本的国歌声中冉冉升起而百感交集，这一幕深深刺痛了中国观众的心。

从一九九四年以来，小山智丽无数次被中国记者问起在亚运会上的表现，她的答案也从最初的自我辩解变成后来的刻意回避："过去这么久的事情就不要提了。"

一个偶然的机缘，何智丽又一次成为媒体热炒的话题。一篇题为《何智丽：我想有个家》的文章，向广大读者介绍了何智丽在日本的生活状况。经"新华网""人民网""新浪网"……几十家网站转载，就像一根导火线点燃了炸药，把已经边缘化了的何智丽再一次推到了大众面前，何智丽再度成为中国的话题人物。

和小山英之的婚姻曾是何智丽的荣耀。小山之家，是日中友好之家。小山英之的父亲小山滕兵卫对中国非常友好，是大阪日中友好协会会长，曾先后访华四十多次。

这段婚姻曾给何智丽带来无限风光。她三次受到日本天皇的接见。如今，每年的九月三十日，日本的一些网站上还会标出“今天是小山智丽选手的生日”的字样。

但是，一九九七年，何智丽“后院起火”。忙于东征西战的她，发觉丈夫小山英之和她的手下的一名小队员有了“私情”，两个人感情破裂，对簿法院。

小山智丽现在的身份是大阪池田银行俱乐部兵乓球队的主教练。大阪池田银行的老板清龙一也很赞赏她。一九九一年十二月，大阪池田银行斥资为她专门建造了一座兵乓球训练营，即“器量馆”，并成立了大阪池田银行俱乐部兵乓球队。她从那时起，担任这个俱乐部兵乓球队的主教练兼主力队员。何智丽率领的池田银行俱乐部兵乓球队，在近几年的日本国内联赛中，成绩一直稳居前列。

捧着大阪池田银行的终身职工这个“铁饭碗”，何智丽生活富足而稳定，可她很清醒地意识到，自己内心深处的失落感从未消失。

二〇〇五年五月，第四十八届世界兵乓球锦标赛在上海举行之际，何智丽应世兵赛组委会和中国国家体育总局兵羽中心之邀作为嘉宾回到上海，全程参加了前世界冠军回故乡活动。这是她十几年来第一次在上海公开露面。

令中国兵乓球界的人士大吃一惊的是，何智丽整个人都变了样儿，用一位媒体记者的话说，是“褪去戎装略施粉黛，笑容可掬握手言欢”。她主动向媒体坦露：“以前的事情都已经过去了，大家也都能理解，大家都在向前看，双方互相理解。现在我也长大了，也变得懂事了，也已经当教练了，能体会到以前自己当运动员时体会不到的事情。”

人们慢慢接受了她的回归。

最近几年，何智丽回上海的频率越来越高。特别是大阪池田银行在苏州设立办事处之后，何智丽不时从大阪出差苏州，也就常常来上海。

然而，就连何智丽自己也没有想到，一次貌似鲁莽的举动，却开启了一个时代的风气。当事件发生时，人们往往就事论事，看不清事件本身更深层的意味。而现在回头再看时，才发现何智丽一挥手间打破了中国兵坛沿袭多年的旧传统。这样的传统曾经天经地义，曾经不可动摇，即使它滋生了种种不合理，人们也不去质疑它，更没想到去改变它。是历史选择让何智丽这个泼辣的上海姑娘做了一回挑战传统的勇士。之后，中国兵乓球比赛开始了深刻的反思。何智丽的名字就这样充满争议地印在了中国兵乓球运动的历史上。

一个新的时代开始了。

延安时期的“抢救运动”

◎谌玉梅 罗平汉

延安时期，毛泽东曾亲自主持了中央党校的工作。党校作为“掌握思想”的重镇，具有特殊而重要的地位。由陕西人民出版社出版的《延安时期中央党校》一书，介绍了当时中央党校的建立和办学的经过。现将书中叙述的当时的审干运动始末摘介如下——

一九四三年春夏之际，由于中共中央和毛泽东对敌情估计过于严重，最终酿成延安审干过程中的“抢救运动”。中央党校也发生了严重的“左”的错误，“是‘抢救运动’的重灾区之一”（薄一波语）。

一九四三年“四三”决定颁布后，延安的反奸斗争开始走向高潮。四月五日，毛泽东主持中共中央书记处会议，决定：“中央及军委直属单位和陕甘宁边区各机关，分别召集全体人员会议，号召特务奸细分子自首。”

四月九日和十二日，中央书记处在延安分两次召开了有两万多人参加的中直、军直和边区系统各机关干部大会。会上，“特务”分子张克勤作了坦白交代的典型报告。任弼时则代表中共中央作了《特务活动与中央对特务的方针》的报告。报告指出：“国民党和敌伪特务机关都有很庞大的计划，要把特务打入抗日民主根据地的党、政、军、民、学机关内部，进行暗害破坏活动，特别是集中注意对陕甘宁边区进行活动。为此，他们花费很多经费训练和培植了一批青年男女混入边区。”对于误入歧途的青年，任弼时代表中央号召他们“出来忠诚坦白，改过自新”，同时警告：“宽大政策的反面就是无情的镇压，对于不肯坦白自新的分子，一旦被发觉被检举出来，那就会受到加倍的处分，因为对这些人的宽大，就是对抗战对革命对中国人民的残酷！”

四月二十二日，毛泽东复信凯丰，指出高、中级两级干部教育计划方面，“增加肃奸教育办法极好，请即令人编辑材料”，并要求“在一周左右弄好，以便尽速付印”。四月二十二日，毛泽东在其主持的中共中央政治局会议上，又重点谈了肃奸问题。同时决定成立中央反内奸斗争专门委员会，以刘少奇、康生、彭真、高岗为委员，刘少奇任主任。

在中共中央的一再督促下，从四月起，普通的群众性的反特斗争在延安迅速展开。据六月二十四日中共中央所发出的《关于国民党的特务政策和我党反特斗争的指示》可知："延安各机关学校各级干部一万人中，在整风及全面清查干部思想历史的过程中，发现国民党特务将近一千人。"这等于是十个人中有一个特务。显然，肃反已出现严重扩大化现象。

七月上旬，随着国民党意图掀起第三次反共高潮，中共中央对敌情的估计也越来越严重。肃清内奸、特务分子，作为反击国民党进攻的一项主要政策，也因而被极端地强化起来。七月十一日，中央总学委发出关于在延安进行反对内战、保卫边区的群众教育的通知。通知提出，为了动员和教育广大群众、积极地起来反对内战保卫边区，要继续加紧清除内奸。七月十三日，毛泽东主持中共中央政治局会议，研究决定"加紧进行清查特务奸细的普遍突击运动与反特务的宣传教育工作"。

七月中旬始，中央党校在彭真"坚持彻底干净地肃清"内部奸细的号召下，很快掀起了坦白、"抢救"的高潮。中共中央对来自甘肃、陕西、河南、四川、河北等国统区的党员和青年知识分子产生了普遍的怀疑和追查。因此，中央党校"抢救"的对象，主要是来自国民党统治区的地下党员和青年知识分子，特别是曾被国民党逮捕监禁过的人员。

时任四川省委书记的邹凤平，正在中央党校一部参加整风学习。"抢救"前夕他被认定为"特务"，受到严厉批判。邹凤平曾因从事地下斗争被捕，康生怀疑他是叛徒，他不堪逼供侮辱，饮恨自尽。中共中央统战部副部长柯庆施的妻子曾淡如，曾任中共四川省妇女部部长，在康生报告后的第三天，也因遭"抢救"而跳井自杀了。

河南省的一批干部在中央党校也遭到轮番批斗。党校学习的七大代表、河南省委的几位主要领导人危拱之、王志杰、郭晓棠，都以莫须有的罪名，被打成反革命的"红旗党"，还牵涉到他们领导的许多地、县干部。前河南省委书记张维桢在党校则被施以车轮战，"每天二十四小时，除了吃饭、上厕所，不准他休息，更不准睡觉，一定要等他说了'实话'，才准睡觉。"

当时，在党校被"抢救"的河南省委干部中，危拱之（叶剑英的前妻）最引人注目。她是一九四三年三月接中央通知到达延安的，四月初她进入中央党校一部学习，同时帮助中共中央审查河南干部。但七月"抢救"风暴掀起后，她受到严重冲击。面对突如其来的屈辱和高压，她"悲愤难禁，忧闷塞心，一时排解不开，拿起剪子朝自己喉咙剪了一刀，想以死来抗议无端迫害。血涌脖颈，但她没有死"。后经甄别，危拱之恢复了七大代表资格，并出席了中共七大。

曾任毛泽东机要秘书的叶子龙，其妻子江英（原名蒋家英）是延安时期成千上万名青年知识分子中的一名。"抢救"高潮之际，因谣传她是蒋鼎文的女儿，就遭受到康生的莫名“抢救”。康生在延安大礼堂给机关干部作报告的大会上，公开宣布“江英原名蒋家英，她是蒋鼎文的女儿，她是怎么来到延安的？她来延安到底要干什么？我这里是有材料的……”会议结束后，“江英就被七八个人包围起紧急抢救”。事后，江英曾找毛泽东、李富春等哭诉。但最后，“江英的领导不叫江英工作，叫去党校学习。江英跟他们顶牛，就不去”。毛泽东听说了此事，就开导江英说：“学习还不好啊？天又塌不下来。”于是，她被送到了中央党校一部接受审查。

“抢救”的狂潮淹没了人的理智，加上又是简单地运用群众斗争的方式，中央党校还出现了捆绑打人的错误行为。中共七大代表康克清（朱德妻子），当时在中央党校一部学习，据她回忆：“我们一部的一个‘抢救对象’袁德胜被连续搞了十来天的车轮战，因为他什么也不说，负责‘抢救’他的人打了他。”此点还可从一九四三年七月十九日彭真在中央党校全校大会所作的报告得到印证。报告强调审干工作“要注意掌握政策，反对简单化，坚决不许动手打人”。并指出：对有问题的人“进行清算是对的，但在支部里动手打人就不对了，我们反对‘内战’。所以，还是不要动手打人。你动手打他的肉，但打不到他的思想”。实际上，到了一九四四年，中央党校对有问题的重点审查对象的打骂现象仍存在。据被抢救者曾志（陶铸妻子）回忆，到一九四四年三月她被编入党校临时支部（由未解决问题的重点审查对象组成）后，打骂等现象仍是相当严重的：“有一位做过地下工作的老同志叫易季光，被审查时，有人用皮带抽他，遍体血迹斑斑。有一次用绳子只吊着他两手两脚各一个指头，高高悬在窑洞的梁上再用皮带抽，真是惨不忍睹。”“还有一位被斗的女同志被打昏过去了，倒在地上抽搐，有人却说她装死狗，反而用脚死命踢她。”“另一位女同志被打得口鼻都流了血，满脸尽是血污。”

对于这批被“抢救”的人员，当时主要是集中起来隔离审查。据薄一波回忆，他是一九四三年十一月到中央党校一部学习的。那时他母亲也随他到了中央党校，住在深沟的一个窑洞里。一天，他母亲对他说：“这里不好住，每天晚上鬼哭狼嚎，不知道怎么回事。”于是他向深沟走去，“一查看，至少有六七个窑洞，关着约上百人，有许多人神经失常。问他们为什么？有的大笑，有的哭泣……最后，看管人才无可奈何的告诉我：他们都是‘抢救’的知识分子，是来延安学习而遭到‘抢救’的！”后来，经校方安排，薄一波开始参加中央党校的甄别平反工作。但他“马上发现在中央党校西南角的窑洞里，也关押着‘抢救运动’中‘抢救’出来的一百五十名干部，如武竞天、宋维静等”。

中央党校“抢救”了多少人？据相关资料可知，从七月九日到二十五日半个月，延安共“抢救了一千六百人，在中央党校共有一百九十人”。这里的一百九十人是短短半个多月的被“抢救”人数。

当时在“抢救”高压下，有的人因不堪

屈辱而自杀,“仅延安自杀死亡的就有五六十人”。据肃一平《延安整风运动:回忆与研究》一书所载,延安地区“自杀者和自杀未遂者约有一百人左右”。

对于“抢救运动”中所发生的严重扩大错误,负责党校实际工作的彭真很快就察觉到了。七月的一天,彭真和中央社会部长李克农一起,就曾到枣园向毛泽东作了报告。关于“抢救”情况,彭真说:“学校搞得也比较紧张,过去一直工作很好的同志,有的也隔离起来了。我看是过火了。这样下去是会影响工作的,教学也搞不下去了,甚至会停课。”毛泽东听完后说:“我看是扩大化了。我们要很快纠正这一种错误做法。我们的政策是一个不杀,大部不抓。”

八月十五日,中共中央作出《关于审查干部的决定》,正式公布了毛泽东关于审查干部和肃清内奸的九条工作方针。此后,延安地区的大规模“抢救”狂潮逐渐刹了车。中央党校的“抢救运动”也逐步拉下帷幕。

一九四三年十月开始,中央决定延安整风运动进入以路线教育为中心的总结党的历史经验时期。中央党校一部学员开始学习毛泽东主持编辑的《两条路线》,总体而言,这时中央党校的审干工作已趋于和缓,但由于仍以群众运动为主,“逼供信”现象还是没有彻底消除。

在毛泽东的指导下,中央党校是从这年十二月初开始着手对被“抢救”人员进行甄别、复查工作的。

彭真指出:“过去我们是从好人中找坏人,从米中拣沙粒,沙中总要带几颗米的,今天是从沙中找米。过去是从红名单中找黑名单,今天是从黑名单中找红名单;过去我们提高警惕性,今天我们是要不冤枉好人。”

这年底,毛泽东在给延安行政学院一千多名师生的讲话中,沉痛地说道:“同志们,审干中伤害了不少好同志,冤枉了好人。这好比洗澡,为了消毒,在水里放些灰锰氧,但放多了,烧坏了皮肤。有好些同志被戴错了帽子。我们党是讲实事求是的,有反必肃,有错必纠。帽子戴错了,就要把它摘下来。现在,要对审查的同志进行复查、甄别,错了平反纠正,帽子戴错了要摘下来,放下包袱,轻装前行。”

根据中共中央和毛泽东的指示精神,自此延安地区的审干工作基本上都进入甄别平反阶段。

总体来看,如同延安其他单位一样,中央党校的甄别平反工作到一九四四年底基本结束。少数人的政治性问题则因受当时条件限制,无从查证,纵观中央党校的审干工作,留下的经验教训也是十分深刻的。

一九四五年二月十五日,毛泽东在中央党校作报告。在谈到审干问题时说道:“前年和去年我们进行了审查干部的工作,这个工作在我们党的历史上曾经进行过,但没有像整风以后的最近两年这样认真来做。在这个工作中,我们取得了很大的成绩,也犯了许多错误,这是两条经验。”

“九一三”事件的余波

◎张聿温

林彪坠机身亡的“九一三”事件已过去四十多年。中央审定的《中国共产党历史》称:“林彪事件的发生,客观上宣告了‘文化大革命’理论和实践的失败。”对于这一事件,至今仍在议论,对有些细节还在争辩。北京出版社出版的《你所不知道的那些事——林立果“小舰队”兴亡始末》一书中,披露了当时的一些细节,现摘录如下——

在“九一三”事件发生其间,发生了一系列耐人寻味的故事。

在“小舰队”成员中,第一个投案自首的是李伟信。

一开始,李伟信是上了中央文件的,说他是“被活捉”。但李伟信不承认自己是“被活捉”,说他是“投案自首”。在对“小舰队”的预审中,这个问题又提了出来。为了弄清事实真相,预审人员又到当年三六八五号直升机迫降的怀柔县沙石峪村,找当地群众进行了解,终于弄清了事实真相:李伟信不想自杀,放了空枪后,民兵的搜索包围又使他感到无路可逃。在万般无奈、别无选择之下,他只好走到附近的村子里,找村干部打电话投案自首。当地干部和民兵还向调查组提供了一个细节:李伟信是提着手枪到村里找干部的,他在打电话投案自首时被民兵缴了枪,然后被民兵看管起来送往北京卫戍区。这一调查结果与李伟信本人的交代是相符的。

那么,上了中央文件的提法,能不能改变呢?负责审判领导工作的彭真明确提出,中央文件有错误,也可以否定。总政治部负责“两案”预审工作的黄玉昆也说:“即使是上了中央文件,只要经查证,依照法律规定属于定性不准的,一样可以实事求是地给予更正。”这样,李伟信原来的“被活捉”的结论有误,后来实事求是地改为“投案自首”。

李伟信是“小舰队”中极为重要的活证据，他后来在交代罪行和接受审判中的态度是配合的，这一点法庭在量刑中给予了充分考虑。

林彪、叶群、林立果出逃摔死的第三天，周恩来就通过电话密令南京军区司令员许世友，一定要采取得力措施，防止上海的王维国和杭州的陈励耘逃跑。

随后，中央政治局开会研究清查与林彪有牵连的人和事，身为政治局委员的许世友奉命顺便带王洪文一同乘火车进京开会。

在火车上，当过兵的王洪文对许世友格外尊敬。由于王洪文所在部队的前身是华东九纵，许世友是九纵的第一任司令，所以王洪文在许世友面前，就更不敢摆上海市革委会负责人的架子了。王洪文不断和许世文套近乎，并显示自己的政治“眼光”和“水平”。王洪文说：“上海的王维国肯定是林彪死党，我老早就发现他不正常。解放军的高级干部，却反对上海警备区和大军区！哪有解放军反解放军的？我是军队转业干部，至今对解放军还有感情。王维国在市公检法战线‘支左’，好多事鬼鬼祟祟，也不向我们报告。毛主席在上海接见你，他老想往专列上钻，幸亏被汪主任挡住了。”本来就沉默寡言的许世友对于王洪文的自卖自夸，只是听着，不置可否。

在中南海开会时，周恩来当面命令许世友负责逮捕王维国和陈励耘，由王洪文协助。

逮捕王维国、陈励耘的计划是许世友和王洪文在返回南京的火车上，连夜制订出来的。办法是以看中央文件为由，先在上海诱捕王维国，再把陈励耘“请”到上海抓起来。许世友粗中有细，他考虑到陈励耘是浙江省委第二书记，看文件只请第二书记不请第一书记，于理不通，为避免打草惊蛇，他决定干脆连第一书记南萍一起请来。

许世友回到南京，即命令南京军区副司令员肖永银到上海执行逮捕王维国、陈励耘的任务。肖永银和王洪文坐在上海锦江饭店的会议室里，单等鱼儿上钩。

王维国接到王洪文要他到锦江饭店看文件的电话后，毫不怀疑，带着秘书和两名荷枪实弹的警卫，大摇大摆地走进会议室，一眼扫见肖永银坐在那里，情知不妙，抽身欲走，事先埋伏在旁边的警卫抢上前去扭住了他的手臂。

“王维国，你被逮捕了！”肖永银严厉地宣布。“咔嚓”一声，一副锃亮的手铐戴在了王维国手上。不多时，陈励耘和南萍走进了会议室。两人看到有肖永银在场，猛然一愣，站住了。“陈励耘，你被逮捕了！”肖永银又是严厉地宣布。陈励耘似乎有所准备，二话没说，自动伸出双手，迎接警卫的手铐。

鲁珉是“小舰队”中继李伟信之后又一个投案自首的人，一度曾以“半起义”自居。

鲁珉想坦白交代他参与暗杀和政变阴谋的罪行,可怎么才能直接向中央报告呢?开始他想到了毛泽东的亲家、毛岸青的岳母张文秋老人,过去他家和她家有来往。鲁珉让妻子打电话,说有重要情况要立刻报告毛主席。对方回答说,要见主席得通过秘书报告中央办公厅安排,来来回回要好几天。鲁珉又去找《人民日报》总编辑、他当年在山东大学的同学鲁瑛,跑到鲁瑛家,请鲁瑛帮他联系面见周恩来总理,鲁瑛表示为难,说他找总理也不容易……鲁珉又跑回医院,想到了在空军指挥坐镇的总政治部主任李德生,于是通过空军一号台,同李德生通了电话。鲁珉在电话中声泪俱下:"李主任,我有重要情况,要向你当面报告!"

九月十四日下午,李德生在京西宾馆接待了鲁珉。鲁珉把几天来所经历的密谋情况向李德生作了交代,随后被押往北京军区招待所,紧接着纪登奎又代表中央听取了他的报告。鲁珉写的交代材料,很快送到了毛泽东、周恩来手中。

这就是鲁珉自首的情况。据鲁珉自己说,李德生主任肯定他及时揭发林彪、林立果的阴谋,很好,并说他是"半起义"。

但是后来了解到,鲁珉的所谓的"半起义"是有"讲究"的。九月十三日下午,鲁珉在空军总医院听当时作战部的值班参谋受命向他报告,一架三叉戟飞机凌晨从山海关机场起飞,越出国境;另一架直五飞机从沙河机场起飞被迫降,周宇驰、于新野自杀,李伟信被捉。这样,鲁珉知道自己参与阴谋活动的情况已无法隐瞒,才决定向中央报告。此后,组织上便不再承认鲁珉是"半起义",而只承认他是投案自首。

九月二十一日晚,曾到温都尔汗坠机现场查看并拍照的我驻蒙古使馆工作人员孙一先,奉命紧急回国向周恩来总理汇报。当汇报到死者的遗物情况,讲到有个含有机密内容的铅印小册子时,周恩来特别注意,让他讲具体一些。孙一先列举了书中提到的几项国防新产品的研制,周恩来的态度变得严峻起来,问孙一先为什么不把它拿回来。孙一先说视察现场前,双方达成协议,现场物品只看不取,蒙方最后一并移交。周恩来的口吻严厉而带焦躁,批评说:"对国家机密怎么能这样不负责任,应当誓死保卫嘛!你是不是共产党员?看到国家机密处于危险之中,应该不应该不惜牺牲自己的生命去保卫?"孙一先感到汗颜和后悔,一句也不敢解释,恭恭敬敬地听取总理的批评。

等到周恩来的语气缓和下来,孙一先继续讲这个小册子,说到小册子里有残存的红塑料皮,内文前有"各位首长和同志们",最后有括号里的"长时间热烈鼓掌",像是一个讲用报告。周恩来一听乐了起来,哈哈笑着说:"你为什么不早讲清楚这一点?!这个小册子我知道,我这里还有一本,回头可以给你看看。"顺手就把有关这个小册子的照片扔到了一边。

林彪座机坠毁后,蒙古人民共和国公

安部门曾让外交部一名懂英文的工作人员翻译一篇英文纸片，这篇英文纸片是从坠机现场收集到的，可能是什么重要材料。这名翻译看过之后有点惶惑，原来是避孕药的说明书。

在机上的死者中间，这个说明书极有可能是“花花太岁”林立果使用的。谁知这个说明书是放在失事女尸的手袋里的，叶群时年五十一岁，按说已经过了使用避孕药的年龄。就因为这个说明书，差点误导了一位澳洲记者汉纳姆，这位专为弄清林彪坠机真相而于一九九三年五月开始奔走于蒙古、俄罗斯、我国香港等地进行实地考察的著名记者据此推断，这个女尸不是叶群，那么林彪在不在飞机上也就很难说了。

后来，汉纳姆找到了当年参与尸检工作的蒙古病理专家莫尤，莫尤介绍了一些鲜为人知的情节，这才弄清了事实真相。

原来，三叉戟飞机坠毁的当天，苏联人就赶到了现场，他们对九具尸体不感兴趣，感兴趣的是三叉戟飞机，于是运走了一台发动机。

九月下旬，苏联克格勃根据情报，才发现自己放过了最重要的情报。为了弄清死者的真实身份，克格勃派病理学家托米林和上校扎格沃兹丁来到坠机现场，把墓地的棺材全部挖出来，逐个检验因天寒地冻而尚未完全腐烂的尸体。他们割下了那个年岁最大的男人的头颅，当场放在大锅里煮去毛发、皮肉，把干净的头骨装箱带回了苏联。由于人的耳廓如同指纹，绝无重复，因此，克格勃还割走了女尸的一只耳朵。

克格勃回去验核的结果，老年死者为林彪无疑。因为林彪的头部在战争年代受过伤，其位置正好与头骨的伤痕相吻合，而且苏联完整地保存有林彪一九三八年至一九四一年在莫斯科治病的病历，其牙科记录也和头盖骨的实际情况丝毫不差。女尸的耳廓也和叶群的有关资料作了对照，证明女尸即为叶群。

为了使验证结果万无一失，克格勃又根据林彪病历中患过肺结核的记载，于同年的十一月七日重返温都尔汗，第二次掘开坟墓，挖出了林彪尸体，在其右肺确实发现了钙化的硬块，这与病历中的 X 光片也完全一致。

这样，苏联方面终于确认了林彪、叶群、林立果的死亡。

从一九七一年到汉纳姆采访时为止，二十二年来全世界只有四个人知道这个事件的验证方式和验证结果，这四个人是：勃列日涅夫、安德罗波夫（当时的克格勃主席）、托米林和后来擢升为将军的扎格沃兹丁。

至于三叉戟专机上的“黑匣子”，也锁在克格勃的保密柜中，只是至今尚未公布。

五十年前中古两国的分裂

◎程映红

在五十年前，中国和古巴的关系曾一度处于决裂的状态，这是什么原因造成的？还得归咎于当时的国际共运内部的冲突，和东西方之间的复杂的矛盾。《凤凰周刊》刊登的《五十年前中古缘何分裂？》一文介绍了当时的情况，现摘录如下——

一九六四年十月十八日，星期天，傍晚，中国驻古巴大使王幼平正准备离开办公室，使馆接待员忽然通知他说，卡斯特罗和一位古共中央书记已经从正门进入了大使馆。

王大使立即通知厨师准备晚餐，当他匆匆赶到会客室时，卡斯特罗已经在那儿了。他对王大使说：今天是星期天，我想吃顿中餐。

从一九六〇年底中国和古巴建立外交关系到一九六四年底，卡斯特罗兄弟、格瓦拉和其他古巴领导人把中国大使馆当作了他们的特别餐馆，经常不请自来。本来哈瓦那的中国城有大量的好餐馆，但古巴革命后的国有化和食品的配给很快就让它们关门了。为了让这些客人吃到正宗的中餐，中方从北京的全聚德烤鸭店和黑龙江饭店选派了两名厨师到哈瓦那。

这些饭局有时从傍晚延续到深夜甚至黎明。卡斯特罗在游击生涯中养成了昼伏夜出的习惯，他常常把这些饭局变成自己长篇大论的场合。但一九六四年十月那天他的造访有一个特别的背景：三天前，苏联领导人赫鲁晓夫被政变赶下台；两天前，中国爆炸了第一颗原子弹。卡斯特罗首先向中国人祝贺，说中国有了原子弹，世界革命的力量更强大了。然后他说赫鲁晓夫下台了，他是中国和苏联不和的根源，现在他走了，中国和苏联没有理由再进行论战，而是应该和好，共同对付美国。他明确告诉中国大使：请把我的意见转告你们的领导人。

中苏一九六三年开始正式论战后，夹在中间的古巴日子很不好过。卡斯特罗既要苏联的援助，也要中国的大米，此外他还有世界革命的通盘打算。所以他抓住赫鲁晓夫下台和中国爆炸原子弹这个天赐良机，向中国领导人昭示国际共运的大义。

1960年代中古交好时期，切·格瓦拉(左三)与劳尔·卡斯特罗(左二)造访中国驻古巴大使馆

卡斯特罗发起系列行动，想要让中苏停止冷战，使国际共运大团结对付美国。但他不理解的是，在一定意义上，国际共运内部的冲突要比东西方之间的矛盾更难以调和。他的努力不但没有收到任何成效，反而加快了这个阵营的分化，最直接的后果就是北京和哈瓦那的公开分裂和格瓦拉的被逼出走。

中国领导人接到了古巴使馆发来的消息，但却没有回应。一个月后，卡斯特罗在哈瓦那召集了拉美共产党领导人会议，会后发表的“联合公报”一是要求国际共产党阵营立即停止论战，二是谴责拉美共产党阵营内的任何派别活动，不管这种活动打的是什么旗号。这两条中，第一条明显说的是中苏论战，第二条是针对中国在拉美共产党和左派阵营内寻找自己的同情者和扩展自己的影响。

开了这个会后，卡斯特罗马上组织了一个由九个拉美共产党组成的代表团，由古共书记罗德里格兹带领，前往莫斯科和北京做说客。一九六四年十二月间，在北京，代表团见到了毛泽东。当时，中国方面没有公布这次会见。根据近年来有限披露的材料，代表团在中国空手而归，罗德里格兹非常沮丧。但一个源于与会的委内瑞拉共产党代表的信息，披露了代表团和毛泽东会面时双方言语冲突的情况。

会面中，毛泽东对古巴党的立场非常不满。他说古巴党害怕帝国主义和核武器这两个妖魔，它对这两个妖魔的恐惧导致了它对第三个妖魔的妥协，这第三个妖魔就是苏联修正主义。毛泽东这里明显指的是古巴导弹危机。当时乌拉圭共产党代表试图打断毛的话，毛震怒了，说：“我代表六亿五千万人讲话，你才代表多少?”

拉美共产党代表团秘访中国失败后不久，一九六五年二月二日到九日，格瓦拉突然访问中国。当时格瓦拉正在北非访问，同时出席在阿尔及利亚举行的亚非国家经济会议，他是应卡斯特罗的要求中断访问飞赴北京的，同时前来北京的还有从哈瓦那赶来的古共的两个政治局委员。格瓦拉的这次访问，是卡斯特罗在中苏之间做说客的最后一次努力。

卡斯特罗选择格瓦拉，是因为他认为

中国人欣赏格瓦拉。但对于格瓦拉本人来说，这却是一个不可能完成的使命。在二十世纪六十年代初社会主义阵营的意识形态论战中，格瓦拉站在中国一边，认为中国的公社制度和强调革命精神代表了共产主义，而赫鲁晓夫是修正主义，他甚至把苏联变修的根子挖到了列宁，说列宁的新经济政策就是资本主义复辟。在他刚刚参加的亚非经济会议上，他说苏联向亚非拉国家提供援助时还要附上账单，这和资本主义没有区别。

古巴经济在革命两年后就严重下降，党内受苏联经济改革的影响，当时也有一场经济问题的论战，围绕着是否允许一定程度的市场调节、企业自主权和按劳分配这些问题。格瓦拉是国家银行行长和工业部长，极左派的代表，他主张用义务劳动和社会军事化来维护革命的纯洁性。

格瓦拉一九六〇年十一月时曾经访问过中国，见到了毛泽东和周恩来。那次访问对于古巴来说非常成功，正在承受严重经济困难的中方，除了答应每年用大米交换起码五十万吨古巴糖，还允诺在五年内向古巴提供六千万美元的长期无息贷款。周恩来后来对古巴方面说这笔贷款到期如果还不出可以推迟再推迟。格瓦拉在古巴一再称赞这种慷慨，说这等于是不要还，这就是真正的共产主义。

但一九六五年二月格瓦拉对中国的访问却是在阴影下度过的。要他说服中国和苏联和好，这本来就是违背他的意志的，他不过是奉命行事罢了。中方也清楚他的任务，所以这次他没有见到毛泽东，刘少奇和邓小平见了他。历史的吊诡是：两年后，当他因发动拉美革命而兵败被俘死于玻利维亚时，刘和邓在中国已经被当作是走资派甚至中国的赫鲁晓夫被打倒了。据参加接待的中联部干部回忆，格瓦拉那次在华期间面容始终严肃，拒绝了中方安排的外出参观，好像就是在等访问走过场。

格瓦拉那次访华和他使命的失败，与他一个多月后从古巴政治中消失有直接联系。他的亲华反苏立场早已让他成了苏联和古巴关系中的绊脚石，这一点他自己心里非常清楚。那两个从哈瓦那飞往北京的古共政治局委员其实是去监视他和中国人的会谈的。格瓦拉在中国待了七天，也是为了等待去北越访问，原来已经安排好了，但胡志明突然前往北越使馆，以安全原因为借口取消了他的访问。这也表现了中苏分裂下国际共运对他这个敏感人物的两难态度。

卡斯特罗虽然想撮合中苏，但由于苏联经济和军事实力远超中国，如果迫不得已只能在中苏之间选一家，那只能选苏联。为了避免这样的摊牌，他做出了很大努力。当中方不但不领情，反而对这样的撮合毫不理睬时，他那自封的拉美革命领导人的自尊心受到了伤害。同时来自苏联方面的压力增大了，尤其在格瓦拉问题上，苏联不能容忍古巴一方面接受大量援助和军事保护，同时却放任自己的领导人如此公开批判苏联。此外，古巴党内在中苏分裂问题上的争论也使得他下最后的决心。

出使中国的任务失败后，格瓦拉回到哈瓦那，低调地过了一个多月，然后就从公众视野中消失了。他的名字重现世界报端，是两年多以后在玻利维亚兵败被杀。格瓦拉的出走究竟在多大程度上是被迫出走，和古巴在中苏分裂中的处境又有什么关系?中国驻古巴大使王幼平的回忆可以提供一个重要参考。

王大使说，从一九六四年六月到一九六五年三月，他在各种场合下九次见到格瓦拉，最后一次是格瓦拉以工业部长身份接见中国纺织代表团，王以大使身份陪同。格瓦拉只和代表团象征性地谈了很短时间，但却把中国大使留下来，在他办公室里作了长谈，这是有点出格的。王大使说，从种种迹象判断，格瓦拉当时在古巴领导层中的处境已经很困难，但他从来没有对中国外交官披露过任何内情。那次最后的会见中他只是夸奖中国文化和历史，只字不提政治。最后他告诉王大使自己很快就要到古巴东部地区去，可能会消失一阵。

多年后，王大使说他忽然明白那天格瓦拉其实是在自己已经很困难的情况下，找了一个不会引起怀疑的机会和中国大使见面，以那种方式含蓄地向他和中国人告别。作为中国大使，自己成了格瓦拉接见的最后一个外国使节，这是格瓦拉的特意安排。

就在格瓦拉和中国大使会面前十多天，三月十三日，卡斯特罗在一个重要的历史纪念日的讲话中第一次批评中国，虽然并没有点中国的名。他说现在社会主义国家关系中充满了“拜占庭式的争论”(即无事生非、小题大做的论争)，有人在古巴散布自己国家的宣传品，挑拨离间，鼓动分裂。他指的是中国在古巴向党政干部寄送中苏论战的宣传材料。他强调古巴对国际社会主义运动有自己的看法，不会接受外来的观点。苏联《真理报》很快就转载了卡斯特罗的讲话。不久，劳尔·卡斯特罗在公开讲话中反驳认为帝国主义是“纸老虎”的观点，这明显指的是中国。

中古关系此后急转直下。一九六五年九月十五日，就在中国大使回国述职、想面陈中央领导寻求改善中古关系的时候，卡斯特罗和古巴总统多铁戈斯突然召见中国驻古代办。他们板着脸，把中方寄到古巴党政干部家中的宣传材料堆在桌子上。卡斯特罗说中国方面不顾古巴的三令五申，继续在古巴散布自己的观点，挑动古巴党内矛盾，这是比美帝国主义更为恶劣的行径。

卡斯特罗把中国和美帝国主义相提并论，这当然是中共方面无法接受的。但中方并没有把这场争论公开。毛泽东当时就中古关系有过这么三点指示:第一是“豺狼当道，安问狐狸”，意思是说苏联才是争论的对象，古巴还轮不上。第二是“死马当作活马医”，意思是尽量挽回。第三是古巴方面如果不公开争论，中方也保持沉默。

那年十一月，中古开始了下一年的经贸会谈。大米一直是中方向古巴提供的主要物资，古巴向中方提出:出口二十五万吨大米。中方过去一直是有求必应，但这次说由于国内经济困难，这个数字难以保证。会谈在这个问题上卡了壳，谈了一个多月都没有进展。这就是中古关系史上的“大米事件”。

就在中古经贸谈判还在继续的时候，一九六六年一月二日，在古巴革命胜利纪念日的群众大会上，卡斯特罗公开点名批判中国。在展示了新近从苏联得到的坦克和战斗机后，他说古巴革命现在除了美帝和叛逃到迈阿密的古巴“蛆虫”以外，又有了一个新的敌人：中国用减少大米出口来讹诈古巴，加入了美帝国主义对古巴的封锁。二月六日，卡斯特罗在另一个群众大会上详细介绍了中国在古巴散发宣传材料和接触党政干部的情况，说中国干涉古巴内政，挑动党内矛盾。

对于卡斯特罗的公开批判，中国方面先是由外贸部发言人作了回应，后来《人民日报》发表了评论。中方说自己虽然一直尽量保证满足古巴的需求，但从来没有同意按照古巴方面的要求供应大米，古巴的经济困难怪不到中国头上。相反，中国方面早就向古巴建议实行粮食自给自足，但古巴不听，要按照苏联东欧社会主义大家庭的“分工”去干，用蔗糖换大米，至今不能摆脱殖民地时期造成的单一经济的格局。至于中国方面在古巴散发宣传材料，《人民日报》说，古巴领导人为什么对自己的人民如此缺乏信心呢？

一九六六年三月十三日，在另一次群众大会上，卡斯特罗说中国用削减大米出口向古巴发动了“经济侵略”，要是中国大使馆再在古巴散发材料，“我们就要让他们尝尝我们给美国人尝过的滋味。”他甚至就中国当时盛行的把毛泽东比作红太阳的个人崇拜嘲笑说：“那个人应该去读读恩格斯的《自然辩证法》，就是太阳，时间长了也是会熄灭的！”

对卡斯特罗的这次演说，中国方面没有再理会。中古关系从那以后经历了二十多年的对立和冷淡，一直到二十世纪九十年代初，由于苏联阵营的瓦解，卡斯特罗要寻找新的国际支持者才恢复。

补 白

宋美龄唯一的房产

宋美龄是“宋氏三姐妹”中最小的、也是最长寿的一位，二〇〇三年十月逝世于美国，享年一百零六岁。对她非常了解的孔令仪说，宋美龄没有美国护照，她在美国及台湾没有任何房地产或其他贵重资产，仅留下十二万美元。她唯一拥有的一栋房子在上海，那是她一九二七年在上海与蒋介石结婚时的嫁妆，也是宋美龄生前唯一的房产。

革命先要解决吃饭问题

◎刘　统

"革命不是请客吃饭"，这是经过"文革"的人都熟悉的一条语录。然而，革命毕竟首先得解决吃饭问题。中国共产党搞革命，从一开始也被这个问题困扰着。《明周刊》刊登的《革命的吃饭问题》介绍了中国共产党初创时期的一些情况。现摘录如下——

一九六六年十月一日，美国作家安娜·路易斯·斯特朗在天安门城楼向毛泽东询问革命成功的经验。后者总结了三条，第一条就是"有饭吃"。斯特朗疑惑不解，毛泽东反问："你以为我和你开玩笑？"

一九二七年秋天，毛泽东带着秋收起义队伍上了井冈山。

他上山首先联络袁文才。并送上一百支枪的厚礼，袁文才接纳了他的队伍，但对他说："你们既然来了，就有福同享，有难同当。伤员和部队的粮油我管，但钱我这里有限，你还要到山下去打土豪。"

井冈山当年封闭落后，袁文才没有钱和粮食养活额外一千人的队伍。于是，毛泽东带着队伍在井冈山周边转了三个月，打土豪，筹款子，才回到茅坪站住脚。

到一九二八年四月，朱德带着南昌起义队伍上井冈山。朱德的队伍有两千四百人，跟朱德上山的湘南农军有八千多人。给原本资源贫乏的井冈山造成沉重的压力。毛泽东五月二日写给中央的信中说："岂有此理的（湘南）各县县委和县政府，带领了一大批农民一起跑来，现有一万人在这里……吃饭太难。"

缺吃少穿，上山仅三个月，湘南农军组成的二十九团就要求回老家，朱德带了二十八团在后追随，毛泽东写信劝阻也没用。

二十八、二十九团下山后一路进军，七月底打下了郴州，进城打开几个仓库，二十九团的人开始“发洋财”。到黄昏，国民党部队反击进来，满城逍遥的农民兵四散逃跑，溃不成军，只有萧克带的一个连没逃跑，后来并入二十八团。朱德、陈毅收拢部队，返回了井冈山。

一九二八年底，湖南和江西两省军队分五路向井冈山发动“会剿”。红军决定由毛泽东、朱德带领红四军主力三千五百人下井冈山，开辟新的根据地。王佐、彭德怀留守井冈山。后来毛泽东说，离开井冈山，最主要的原因是“经济上无出路”。

朱毛红军下山后，一路艰苦转战，终于在瑞金地区站住了脚。但是瑞金也属农业区，红军难以获得充分的给养。为了打开局面，一九二九年五月，乘着军阀混战，朱毛红军进入闽西，占领了长汀、龙岩和上杭一带，形势有了很大的转变。

红四军进长汀城，没收了十几家豪绅财产约三万余元，还向当地商人筹借两万余元，共筹军饷五万多元。发了这么大的洋财，朱毛给红四军每人发了四元零用钱，还接管了当地的军服厂，制作了四千套军服。这是红军第一次统一了军装，军容焕然一新。

生活得到改善，部队士气就有提高。毛泽东自谓：“真是拨云路见青天，快乐真不可名状。”他决心把闽西建成巩固的根据地，再次强调红军的打仗、筹款、做群众工作三大任务。

电影常有这样的画面：红军到了一个镇子，贴出大布告。土豪、商人就排着队来交钱，还乞求红军开恩。这都是编出来的情节，哪个土豪会那么傻，坐在家里等红军来抓？没等红军到，他们早都逃跑了，街上空空无人，店铺都上着门板。

红军起初也是贴布告的，福建古田革命纪念馆里，还陈列着一张红军的筹款布告。这张布告是印刷品，土豪的名字和罚款数额、缴款地点是临时填上去的，可见是红军的惯用手法，但很快就暴露出不好执行等问题，后来也就不用了。

古田纪念馆里还保存着一份油印文件，叫《筹款须知》，写于一九三二年七月，文件中有一章叫“筹款技术”，专门记录了中央苏区到白区打土豪筹款的经验。

首先是“一网散开，精密调查”，各部队划定区域，派侦察员化装深入乡镇调查民怨沸腾的土豪。

摸清情况后，部队化装成各色土民，暗藏手枪分途出发。趁黑夜半夜、雨夜雪夜，以及拂晓黄昏等时候下手捉拿土豪。捉到人后，则“适当待遇，对小孩子、老人、妇女，按当地人情风俗及其家庭情形，分别人的轻重普通。轻的可以放回，重的必须收押，分别筹款”。

如果土豪和家属逃跑了，只剩下空房子，怎么办呢？红军还有最后一着：挖窖。土豪地主大多喜欢把银子埋藏起来，“窖埋在人不注意处：厕所、粪缸下、猪池下、夹楼板、烟筒中，总之凡可埋藏处都会埋藏有……”挖窖也要调查，丈量房内外的宽、厚，是否有夹墙。拆瓦看是一层还是两层，晚上派人暗中监视土豪家人是否回来查看情况。

现在看这个文件，未免使人颇感意外。但回到当年的历史环境，就可以理解。

红军筹款时还规定了任务。上将张震当年是红三军团的连长时，上级给每个连的任务是每月筹款一万大洋，但他们东奔西跑，一月顶多筹到六千。

一九三〇年五月，毛泽东从闽西回到江西，到寻乌调查。

此时，红四军扩大到两万人，江西苏区也发展到十几个县。靠打土豪养活红军不行了，苏区政府需要更稳定的收入。寻乌地处江西、广东和福建的交界，是商业发达的地方，县委书记古柏是毛泽东的好友，熟悉当地情况。毛泽东要认真深入地做一番调查研究，以制订苏区的政策和措施。

他在寻乌住了半个月，写了八万字的《寻乌调查》，观念和思路发生很大变化，从打土豪筹款转到注重经济工作，学习发展农工商经济，掌握财政收入，使人们安居乐业、放水养鱼，而不是硬性摊派，杀鸡取卵。

毛泽东对赣南经济的重视，引出了一个重大商机，这就是钨矿经营。

一九三〇年代初，德国军事工业急需大量钨砂，而当时赣南钨矿的储量和产量，都居世界第一。毛泽东得知后，一九三二年初派他的弟弟，时任中华苏维埃共和国银行行长的毛泽民到赣南调查研究后，开办中华钨砂公司。公司创立后，苏区政府统一组织生产和收购钨砂。

从一九三二年到一九三四年红军长征前，钨砂贸易总计创造了六百二十万元的财富，对维持苏区政府的运作和养活十万红军起到重要作用。

补白

最年轻和最后去世的中共一大代表刘仁静

中共一大代表中最年轻的是刘仁静，一大召开时，他年仅十九岁。一九二六年九月，刘仁静赴莫斯科学习，倾向托洛茨基的观点，成了托的信徒。回国后，刘仁静坚持托派思想，一九二九年刘仁静被开除党籍。之后，刘仁静因其阶级调和的思想亦被托派开除。抗战前，他倒向了国民党，倒向三青团。新中国成立后，刘仁静向中共中央组织部写了一份悔过材料。一九五〇年十二月三十一日，《人民日报》刊登了《刘仁静的声明》，表示自己过去犯了严重的政治错误，以后决心在党及毛泽东的领导下，为建设新中国而努力。不久刘仁静被安排到北京师范大学教授政治经济学，并长期担任人民出版社特约编辑。一九八七年八月五日，刘仁静因车祸去世，终年八十五岁，他是最后去世的中共一大代表。

仅剩九个人的村庄

◎刘 旦 陈 翔

在当前我国史无前例的人口大流动的背景下，留守在中国农村的儿童、妇女和老人有着怎样的生存状况？一些地方“城挤、乡弱、村空”的现实，令人担忧。一群长期关注留守群体命运的年轻新闻人，通过艰苦、深入的调查，写下了《留守中国——中国农村留守儿童妇女老人调查》一书，一篇篇调查反映了当今农村的一些现状，非常值得深思。以下摘录的是其中一个村庄的状况。

杨集庵村是山东省潍坊市青州庙子镇的一个自然村，行政划分上属于单家峪村。单家峪村共有三个自然村——杨集庵、里单家峪和外单家峪。

即使这个常住人口最多的村子，常住者也只有九个人。这是在中国人口流动的大背景下，一个村庄留守老人生活的缩影。

从潍坊市中心到杨集庵村，自驾驱车约有两个小时的车程，如果搭乘班车，就颇费周折了——因为它根本就没开通客运班车。三个自然村中，杨集庵地势最为险要。虽然从里单家峪村进入杨集庵村有一条山路，但极为狭窄，仅容一辆车通行，严格来说这是一个几乎没有正规路可到达的小村。

据里单家峪村妇女主任李荣霞介绍，杨集庵村现在只剩下九个人，有三个光棍，小的四十多岁，大的六十多岁，其余的都是老人了，小的七十岁，大的八十二岁。二〇一二年，一位老太太过世，让这个本有十个人村子的常住人口数量首次下降到个位数。

其他两个村子情况也大致如此。里单家峪的常住人口有三户六口人，外单家峪常住人口是三户六口人。

但几个村的户籍人口远不止这些。外

单家峪户籍人口十八人，杨集庵户籍人口是二十四人。里单家峪是个自然村，与外单家峪、杨集庵同属一个行政村。二〇一三年春节时，里单家峪的户籍人口是十八人，因为地处偏远，交通不便，村民大都在外打工或外出陪着孩子上学。村里的一百多间房子大都闲置着，有的已经因为年久失修倒塌，甚至有的建好后就从来没住过。三十多年前，里单家峪的人口一度达到八十多人。

王立武是单家峪村的党支部书记，同时也是村主任、民兵连连长、护林员、团支部书记、会计、文书。一个人的村党支部和村委会，事务自然繁多，然而王立武在村里待的时间也有限。他与两个儿子住在青州城里，他做村支书每月有六七百元的收入，在处理完村中的事务之后，他在青州一家市政公司做一份开车的工作，以此贴补家用。

一九七三年到一九七四年是全村人口最旺的时候，三个村子加起来有超过三百口人，其中杨集庵人最多，有一百三十多口，三十多年过去，村里的人口骤然减少了这么多，有“空村”的危险，若不是几个年老体弱的留下来，“村子就算没了”。

三个自然村，六十口人，一百多亩地，按照这个比例算，单家峪三个村人均耕地量不算少。这里的田地都是贴着山一圈一圈向上盘的梯田，山脚的田稍齐整点，越靠近山腰和山顶地块就越零碎。很多梯田绝大多数都荒弃了，荒草有半米高。彭先收老人说，村里的人能出去的都出去了，剩下的地也没有人种了。由于地块小耕种困难再加上浇不上水，现在村里撂荒的耕地至少超过三分之二。

村子名字叫杨集庵，但几户人家都姓彭，上溯都是一家人。两百多年前，彭家的先人拖家带口来到了杨集庵，在这里定居，生儿育女繁衍下来。杨集庵村西头，还有一棵老槐树——算是村里的标志。村民彭先收说，这棵槐树已经三百多岁了，比村子的年龄还大。

三十年的时间，杨集庵从一百三十多人的山村到常住居民只有九人的小山村。

村里的老人告诉我们，村里人若要走出去大体有三种情况，出嫁、外出打工和到别处做上门女婿。这些人或出去打工创业在外面落户，或者通过考学到外面谋得一条生路离开杨集庵。他们哪怕不为自己，为了孩子也得出去。其中相当重要的原因是为了让下一代接受更好的教育，他们希望通过教育改变现状。

这些年来，杨集庵的姑娘都嫁到外村，到青州市，到淄博，或到青州市内条件稍好的乡村，几乎没有一个留在本村的。无法选择娘家，可以选择婆家。嫁个好婆家，是不少杨集庵姑娘走出这个养育自己，生活环境却极不方便的村子的一条出路。

姑娘不愿留，外人也不愿来。杨集庵村已经二十六年没有迎进一个新媳妇了。李荣霞的亲二妹李荣爱是村里的最后一位新媳妇。在她之后再没有人像她那样嫁到杨集庵。李荣爱当时原意嫁到村里是因为对象是个高中毕业生，在当年高中毕业生已是很不错的婚嫁对象，也算是很有文化的人了。更为重要的是对象特别能干，要不然她是否嫁到村里还真没准。可是，李荣爱一家最终还是选择“出走”，这也是为了孩子。她有两个女儿，大的今年二十五岁，小的正在青州（市区）上小学。大女儿为了上学，一直住在山下的一个亲戚家里，到周末的时候接回山上，来去相当不便。

“我们这一代受教育没有条件，我们的上一代更没有条件，我们不能让我们的下一代再受这样的罪了。”李荣爱说，七年前，她与丈夫在青州市区买了房子，两个人都有稳定的工作，孩子的教育问题算是暂时解决了。

李荣爱的想法，代表了很大一部分决心离开杨集庵人的想法。为了孩子，他们把大山和家中的亲人留在心中，然后通过自己的努力离开杨集庵，用自己的付出，去为孩子开创一个相对优越的受教育的环境。

为了走出杨集庵村，不少小伙子到淄博和青州等地为“纯女户”人家做上门女婿。“上门女婿”并不是当地人愿意接受的一个现实，曾经的“上门女婿”彭先虎对此有着极不愿提及的一段往事。今年四十五岁的彭先虎由于身体不太好，一直没有娶上媳妇。七八年前，经人介绍到青州附近一个村里准备做上门女婿，但没到一个月又回到了杨集庵。之后，又找了两次对象都没有成功，彭先虎的婚事便耽搁至今没有结果。

中国农业大学人文与发展学院叶敬忠教授组织的“中国农村留守老人研究”课题组，自二○○六年十一月开始，历时两年，深入农村劳动力输出最为集中的安徽、河南、湖南、江西和四川五省，对四百名留守老人及相关群体进行了深入的实地调查。

调查显示，百分之八十点九的留守老人依靠自己的劳动自养，从事农业生产或其他副业的自我劳动收入，往往仅能满足基本生活需求甚至不足以自养。子女外出务工对留守老人的影响是整体的、负面的。很多留守老人不仅基本的养老需求无法获得满足，承受沉重的劳动负担，还要肩负抚养孙辈的压力。

叶敬忠说，子女外出务工使传统的家庭照料结构受到破坏，空巢家庭的比例激增，留守老人生病受伤时无法及时就医和得到良好照料。

轰炸日本本土第一人

◎宏　乾

在抗战初期，日本本土曾遭遇到一次空袭，这是日本本土有史以来受到的第一次空袭。完成这次空袭的是中国空军。《国家人文历史》刊登的《中国空军成功空投传单》一文，介绍了事情的经过，现摘登如下——

随着南京于一九三七年十二月被日军攻陷，抗战局面越来越艰难。中国空军在经历了淞沪会战、南京保卫战之后，损失殆尽。即使如此，国民政府当局依然实施了一项空袭日本本土的计划。中国空军飞跃东海，用“纸片炸弹”成功在日本九州的长崎，佐世保军港和八幡等城市实施了一场宣传示威性的人道主义空袭，堪称日本本土有史以来遭遇的首次空袭，在国际引起巨大反响。

早在抗战初期，蒋介石就有了轰炸日本本土的想法。一九三六年末，国民政府军事委员会参谋本部制定一九三七年度的《国防作战计划》时，就明确提出了轰炸日本本土，争夺制空权。但由于国民政府对中国空军的飞机数量、特性以及飞行员的能力都不甚了解，加之前线更加需要争夺制空权和对敌战术轰炸支援，远征日本的作战计划便暂时搁置下来。

一九三七年底，苏联空军的支援使中国空军士气大振，但地面战线节节败退。国内外有不少人认为，抗战已无胜利的希望，主张放弃抵抗向日本投降。为挽回颓势，蒋介石觉得需要有一次重大军事行动，来鼓舞民众的抗日士气。远征日本的计划，再次被提上日程。

一九三八年三月，遵照蒋介石的指令，中国空军重新制定了《空军对敌国内地袭击计划》，准备以宁波、诸暨两机场为出发基地，于一九三八年五月中旬，空袭日本九州的长崎、佐世保军港和八幡等城市。佐世保军港是日本海军的一个重要基地，八幡拥有日本主要的钢铁企业，对这两地进行袭击，可以对日军起到很大的震慑作用。

由于日本西南部的九州距离中国东海海岸近一千公里，往返两千多公里，因此仅有美国马丁 139WC 重型轰炸机能担

1938 年 5 月 19 日，空袭日本的徐焕升(右三)、佟彦博等八位空军勇士返回汉口空军基地，武汉各界向他们献旗致敬

此重任。

一九三五年，中国向美国定制了九架马丁轰炸机，直至一九三七年八月才全部运抵中国。马丁 139WC 是 B-10B 重型轰炸机的外销型号，也是当时中国空军装备的最先进的飞机，与美军装备的不同之处，只是发动机排气管位稍有改动。但由于马丁机的数量有限，仅靠几架飞机投弹轰炸，无法起到震慑的效果，还有可能遭到日本大规模的轰炸报复。于是，国民政府当局决定，派出两架马丁轰炸机用宣传单代替炸弹，在日本本土抛洒，以启发日本民众反战的情绪，并造成国际影响，也显示出我全民抗战的决心。时任航空委员会秘书长的宋美龄将这一次远征日本本土称作是人道远征。

蒋介石核准《空军对敌国内地袭击计划》之后，中国空军进入了准备阶段。由于中国空军飞机没有远程通信和导航设备，且中国飞行员的技术有限，更没有跨海作战经验，执行轰炸任务的人选一直悬而未决。毕竟当时中国政府财力有限，每一架轰炸机对于中国空军来说都是相当珍贵的。

一九三八年初，由于原中国空军第二大队第十四中队飞机损失殆尽，便将原来由美、英、法、荷等国的多名志愿飞行员组成的外援队改为直属空军司令部的国际第十四中队，马丁 139WC 轰炸机就属于该中队管辖。由于马丁 139WC 轰炸机及相关资料都掌握在第十四中队外籍人员手中，蒋介石外籍顾问端纳建议派美籍飞行员李尔德上尉担当人道远征驾机任务。但没想到，李尔德狮子大开口，要求十万美元作为酬劳。

得知此事后，徐焕升觉得这是一次扬我国威、提升中国国民士气的特殊任务，需要中国人自己完成。因此，他主动请战，通过宋美龄推荐，最终蒋介石同意了。徐焕升自中央军官学校第六期毕业后，被选入中央航空学校，第一期受训，又前往德国航空学校，意大利空军专科学校深造六年，学成回国后任航空教官，蒋介石专机驾驶员。经过缜密部署，航空委员会决定把这个机密任务交给中国空军新编的神鹰中队的中队长徐焕升上尉。

为了接管马丁轰炸机，又不让李尔德等外籍飞行员泄密，徐焕升颇费了一番周折。一九三八年三月，他利用日机来袭的虚假情报，将十四中队调往成都。降落后，便通过地面部队的配合，将马丁机控制起来。

为了保证任务的顺利完成，航委会又从第八大队第十九中队以及中央航空学校调来数名优秀飞行员，参加集训。最终，挑选了八名精英，包括徐焕升成立特别轰炸中队。由徐焕升为正驾驶员，驾驶编号为1403的长机，佟彦博驾驶编号为1404的僚机，计划在五月中旬选择一个月夜执行远征任务。

五月正值长江流域的梅雨季节，气候不利于当时仅靠目视飞行的中国空军完成任务。徐焕升提前飞抵宁波观察推测气候变化。一九三八年五月十九日下午二时，航委会接到徐焕升从宁波发来的电报，请示立即执行任务。特别轰炸中队接到命令，立刻从汉口的王家墩机场起飞，先向南直飞避开长江沿岸日军的耳目之后经由南昌、衢县飞抵宁波栎社机场。

当晚十一时三十分许，徐焕升和佟彦博分别驾驶马丁1403、1404号轰炸机，从宁波栎社机场起飞，沿舟山群岛南端避开日机防空警报系统，直指日本方向飞去。两架马丁轰炸机发来的电报描述：“云太高，不见月光，完全在黑暗中飞行。凌晨两点四十分，云层出现裂缝，新月高悬，星光初朗，遍地灯光依稀可见。”

在云海中航行了近三个小时的徐焕升和战友们终于到达目标上空。此时的日本列岛还在沉睡当中，飞机降至三千五百米时一份份传单像白色的雪花一样，从舱板下的方形射击孔投出，纷纷扬扬地飘向日本的领土。机上报务员向国内发报：“空中没有阻拦，地面发出警报，灯火管制了，我机安全飞离。”由于油料有限，两架马丁轰炸机在日本本土盘旋半个多小时，把带去的纸弹全部投完后，飞机掉头向西南沿原路返回。此后的情况如航空委员会给蒋介石的报告中所说，“我机传单散毕，任务完成，于七时二十分抵浙江海岸，八时四十五分降落南昌机场。加油后于十一时返汉口，人机无恙。”

当日的汉口空军基地举行了盛大的欢迎仪式，欢呼的群众以及各国记者蜂拥而至，以迎接八名中国空军勇士。五月二十二日，周恩来、王明、吴玉章代表中共中央和八路军办事处亲自到国民空军司令部，对凯旋的中国空军人员进行慰问，并敬献锦旗，上书“德威并重，智勇双全”。周恩来还发表了讲话，赞扬他们的成绩和英勇行为，并与徐焕升和佟彦博合影留念。

这一次成功的空袭，对日军起到了一定的震慑作用，也增强了中国人民抗日的决心，鼓舞了军队的士气。“二战”后，美国《生活》杂志刊登了世界著名的十二位飞行员的照片，徐焕升位列其中，照片上表明，徐焕升是先于美军杜立特将军轰炸日本本土的第一人。

日本历史教科书中的“二战”

◎杨 彪

从二十世纪八十年代中期开始，日本的历史教育特别是其历史教科书中关于战争历史的叙述，成为影响中日两国关系正常发展的重要历史问题之一。杨彪先生收集分析了自二十世纪八十年代以来在日本全国范围内采用过的各个不同时期的历史教科书，梳理调查这些教科书中有关中国历史的记述内容，撰写了《日本历史教科书中的中国》(广东人民出版社出版)。现摘录部分内容，以飨读者。

关于日本战败

焦点：日本是否无条件投降

让人感到遗憾的是，唯一明确提出日本“无条件投降”的是日本书籍一九九三年版，大部分教科书都极力回避“无条件”，仅书写“投降”，扶桑社二〇〇五年版则完全回避，用“结束战争”代替“投降”，有的教科书甚至认为日本是有条件投降的。

在这样的情况下，日本政府努力 最后能够保住天皇制度，终于八月十四日，决定接受《波茨坦公告》。翌日，昭和天皇通过广播，向国民宣布了日本投降。”(大阪书籍 2001 年版)

为此，日本政府以保留天皇制度为条件，于八月十四日终于决定接受《波茨坦公告》，第二天(十五日)天皇通过收音机广播向国民宣布了这一事实。(日本书籍 2005 年版)

日本是否无条件投降是现阶段日本教科书关注的焦点。《波茨坦公告》是要日本无条件投降的，中国教科书也是这么认为的。大阪书籍和日本书籍把保留天皇制作为日本投降的条件是错误的，因为保留天皇制是后来美国占领日本后所作的决定，与之前日本宣布无条件投降是无关的。教科书如此篡改历史，是日本对战败事实的否认，也是逃避现实的反映，更是缺乏勇气承担责任的懦弱表现。

热点：战争反思的程度

大阪书籍一九八六年版、一九九一年版教科书承认日本自一九三一年到一九四五年对华战争是“侵略战争”，但二十一世纪版则抹去了“侵略”，像清水书院所写的“日本亲自经历了发动侵略战争所带来的悲惨体验”这么坦诚的话在日本教科书中是非常少见的，它指出了战争悲剧的制造者，正是引发战争的日本自身，日本所承受的痛苦正是它自己造成的。日本战后反思的程度是日本历史教科书问题的热点，中国认为日本战后反思是有局限的、不彻底的，主要反映在两个方面：

第一，谁才是最大受害者？对于战争伤痕反思。教科书多注重和强调日本所受的伤害，除给予详尽的描述外，还让学生思考问题。比如：

战争让日本国民付出了怎样的牺牲？让我们想一想，调查一下。你对于这种无区别轰炸怎样看待？（日本书籍2005年版）

众多的人相信这是“正义的战争”，应该忍耐这样的生活。（帝国书院2005年版）

这些问题只是让学生进行狭隘的反思，强化了“日本才是最大受害者”的结论。教科书对日本给其他国家、民族造成的侵略后果，往往是语焉不详、避重就轻、甚至是颠倒是非的描述，所以学生根本无法形成客观的认知。

第二，谁应该对战争负责？战后，中国人民本着中日友好的发展前景以及依据国际法，在远东军事法庭上只是让发动战争的甲级战犯受到了惩处，并没有让日本普通士兵承担战争罪责。但是，从国际发展的前景来说，如果要彻底消除法西斯主义和军国主义思想，我们应该惩处谁？谁应该对战争的罪行负责？那些进行无区别屠杀的普通士兵是否与发动战争的最高将领一样，也得承担责任？

令全世界所震惊、痛斥的“南京大屠杀”是日本将领纵容、唆使的，但是真正执行屠杀的却是普通士兵，即被征发的日本百姓，他们是否应该受到法律的制裁或世界人民的谴责？日本最近出现的国民有罪论思潮就是对这个问题的回答。普通士兵，他们曾经是好儿子、好兄弟、好父亲，也是一个好人，在战场上却对其他民族犯下了灭绝人性的罪行，这是战争对人性的摧残。只有正视自己的侵略行为，研究引发战争的根源以及战争对人性的摧残，才能真正消灭战争。日本战后反思的局限性、不彻底性，是日本教科书问题的热点问题，并且阻挡着中日友好交往的前景。我们希望日本要检视历史教科书问题，正确研讨亚洲和国际问题，这样国际关系才能真正展现和平的明天。

关于“东京审判”

日本教科书中仅有扶桑社版教科书提到了“东京审判”所涉及的国际法问题。其余版本的教科书或是不提，或是仅仅提到审判这一历史事件，并没有对“东京审判”的重大意义进行深究。“军队被解散，被指负有战争责任的军人以及政治家被送上国际军事法庭。（东京书籍）”这样的描述，只能让学生对于“东京审判”产生“成王败寇”的想法——因为在战争中输了，所以接受审判，而不是因为发动了侵略战争，而受到正义的审判。这无疑不利于学生理解日本引发的这场战争的性质，不利于日本战后反思的进行。唯一涉及国际法的扶桑社版教科书的描述，却是对"东京审判"的极大嘲弄。

关于日本全面侵华时的暴行

日本全面侵华时的暴行，是指大规模地屠杀中国百姓和日本在华的殖民政策。日本战时的对外殖民政策包括对抗日根据地的"三光"政策，对占领区强征土地、推行奴化教育，在全国各地掳掠精壮劳动力以及军队慰安妇等等，多数教科书提到这些暴行。

记录了一九四一年对抗日根据地的"三光"政策。提到了女子"挺身队"(慰安妇)。(大阪书籍 1991 年版)

随着日军推行被称作"三光"作战(华北日军针对共产党游击队实施的"烧光、杀光、抢光"的政策)的作战政策，中国民众的抵抗进一步加强。

在朝鲜以及台湾业实施了征兵制。另外，从朝鲜大约七十万民众，以及从中国大约四万民众被强行带到日本，在煤矿等地从事劳动。另外，有些女性被命令随军行动。(中教出版社 1992 年版)

被强行带往日本的约七十万朝鲜人和约四万中国人，在煤矿等从事重劳动。根据征兵制，很多台湾以及朝鲜的男性也被作为兵员送往战场。(日本教育 1992 年版)

朝鲜与中国人被强行掠来被迫在矿山与土木工程中从事重体力劳动。由于军队缺员，将大学生、朝鲜人、台湾人送上战场。(学图出版社 1992 年版)

这种征用人力及征兵的情形也曾在殖民地实施，台湾和朝鲜有很多人就蒙受这种牺牲的痛苦。朝鲜和台湾还推动同化为日本人的"皇民化"运动，劝诱民众改成日本姓氏。(扶桑社 2001 年版)

由于日本国内劳动力不足，将朝鲜人中国人强行掠来，使他们在煤矿及军事设施等地从事严酷的重体力劳动。(帝国书院 2002 年版)

陷入日中战争泥沼后，日军推进被称为"三光"作战的作战。(日本文教 1997 年版)

日军在占领地区征用物资和劳动力，食物补给也是就地解决。为此，屡屡发生抢掠物资、放火、残杀等行为。

为了补充国内劳动力的不足，强制带走朝鲜人和中国人，让他们到煤矿和矿山等地进行劳动。并且据说，作为日本本土及桦太等地的劳动力，强行从占领下的中国带走的劳工约有四万人。(清水书院 2005 年版)

但是，教科书只是点到为止，并没有具体的描述，初中生依然无法理解日军的暴行，而且教科书回避了日军在中国本土的暴行，比如七三一部队、细菌战、活体实验等举世罕见的暴行。扶桑社二〇〇五年版甚至大言不惭、是非不清地宣扬日本国民克服困难、勤奋劳动、勇于战斗的精神，直言不讳地把这场侵略战争逆转为爱国战争，不免让世人为其极端右翼思想而担忧。

日本如何作出无条件投降决定

◎周　进

今年是中国人民抗日战争暨世界反法西斯战争胜利七十周年。新华出版社出版了《亲历抗日战争——二十位抗日老兵口述》一书。此书的作者抢救式地采访二十位九十岁以上高龄的抗战老兵，以他们的亲身经历，讲述抗战中许多鲜为人知的故事。书中还介绍了日本是如何作出无条件投降决定的，现摘登如下——

日本无条件投降决策，经历了漫长的过程。

早在一九四四年下半年，第二次世界大战形势发生了具有转折意义的深刻变化，日本最高战争指导集团即萌发停战求和的意向，力图寻求“体面”地结束战争。一九四五年四月五日，苏联正式宣布废弃日苏中立条约。七月二十一日，美国情报局发言人扎克里亚斯宣称：“美国具有摧毁日本的足够战争能力，无条件投降才是能给日本带来和平与繁荣的唯一道路。”

七月二十六日，中、美、英三国首脑联合发表《波茨坦公告》，要求“日本武装力量无条件投降”，如拒绝服从将意味着“日本武装力量不可避免的、完全的毁灭，日本的本土也将遭到彻底的破坏。”公告列举了投降后对日本的要求：彻底消除军国主义的影响，战争罪犯将受到审判，帝国体制将被废除并将对日本实行军事占领，直到人民自由地选出一个和平的、负责的政府为止。在公告中没有提及对天皇的处置。

日本立刻召开最高军事会议讨论《波茨坦公告》。这一会议由首相铃木、外相东乡、陆军大臣阿南、海军大臣米内、陆军幕僚长梅津、海军幕僚长丰田组成，有时裕仁天皇也亲自参加。铃木和东乡打算接受公告，丰田和阿南则坚持不予理睬并请求天皇通告全国，要求人民坚持到底。

铃木首相进退维谷，屈从了来自陆、海军方面的压力。日本官方竭力宣称要把这场战争进行到底，直到胜利为止。铃木

1945年9月2日，日本东京湾，美国军舰密苏里号上举行日本投降签字仪式，徐永昌将军代表中国政府签署接受日本投降的文件

在七月二十八日告诉新闻界："政府认为《波茨坦公告》绝不是一个重要问题，我们对它不加注意。"他使用的"不加注意"一词被译成"不予理睬"。铃木的原意很明显是对公告不加评论。但刊印出来的句子使人感到日本无视同盟国最后通牒。由于对新闻界的解读，官方没有作出反应予以澄清，盟国确信，日本已拒绝了最后通牒，接着就按计划于八月六日在广岛投放了原子弹。

袭击使日本战时领导集团的核心人物重新寻求一致。外相东乡获知广岛被炸消息便与铃木协商，并敦促他立即投降。但两派继续僵持着。八月八日苏联对日宣战，这使日本当局更加局促不安。

八月九日，到了最后做出决定的时候。铃木和天皇同意应该毫不迟疑地接受《波茨坦公告》。而最高军事会议对这一问题的意见还是僵持不下。首相铃木、外相东乡和海军大臣米内赞成投降，陆军大臣阿南、陆军幕僚长梅津和海军幕僚长丰田则坚持除非满足下列四个条件，才接受公告，即：保持天皇体制；战犯由日本当局自行处理；投降和解除武装必须按日本自己的命令执行；敌军只能在一个短暂的过渡在指定的区域实行有限的军事占领。

当天下午，美军在长崎投放了第二颗原子弹。这一消息并没有打破东京的僵局。当天不得不在东京皇宫地下防空洞召开御前会议，到会的有全体内阁大臣、陆海军首脑、各军事部门的领导和枢密院议长，共二十三人。赞成和反对投降两派争论了三个半小时，毫无结果。铃木把他赞成投降的立场修改为附带要求的投降，即"不得损害天皇陛下作为最高统治者的特权"。由于急于做出决定和害怕东京成为下一个原子弹袭击的目标，铃木凌晨打破惯例，要求天皇作出"圣断"。天皇选择了和平，内阁和最高军事会议接受了他的命令。

但是日本还没同意完全无条件的投降。铃木立刻电告瑞士和瑞典政府，日本已接受《波茨坦公告》，但附有一项"谅解"，即"该公告不包含任何有损天皇陛下作为至尊君主的大权的要求"。美国一方面渴望结束战争，另一方面也没有更多的原子弹可扔，所以回避了铃木的解释，于十一日作出答复："自投降之日起，天皇和日本政府统治国家的权力须受盟国最高统帅的监督。"答复在八月十二日传到东京，没有提及天皇的命运问题。

八月十二日下午，召开了一次非正式的内阁会议。阿南将军对美国的反应大为不满，他要知道“须受”最高统帅的“监督”意味着什么，是否是对天皇主权的侵犯。东乡报告称，天皇本人对来自华盛顿的答复表示满意，认为这句话意味着受盟军统帅的“监督”，而不是从属于盟军统帅。会议又一次没有做出决定。

八月十三日，华盛顿电告外务省，对日本迟迟不作明确答复提出抗议。八月十四日，最高领导阶层中的每个人一方面即担心可能发生军事政变，另一方面又害怕再一次遭受原子弹袭击，最高军事会议和内阁再次讨论了美国的立场，天皇不顾美国文告中的细微差别，“圣断”和平比毁灭可取，指示内阁起草文件接受《波茨坦公告》和宣布投降。当天深夜，电台工作人员在两块磁盘上两次录下了“圣告”。

十五日中午，广播里传出了天皇声音：“我优秀的忠诚的臣民们……战局的发展未必对日本有利”。这是他承认失败所用的语言。在广播中，他没有提及无条件投降，只给人们一点暗示。他说：“我们决定忍受不可忍受的事情，铺设一条通向世代永久和平的道路。”正当日本人因忧伤、宽慰和为担心未来而哭泣之时，杜鲁门总统立刻接受了日本的投降。历史上流血最多的战争结束了。

但是，从《终战诏书》及战后日本天皇制的保留看，日本的投降很难说是无条件的。而且，《终战诏书》彻底颠覆了战争的因果责任，把天皇由战败责任者变为民族拯救者、崇尚和平的仁慈君主，在为战后继续保留天皇制制造充足理由的同时，也成为日后日本美化侵略历史之渊薮和滥觞。

补白

抗战胜利那一天

一位年逾八旬的亲历者回忆当年抗战胜利时的情景：“胜利日的那天下午，我们在做工，发现身边的监工总是窃窃私语，不久就集合开会去了，接着厂里的机器就陆续停了。门口军营守卫的日本兵不见了，然后就听到楼外卖报纸的小孩喊：‘号外！号外！日本宣布投降！’我们当时真的不敢相信，觉得肯定是小孩把戏。可又想这玩笑也开得太大了，于是就有个人说要下去买报纸。当他拿着报纸上来时是哭着走上楼的。他磕磕巴巴地念给大家：日……本宣……布无条……件投……降！厂子里一下子变得特别安静，我根本没缓过神来。好像时间停止了几秒钟，但瞬间就像炸了锅似的热闹起来。年轻人把手里的工具都给扔了，蹦了起来，压抑太久，蹦的那个高啊……”

美苏争夺纳粹科学家

◎解宏乾

第二次世界大战落下帷幕之际，大国之间正进行着一场暗战——美国和苏联为争夺科技人才和科技成果，忙得不亦乐乎。《国家人文历史》刊登的《美苏人才争夺战》介绍了当时的一些情况，现摘录如下——

一九四四年九月八日清晨六点，在睡梦中的伦敦人被远郊一声轰然巨响惊醒，一千多公斤的炸药从天而降，在泰晤士河边的奇齐克爆炸。携带着重磅炸弹的并不是德国的轰炸机，而是一枚名为V2的德国弹道导弹，这是希特勒第一次将他的终极致命武器用于实战。

V2导弹让盟军不寒而栗，因为它从德军占领的荷兰海牙郊外起飞后，只用了短短六分钟，就横跨了英吉利海峡，给三百公里外的伦敦造成了重创。V2导弹的研发无疑是一项重大的军事技术突破，为此盟军迫切希望获得V2导弹，但此时他们对这种武器一无所知。艾森豪威尔在回忆录中说："当时如果德国人提早六个月完善这些武器，并使用这些新式武器的话，我们要进入欧洲将是极端困难的，甚至是不可能的。"但这时战争已经接近尾声，V2导弹也无法扭转希特勒的败局。

弄清楚V2导弹的原理，找出这个项目背后的科学家，成了当务之急。丘吉尔、罗斯福以及斯大林都下令开始实施各自的秘密计划，争夺德国武器专家。

实际上，对于德国军事科研成果以及科学家的关注，行动最早的是美国人。一九三九年，物理学家恩里科·费米和阿尔伯特·爱因斯坦向美国报告，德国科学家已经掌握了铀的原子裂变技术，这是制造原子弹的第一步。美国开始意识到如果希特勒拥有这项技术，将带来前所未有的灾难。为搞清德国核武器研究的进展情况，一九四三年底，美国陆军成立了一个代号为"阿尔索斯"的特殊谍报队。

美国军方为"阿尔索斯"制定了三项作战任务：抓捕德国核物理学家；夺取德国人手中的铀金属及矿石；借机破坏德国可能用于原子弹计划的一切工业设施。

从一九四三年十二月开始，"阿尔索

1945 年 4 月 11 日，在德国布罗姆斯基尔兴，美国士兵正在查看 3 月 3 日美国第一军俘获自德军的一枚 V2 火箭

斯”谍报队先后进入伦敦、罗马、巴黎以及德国本土，不久，得到一个情报，德国人正在黑辛根的一家纺纱厂内研制一种比黄色炸药威力大一千倍的新型炸药。随后，美国的邮政检查员截获了一封美国战俘由德国黑辛根寄出的信，信上说，他正在一个“D”号实验室做苦工，德国许多秘密机关都已迁往那里。德国最著名的核物理学家海森堡博士就住在黑辛根附近，而且在这一地区还藏有其他德国科学家。

一九四五年三月，“阿尔索斯”进入海德堡，占据了当地的一些实验室，并俘获了几位重要的科学家。“阿尔索斯”得知德国在原子能研究方面的主要科学家有二十多人，五月二日，“阿尔索斯”秘密进入乌尔费尔德镇，在海森堡的家中抓获了著名的科学家奥托·哈恩。

当战争打到德国本土以后，搜捕工作就成为头等重要的任务。无论如何不能让这些科学家中的任何人落入苏联人手中，就是“阿尔索斯”工作的最高准则。

为了尽早获得 V2 导弹的秘密，美国将这一重任交给驻欧洲军械情报组。

此时的德国战场上，苏军在德国东线的推进占尽了先机。一九四五年一月，苏军直接威胁佩纳明德，距离德军的火箭研制基地已经不远。

一九四五年三月十八日，美国第一步兵师开进莱茵河西岸的波恩，波恩大学的科学家们开始匆忙销毁他们正在试验的新式武器的相关资料和文件。他们将这些绝密材料撕碎，放进抽水马桶用水冲走。可是，有一个马桶坏掉了，碎纸片没有被冲走。此时，美军的坦克已经逼近波恩大学，科学家们来不及处理这些残留的纸片就纷纷逃离。一个负责守卫波恩大学的波兰籍卫兵发现了马桶中的碎纸片，他将它们全部掏出，交给了随后到来的美军士兵。

美国情报人员把这些碎纸片小心翼翼地晾干并拼接在一起，发现这是一份包含德国科研计划摘要和一千五百多名科学家、高级技术人员名单及家庭地址的重要文件，美国人称其为“奥森伯格名单”。这份名单为美国赶在苏联之前找到这些科学家提供了极大的帮助。

斯塔维尔根据名单整理出一份通缉令，V2导弹总设计师冯·布劳恩成了通缉令上的头号人物，这一年布劳恩才三十二岁。与此同时，美国战略情报局和联合情报调查局共同发起“回形针行动”，派遣专家随美军进入德国腹地搜寻导弹专家，务必赶在别国之前控制这批“宝贵财富”。在军方授权下，四月底，冯·卡门组建一个由三十六位专家组成的调查团前往德国，调查团成员全部被授予正式军衔，团长冯·卡门当上陆军航空队少将，我国著名科学家钱学森在老师冯·卡门的推荐下，作为火箭组长被授予陆军航空队上校军衔参加此次行动。在美军护卫下，调查团冒着战火深入德国，封存德国最高科技机密，并“邀请”德国一流科技人才为美国效劳。

战争期间，希特勒在德国中部的哈尔茨山区建造了一个巨大的地下兵工厂。在面临失败之际，他把大量科学家集中于此，改进喷气式战机的发动机，并准备批量生产重达十三吨的V2导弹，以做最后的顽抗。

一九四五年四月十一日早晨，美军部队发现了这座隐藏在地下的秘密工厂。工厂规模庞大，这座名叫米托维克的工厂是全世界最大的地下工厂。他们发现生产线还没有被炸毁，都原封不动，还有几十件完整的武器。但德国科学家已撤离到奥伯阿梅尔高小镇。

美国医疗队照顾被遗弃的囚犯时，其他队员忙着将火箭和设备运送出去，拼命想办法运回美国。因为他们无法在苏军抵达前，将地下工厂全部拆除。而斯塔维尔带领队员继续寻找以冯·布劳恩为首的德国火箭专家。

冯·布劳恩在从佩纳明德撤退到哈尔茨地下工厂的时候，私自做了一个大胆的决定。也许是他不舍得放弃自己的火箭研究成果，他并没有听从命令销毁所有的V2导弹研究资料，而是把十四吨珍贵的火箭技术草图以及V2科学研究数据藏在了哈尔茨山一个废弃的矿井里，这些资料也是他未来与盟军交涉的筹码。

一九四五年五月二日，当美国第四十四步兵师的一队巡逻侦察兵出现在慕尼黑城郊时，冯·布劳恩的兄弟、火箭工程师马格努斯主动找到第四十四师接洽投降事宜。交涉过程中，马格努斯透露说，纳粹德国军工部门其实在美苏军队攻入本土后，就有意识地分散导弹技术人才，“第三帝国统帅们不希望我们落入斯大林手里，于是在三月份就要求我哥哥（即冯·布劳恩）和他手下的五百名科研人员带着大量资料离开了科研基地，躲避正在逼近的俄国红军……我们希望找到下一个服务对象，但条件是希望能善待我们”。

很显然，送上门的马格努斯简直让美国人喜出望外，立刻答应他的条件并在他的帮助下找到藏身于山间别墅的冯·布劳恩。面对荷枪实弹的美国大兵，早就意识到有这一天的冯·布劳恩只说了一句话：“我们虽然战败了，但我们开创了全新的战争模式，你们找我，就是为了得到这种技术。”冯·布劳恩被俘虏后，连同他的工作团队的一百二十六名工程师一起被秘密运往美国。

抓住冯·布劳恩就如同揪住了纳粹德国一揽子导弹技术的线头。在美国陆军航空兵的安排下，钱学森审问了冯·布劳恩和鲁道夫·赫尔曼（V2 火箭发射理论负责人和设计超音速风洞的科学小组领导人）。此后，冯·布劳恩写出了书面报告《德国液态火箭研究与展望》，其中的细节至今都未对外公布。另外，钱学森和冯·卡门还发现了德国空军隐藏在布伦瑞克郊外松树林里的“戈林空气动力学研究所”。钱学森不但查验了研究所，还花费大量时间检验高速风洞、实验室和工厂等五十多处伪装良好的建筑物，并撰写了多份报告。

五月二十七日，欧洲军械情报组长霍尔格·托夫托伊接到美军总部命令，对图林根地区展开搜索，这一地区划归苏军占领，一个月后苏军将到达这里。斯塔维尔率领科技情报分队，按照“奥森伯格名单”，开始了艰苦的寻找。在当地人的帮助下，经过一个月的努力，斯塔维尔找到了一百多名科学家，并采取软硬兼施的手段，迫使他们同意前往美国。最终，在苏军占领这一地区前六小时，斯塔维尔将这些科学家转移到了美军占领区。

据不完全统计，美国本来设想的是这次计划抢到一百名德国顶尖科技人才，但最终却有七百多名德军各门类技术人才被“请”到美国工作。

在苏军攻入德国时，苏联也派遣了科学院院士阿尔齐莫维奇为首的一批物理学家以上校军官打扮，进入德国四处搜寻军事科学家。尽管如此，苏军在人才方面收获有限，后来的东德科学院院士、副院长施泰恩贝格是在战俘营里被发现的。同时，朱可夫元帅还实施“面包换人”的计划。允许苏占区单方面开放边界，开动所有宣传机器向德国全境呼吁，只要参与过导弹工作的德国人肯过来合作，苏占区就能提供充足口粮和优越的工作岗位。在美苏占领区交界的小镇卡本霍夫，苏军把黄油和面包直接摆在检查站边上，还在一侧挂出标语：“来吧，这里有生存的希望。”这使部分没有跟美国人走的德国专家陆续汇集到苏占区。赫尔穆特·格罗特鲁普是其中最有价值的“收获”，此人在佩内明德火箭中心专门负责制导控制系统的研究工作。除了科学家以外，苏联还广泛网罗各类熟练技术工人，包括修理工、电工、工艺玻璃吹制工等。

随后，在苏联兵器工业部部长乌斯季诺夫主持下，就地成立了诺德豪森研究所，负责恢复 V2 导弹发动机及其零部件的生产。由于担心德国专家外逃泄露研究成果，斯大林决定将这两千多名德国工程师和技工全部转移到苏联境内。一九四六年十月二十二日，约一个团的苏联士兵押送着这些德国专家来到了莫斯科近郊的波得利普基车站，并成立了第八十八研究所，格罗特鲁普继续担任德方专家组组长。但苏联人对德国专家的信任度很低，他们毫无表情地接收从德国运来的物资和资料，德国专家只能从事几项简单的工作。

根据美军有关规定，原本禁止部队与战争罪犯直接打交道。然而情报部门发现，几乎所有需要带回美国的科研人员，都和纳粹党有着密切的关系，有的还犯有战争罪。但是为了自己的战略利益，美军的“回形针行动”让他们得以绕过规则，在现场迅速展开审讯，获取德国科学家的情报。“二战”后，有共计一千六百多名德国纳粹的专业技术人才被美国收留，他们有的是纳粹分子，有的是党卫军成员，本应该送上军事法庭接受审判，但最终都被洗白身份并获得了一张前往美国的单程票。

直到一九七九年，美国司法部才开始对这些德国科学家的背景展开调查，成立了特别调查办公室。迫于司法部的压力，一些纳粹科学家被驱逐出境，其中与冯·布劳恩一起研制 V2 导弹，后就职于美国国家航天局的阿瑟·鲁道夫，于一九八四年回到了德国，且放弃了美国国籍，他被指责在战争中使用奴隶劳工。

冯·布劳恩一到美国，就被安置在美国陆军装备设计研究局工作。一九五五年，他加入美国籍，然后领导设计了美国的木星-C 火箭，该火箭最终在一九五八年一月三十一日成功地将西方第一颗人造卫星“探险者一号”成功送上太空。一九六一年，冯·布劳恩成为美国的总统科学顾问。一九六九年七月，美国成功将宇航员送上了太空，从而让美国人在同苏联的太空竞赛中取得了最终的胜利。而送宇航员进入太空的“土星 5 号”，正是由前纳粹科学家冯·布劳恩主持设计的。

除此之外，包括果汁和奶油的杀菌技术、不容易下滑的女性裤袜、耳背体温计、战斗机飞行员的抗荷服等发明，都要归功于这些美国庇护下的纳粹科学家。

补白

戴笠与算命

戴笠原名戴春风，一八九六年出生于浙江江山，生活一直穷困潦倒。年轻时，他请一个人称“神算子”的算命先生看相，算命先生说他“八字属双凤朝阳格，但因缺水，故早年命运蹉跎，仕途难登”。戴春风深信不疑，立即更名为“戴笠”，意为雨中戴笠的农夫，这样水就充沛了。机缘巧合，更名后的戴笠青云直上，当上了国民党军统局的局长，他便更深信自己逢“水”必“兴”。此后，戴笠所有的化名全部有水，如：汪涛、涂清波、沈沛霖等。一九四四年，戴笠手下的秘书英渠觉得“沈沛霖”用得过滥过久，便讨好主子，建议更名为“洪森”。戴笠听后觉得此名确比“沈沛霖”水分更多，心中大喜，为此还特意奖赏了小秘书一支德制左轮手枪。

为开国领袖造专车

◎李　响

现在一些官员以乘外国名牌汽车为荣，而在上世纪五十年代，我国刚开始发展汽车工业时，国家领导人盼望的是能乘上国产的轿车。《国家人文历史》刊登的《长春一汽为开国领袖造专车》一文介绍了有关情况，现摘录如下——

一九五六年四月，中共中央政治局扩大会议讨论《论十大关系》，毛泽东在会上说："什么时候我们开会能坐自己生产的小轿车来就好了。"虽然解放牌卡车很快诞生，但他更盼望国产专车早日取代苏联轿车，这毕竟更加关系到国家形象。

一九五八年二月十三日，毛泽东到一汽视察，他问厂长饶斌："什么时候能坐上我们自己生产的小轿车呀？"此时第一汽车制造厂对小轿车的研发组装已经开展近一年，设计参照法国的西姆卡和德国的奔驰190。毛泽东视察后，全厂大动员，组成突击队，二十三天昼夜奋战，突击组装出第一辆国产轿车"东风"。

一九五八年五月二十一日，在中共八大召开前夕，铁道部派专用车厢把东风牌小轿车从长春运至北京。

"东风"驶进中南海，中央办公厅主任杨尚昆赶出来迎接，说明天一早再把车送来，放在怀仁堂草坪上展览几天。杨尚昆发现车头有排英文字母，问"这是啥子意思"，饶斌解释是拼音字母"东风"。杨尚昆说，这不大好，人们认不得，还以为是外国车呢。他建议换成汉字。明天一早就要给中央领导看车了，刻不容缓。

首先，"东风"两个字找谁写？有人提议从毛主席"东风压倒西风"的题词里提取，于是一汽一行人赶赴人民日报社，报社领导一听这个创意欣然支持，指示摄影室以最快速度按一汽要求尺寸影印出毛泽东"东风"二字手迹。拿到手迹迅速找到灯市口一家汽车修理厂，厂里师傅一看是国产第一辆小轿车，都很兴奋，彻夜劳作，用锉刀锉出"东风"并电镀，把车头七个拼音字母卸下来，洞眼补漆，重新打眼镶配汉字。

第二天一早，小轿车镶着镀了纯金的东风车标驶进中南海，停在怀仁堂门前。怀仁堂正在开八大二次会议，会议间歇中央领导人都抢着围观。周恩来围车看了一圈后打开机器盖子看发动机，问了句："这发动机是抄奔驰190的，对吧！"带队的产品设计处副处长史汝辑说"是"。周恩来说："世界上的汽车都是互相抄的，但要抄得巧，得有些改变才行，原样照搬，人家会提出意见来的，比如发动机的气阀室盖就可以改改形状嘛。”

毛泽东在散会后一个傍晚出来看车了。毛泽东绕车反复端详，和林伯渠一起上车，绕怀仁堂兜风两圈，下车后，他连连说：“好呀，好呀，坐上我们自己制造的小轿车了！”

东风小轿车只有一辆，没有投入量产，这辆车现存一汽博物馆。中央向一汽下达了新任务：赶在国庆十周年庆典前生产出高级轿车。一九五八年，一汽以东风为原型，参照一九五五年美国克莱斯勒轿车，设计生产出了红旗CA72。红旗与东风最明显的区别在于造型更具民族风格，内饰更为华贵。水箱面罩采用中国扇子形，保险杠防撞块为云纹形，尾灯取宫灯造型，座椅包杭州织锦，仪表板刷福建大漆，车门立柱装景泰蓝花瓶，顶灯四周加象牙雕刻灯圈，扶手上的烟灰盒盖也是象牙雕刻。

一九五九年国庆节前夕，三十多辆红旗CA72运送至北京，其中有两辆敞篷检阅车，中隔墙上装有供检阅人专用的扶手。

为了让中央首长节日期间坐上红旗，要做到这点，一得让首长相中，愿意用红旗当专车，二得在国庆前拿到牌照。一汽带着红旗兵分几路，到国务院机关事务管理局、中央警卫局、总参装备部、外交部等部门提供看车试车服务。各部门都很欢迎，都提出要跑起来试试。当时长安街车很少，可以开快车，但许多领导要求跑八达岭、十三陵、潭柘寺，路遥知马力。到薄一波家试车时，薄一波提出跑天津。

当时红旗轿车还有很多问题，开起来还是有危险的，因此北京市公安局车务科迟迟没有通过牌照申请。一九五九年九月二十七日，眼看还有三天就是国庆节了，一汽厂长饶斌向北京市副市长万里反映情况，得到万里的支持，三十多辆红旗全部拿到了牌照。

九月三十日下午，二十辆红旗开到人民大会堂东门外广场，有黑、灰、蓝、红等七种颜色，内饰也各有特色。大会堂正在召开庆祝大会，一批首长秘书先出来，按照首长喜好选车，选好后在白纸上写某某办公室领红旗一辆，交给一汽轿车厂厂长范恒光。大会散了，参会人员鱼贯而出，全都围住红旗看个不停，秘书们赶紧提车去找各家首长，争相冲出重围。车都开走后，人也散去了，范恒光感到一阵莫名的惆怅，他看着手中的一沓字条，默默祝愿第一批离家的红旗一路走好。字条上记录了第一批乘坐红旗的领导人，他们是：彭真、李富春、李先念、贺龙、聂荣臻、叶剑英、薄一波、习仲勋、杨尚昆、李维汉、吕正操等。

一九五九年十月一日，国庆十周年庆典上，国防部长林彪乘坐红旗敞篷车检阅三军。一汽赶制检阅车时，国防部长还是彭德怀，据说一汽内部把这辆车称为“彭德怀车”，还有口号是“争分夺秒为彭元帅造好检阅车”。一九五九年夏天庐山会议彭德怀被罢免，林彪接任国防部长。于是，第一位乘坐红旗检阅部队的人阴差阳错成了林彪。

庙宇里的风波

◎韦　星　王俊伟

现在各地都盖起许许多多庙宇，有的金碧辉煌、奢侈豪华，可是，不少庙宇的背后都有着一个个故事，僧人、商人、官员穿插其中。新修的香慧寺便是其中一例。

近几十年来，佛教曾受到很大冲击。“文革”几乎给其灭顶之灾，庙宇被毁，僧人被逐。改革开放以来，为宗教的发展创造了良好的条件，可是随之而来的金钱大潮，又一次对佛教进行猛烈的冲击。一些庙宇内的事，与佛教的教义大相径庭；僧人被金钱异化的程度令人吃惊，建庙宇成了生财之道。可以说，这一冲击给佛教带来的危害并不亚于“文革”时受到的冲击。以下是从《南风窗》刊登的《香慧寺里的利益之争》一文摘录的部分内容，想来读者读后也会感慨不已的。

过去一年里，这里迎来了东莞寺庙史上最激烈的纷争。这场纷争波及和尚、商人和官员。正如东莞市佛协副秘书长陈永峰所说的：“这是典型的佛教乱象！对东莞佛界而言，是一件很丢人的事。”佛门净地，究竟发生了什么？

香慧寺坐落在东莞市寮步镇一个叫神仙岭的山脚下。

二〇一一年八月动工建设。和很多寺院相比，这座寺院占地面积不大，只有五亩多。但“庙小妖风大”，随着寺院完工，由利益而结盟的各方关系，开始剑拔弩张。

释胜理曾是香慧寺的住持，同时也曾兼任香慧寺筹建委员会主任。但二〇一五年三月四日，他已被东莞市佛协撤销了这些头衔。目前，他以及他手下的和尚，都已被逐出寺院。僧人和商人合作四年后，终于迎来了“鸡飞蛋打”的时刻。

四年多前，当时释胜理还在寮步的一所小寺庙里，吃斋念佛。一个偶然的机会，朋友介绍他认识了一个叫梁忠的商人。

梁忠在东莞拥有多家企业，雄厚的实力奠定了他在商界的地位。

二〇一〇年，汕头一家寺庙开光，释胜理的师兄是这家寺庙的住持，所以邀请释胜理去观礼。当时，和释胜理去的，还有梁忠。看完开光仪式后，梁忠对释胜理说，“你师兄的这个寺庙很宏伟啊，你也搞一个吧”。释胜理说，“这要看缘分”。

缘分很快到来。

二〇一一年，释胜理一个在政府任职的弟子告诉他：“师傅，寮步镇政府要搞一个寺院，红线图都画下来了，你去搞吧。”

不过，为确保工程进展，政府要求先打一千万元的保证金到寮步镇资产管理办公室。随后，视工程进展，将保证金以工程款名义返还。

和释胜理很熟的一个人说，没钱可以找梁忠嘛。“这要看缘分”，释胜理还是这句话。梁忠“心肠挺好”，当时就答应说：“你和镇政府说，押五百万元行不行？”

镇政府答应了。这样，香慧寺建设很快提上议程。梁忠这五百万元，按释胜理的说法，梁忠当时说“捐”。不过，此后梁忠一直很“关心”寺院的建设，在二〇一一年八月的动工仪式上，现场来了很多信徒，也捐了不少钱——有十多万元。

但这点收获，出乎梁忠的意料，因为释胜理之前和梁忠说，奠基仪式的收入“预计可达两百至三百万元”。当时，梁忠有点失望，心有点冷。

此后，梁忠不断催释胜理去化缘。释胜理心有不爽，因为“这讲究的是缘分，不是你催我就能成的”。

二〇一二年初，梁忠介绍一个叫杨少然的商人进来搞寺院。他告诉释胜理：“这是我们一个合伙人。”释胜理纳闷：“怎么又来一个？”梁忠告诉释胜理：“他会给钱的。”释胜理问：“给多少？”梁忠说：“会给三百万元。”

可这三百万元，迟迟没到账。二〇一三年，杨少然又介绍一个叫曾伟的商人进来。

曾伟当初也说是捐款，捐两百万元，钱也到位了。释胜理还给他打了捐款凭证，底单留在寺院。“不过，后来的会计把这个捐款凭证的底单撕掉了，”释胜理说，“寺院的公章、功德箱的钥匙，以及财务、会计等核心人员，都是梁忠的公司派驻的，我只是他们敛财的一个工具。”

但到后期，争夺香慧寺管理权时，僧人和商人的矛盾进一步激化。香慧寺的建设，从一开始，是由梁忠等商人负责。直到二〇一四年八月以前，寺院的实际控制权，一直掌握在“捐款”数最多的梁忠手中。

作为寺院住持和筹委会主任，却无法介入寺院管理和运营，释胜理心有不甘。毕竟，建寺院的钱中，有他从其他信众那儿筹来的近四百万元。“寺院不是你一个人的！我们和尚不是为你打工的！”释胜理对梁忠把控寺院多有不满。

他要夺回寺院的管理权。

释胜理找到梁忠说，“以后寺院大小事，我都要过问。”梁忠等人不干，分化在扩大。

释胜理说，他憋了很久了，因为“整个寺院建设，竟不需要经过我同意，不需要我签字确认，财务、公章等都把持在商人的手里”。“我堂堂一个住持、筹委会主任，竟成摆设！”“梁忠他们整天就叫我敲钟、念佛、出去化缘，让我不要管寺院的事”。

释胜理承认，自己和梁忠等商人的矛盾，主要在于：长期以来，寺院被梁忠等商人控制，自己成了摆设，成了他们谋财的工具。

这几个商人之前都声称捐款，后来都变成了借款。释胜理先后给梁忠、曾伟分别打了五百万元、两百万元的借条。此外，杨少然说捐三百万元，尽管没到账，自己甚至为他打出了三百万元的借条。

后来，释胜理、梁忠、杨少然、曾伟，四个人就香慧寺这一项目，签订了一份《合作协议》。这份《合作协议》载明，他们的合作期限是三十年，到期后，如果项目还存在，就自然顺延。《合作协议》约定：释胜理在项目中所占的份额为百分之二十，梁忠占百分之五十，杨少然和曾伟分别占百分之十五。各方同意本项目在经营过程中产生的所有收入，在支付寺院正常运作经费后，优先用于偿还寺院所有建设费用，剩余收入（或亏损）按以上比例进行分配（或承担）。

释胜理也在这份《合作协议》上签字了，如今撕破脸后，他不断指责梁忠等商人的贪婪：从捐钱变成借钱，又变成了有利息的偿还，再到最后要分走寺院百分之八十的利润。

释胜理在书写“福”字，但他在香慧寺的福缘已尽

对于自己，释胜理很少指责，他说：“我不懂法，我一个和尚，什么都懂的话，还是和尚吗？”

二〇一四年十月一日，寮步汽车城有一家汽车销售公司，要请寺院的和尚去给二十台新车开光，车行老板答应：每台车给一千八百元的开光费。另外，每台车再捐款一千元。这意味着，这笔生意可以赚到五万六千元。不过，梁忠说要拿走百分之四十。释胜理不同意，他说：“寺院还没建好，你就要那么多，我们不去了，你要去就另请他人开光！我们和尚又不是给你打工的！”

商人们越发感觉到，夺回控制权后的释胜理，开始翻脸了。这以后，东莞市佛协就收到了“群众举报”说：释胜理结婚、生子！

东莞市佛协、东莞市民族宗教局派人到释胜理的老家——四川省峨眉山市新坪乡调查。

释胜理，俗名刘永太，一九七二年出生，一九九〇年六月十九日出家，一九九二年九月十七日受戒。调查还显示：二〇〇九年四月十三日，释胜理先和一位沈姓的女子生了小孩。同年七月一日，他与该女子登记结婚。二〇一一年十月二十日，才办理离婚登记。

“什么群众举报？就是梁忠那帮人搞的鬼！”释胜理说。自己被调查后，释胜理也迅速行动起来，他把商人对寺院长期把控，甚至合谋瓜分寺院的《合作协议》，一并举报到了东莞市民宗局和东莞市佛协。

这一次，他们彻底翻脸了。

这场纷争，东莞市佛协及民宗局的态度很明确。东莞市佛协作出了《关于撤销释胜理香慧寺负责人职务的决定》。

对释胜理与梁忠、杨少然、曾伟等人签定的《合作协议》，东莞市佛协也认为：这种私分、处分宗教活动场所的做法，违反了国家有关规定，属于典型的佛教乱象之一，并按相关规定进行整顿。

曾经的合伙人翻脸，这是鱼死网破的挣扎。

二〇一五年二月，释胜理感觉到调查对自己不利后，咨询了一些方丈的意见。方丈给他出主意：放下面子去找梁老板（梁忠）谈谈。在方丈的引荐下，释胜理和梁忠也有了会面机会。

但会面并不愉快。释胜理看到梁忠对自己咬牙切齿后，很不爽。他对梁忠说：“你想干嘛？你不服？不服就出去单挑！”现场民宗局的工作人员很吃惊：“你一个出家人，怎么说出这样的话？”

如果真单挑了，梁忠不是释胜理的对手，因为他“练过”。

东莞市佛协工作人员透露，调查还发现，释胜理曾受过刑事处罚，一九九六年才从广东武江监狱刑满释放。

东莞市民宗局局长胡荏光说：“不要以为出家人，就什么都是对的。”对这出佛教乱象，他用“无法无天”来形容。

胡荏光说，这些年，特别是改革开放后，大家都向钱看了，佛教也不能幸免，而且成了重灾区，和尚变成了谋生的手段，借佛敛财的职业化倾向很浓，他们中一些人——白天是和尚，晚上是俗人。

二〇一五年年初，僧人和商人的利益之争，还没画上句号。寮步镇政府工作人员又找到了释胜理，要求他在一份《补充说明协议》上签字，这份协议的内容大致是：三十年后，“寺庙的所有资产（包括不动产）全部归寮步镇资产管理办所有”。

释胜理不想在上面签字，但他们告诉他：“你不签，我们有办法让你签。”最终，释胜理签了。佛协的有关人士说，这份协议，肯定也是违法的！

副市长的自杀

◎方澍晨

一九九五年，北京市副市长王宝森自杀一案，曾震惊全国，其过程当时是绝对保密的。二十年过去了，一些案件渐渐解密。《看天下》刊登的《王宝森生前最后两个电话和一次谈话》一文披露了当时的一些过程，现摘录如下——

深夜，北京市怀柔区崎峰茶村的大山里漆黑一片，身着各种制服和便衣的队伍在公路上集结，分成小组，每隔五米一个人，技术人员走在后面，在山上巡视。左芷津正是其中一员。

正当队伍散开沿山搜索时，突然间狂风大作，飞沙走石，杂草枯叶满天飞舞，“眼睛被风吹得睁不开，连呼吸都很困难，鼻子嘴巴和衣服里全都灌进砂土碎石，满天的泥土和石子像是要把我们活埋”，左芷津回忆，逐级请示后，众人停止搜山，退到乡政府待命。

次日，一九九五年四月六日清晨五点半，全部人员再次开始拉网式搜山。十五分钟后，他们在半山腰一条干涸的小水沟发现了一具死亡不久的男性尸体，衣着完整且看起来有一定档次，右手握着一支比较少见的新型微型手枪。北京市委常委、副市长王宝森的司机被叫来查看，随即确认，这就是王宝森的尸体。

王宝森仰面朝天、上身卡在两块石头之间，半坐半卧在水沟里。

仔细勘察。他右手紧握一把手枪，食指扣在扳机上，枪口指向左胸。右腿伸直，左腿稍扭曲。

这天上午，北京市领导来查看了现场。不过来的不是市委书记陈希同，而是市长李其炎。他由北京市公安局领导陪同，在技术人员划定的现场外转了一圈，没说话就走了。

这起案件的主办单位是北京市公安局，不过很快公安部派出了专家组。专家组由七人组成，包括公安部刑侦局的左芷津。

调查显示，王宝森四月四日早上照常起床，喝了牛奶，和妻子一起下楼，司机已等在门口。夫妻俩一起上了车，妻子到单位中途下车时，王宝森什么也没说。

到达市政府后，他参加了一场英模命名大会。中午，他向秘书吩咐了晚上八点半在长期“租用”的天伦王朝饭店单间接待客人的事情，还向饭店预订了晚餐，点名要炸酱面。然后他在食堂吃了饭，开始午睡。

下午，他去听了北京市一场关于调整经济结构的会议，这场会议他本不必参加，是他上午主动要求去听汇报的。五点钟汇报结束，王宝森充分肯定了大家的工作，然后被财政局长等人送到楼门口。

之前他一直是上了车就走，这天坐进车后，他把后窗玻璃降下一条缝，向大家摆了摆右手算是道别，送他的人因此感到很奇怪。

随后，他回到办公室。过了二十分钟，又吩咐司机送他去不远处的市委。王宝森在市委书记陈希同的办公室待了四十五分钟。傍晚六点三十分，两人边走边说一同出来，各自上车奔向不同方向。这次上车后，他用跟平常一样的口气对司机说“去怀柔”。

司机一开始以为是去怀柔的市财政局培训中心。不过，走到怀柔范各庄时，王宝森让司机开往崎峰茶村。一路上总是问还有多远，还把车窗摇下来不断向外张望。途中，他两次下车试图进入路边破旧砖房或工棚，因为砖房有锁、工棚有人而放弃。

他对司机说，与两个人约了晚上八点十分在崎峰茶山上亭子见面，对方开一辆白色桑塔纳，说好谁先到就谁等。八点钟到达山下时，司机环顾四周发现没有亭子，而王宝森表示“就是这个地方”，他还拒绝了司机的继续陪同，并嘱咐“不管谁呼你，都别回电话，明早九点在单位等我，如果有人问我，就说咱们俩没有在一起，我是坐别的车走的”。司机只得上车起步，那地方路很窄，只能开车继续向前走找地方掉头。车掉头经过王刚才下车的地方时，司机向外看去，已不见了王的身影，也没有见到其他任何人或车。

那个晚上，王的秘书不停地传呼王和司机，都没接到电话回复，于是在晚上九点多钟推掉了等着王的众多客人，自己也离开了。

四月五日早上，陈希同和王宝森两人的秘书先后找司机询问王在哪里，司机按之前王的交代回复了，不过心里十分不安。等到十点钟，他向怀柔同乡、王以前的司机征询意见，得到的建议是再等等。那位司机自己开车去了一次怀柔，不过没有找到王。到下午五点多，两人决定说实话。

市委书记陈希同和市长李其炎听说后，立即给怀柔县委打电话问询，县委领导说没看见王宝森。“此时大家隐约感到王宝森有可能失踪了。”

陈希同立即命令北京市公安局局长、政委带队，带上警犬和有丰富探案经验的民警及法医，立即随王宝森的司机进山寻找。于是，有了本文开头的一幕。

专案组也查出了王宝森那把手枪和子弹的来源。

一九九四年底，王宝森的秘书以王主管的“经济工作方面的矛盾比较多”“当前社会治安又不好”为由，向北京市公安局警卫处提出过要一支枪，“不要真子弹，只要橡皮子弹就行，用于自卫”。由于并没有相关规定，公安局领导十分为难，一拖再拖。

一九九五年二月，经正式上报请示后，北京市公安局警卫处将一支八四式手枪、十五发橡皮子弹和枪袋送到了王宝森的办公室，当面交给了他。

二月十三日，王宝森的秘书致电北京市公安局警卫处，表示王要打靶，请其负责安排，并要求枪种是八四式手枪和八二式冲锋枪。警卫处逐级请示后，安排了王实弹射击。王宝森打靶期间有两名警卫处干部陪同，不过两人因到靶子前摆放石头、瓶子等，一度有二十分钟让王独自在靶位里等候。当时子弹都放在靶台上，随后两名干部协助并指导王宝森打光了靶台上的子弹。王并未索要子弹。

警卫处子弹出入库记录显示，王宝森打靶所用子弹，与死亡现场发现的、其手枪中所余子弹完全相同。

四月二十六日下午二时，最高人民检察院派人在一旁监督对王宝森的尸体解剖。

第一步是翻查衣兜，查看了皮夹克、西服、裤子的衣兜，看到几份文件、记事纸、宣传单、多张名片，还有一串钥匙、折叠刀、眼镜、梳子、三个一次性打火机、半盒“红塔山”牌香烟、印有“吉祥如意、长命百岁”的红布腰带、治疗糖尿病的药物，以及一个长方形黑色皮质枪袋，袋内装有弹匣，匣内装有五发子弹。

衣服检查并没有什么收获，唯一结论是：衣着整齐，不符合他杀特征。

脱去衣服后，可见王的尸体“发育正常，营养良好”，有尸斑和尸僵存在。此外“肚子挺大，双下肢特别细，双脚也很细小，一看就是长期以来坐车多、走路少、静止多、运动少”。

解剖结果显示，颅内、眼眶上的颅前窝都有骨折现象，这是子弹穿过或其携带动能导致。技术人员推断出其死亡时间应距最后一顿饭四小时以上，应该是四日晚间。

法医鉴定结论是：王宝森是用手枪接触射击头部、造成重度开放性颅脑损伤而死亡，创口符合自己右手开枪形成。十四位领导和专家在鉴定书上签了字。

解剖检验之后，按照中央要求，王宝森尸体要妥善保管。一般冰箱都放置多具尸体，而北京市公安局法医中心买了个单人冰箱专门用于放王的尸体，并贴上了封条。

一九九五年七月四日，经中共中央批准，中央纪律检查委员会决定：开除王宝森的党籍。王宝森已畏罪自杀，根据法律规定，不再追究其刑事责任。

王为什么自杀，并不在左芷津所在专案组调查范围内。

到一九九六年，北京市公安局法医中心向左芷津请示如何处理王的尸体。经过公安部、最高人民检察院的会签请示，当年六月十四日，中央领导指示，同意处理王宝森的尸体。

为稳妥起见，北京市公安局又等了一段时间，到一九九八年四月才处理。当天，王的家属被通知到场，一共来了三人：王的哥哥以及两位年轻女性。尸体被运走火化的时候，他们在法医中心远远看着。

不时收到读者来电来信，反映无法购得《悦读》，经联系，以下书店为《悦读》的部分代销点，读者可就近选购。

1	北京大地书苑图书有限公司	北京市朝阳区甜水园273号
2	北京人天书店	北京市丰台区辛庄路96号
3	北京三联韬奋书店有限公司	北京市东城区美术馆东街22号三联韬奋书店
4	北京沃鑫博弘图书有限公司	北京市朝阳区甜水园图书市场226号
5	长沙芙蓉区连胜书社	长沙市解放西路定王台书市2-107号
6	合肥科华教育书店	合肥市安徽大市场六区1969号
7	河南至诚经典图书有限公司	郑州市管城区陇海东路2号富田花园太阳城60号2楼8203
8	兰州市博渊书店	兰州市雁北路780号305室
9	南昌青苑书店	南昌市金域名都1-21号
10	南京尚文图书文化有限责任公司	南京市下关区安怀村452-2号
11	南京新经典图书发行有限公司	安徽省合肥市新蚌埠路三元开发区
12	上海镜湖书店	上海市闸北区大宁路1139号内210号
13	上海市文苑书刊社	上海市宝山区蕴川路1867号6号楼2楼
14	上海天地图书有限公司	上海市中江路879号(天地软件园)9幢3楼
15	四川星洋文化有限公司	成都市八里庄路52号五幢二楼
16	苏州弘文书店	苏州市司前街117号文化市场
17	乌鲁木齐中仁书店	新疆乌鲁木齐市奇台路658号火车头图书城C2-002
18	武汉市江岸区梯田书店	武汉市江岸区兴业路华中图书交易中心A栋3楼309
19	重庆新经典发行有限公司	重庆市江北区大石坝二村原长安江历圣特厂办公大楼4楼
21	北京万圣书园	北京市海淀区成府路59-1号万圣书园
22	长春学人书店	长春市人民大街4696号
23	海南创新书店	海南省海口市龙华区海秀路16号明珠广场5号楼
24	吉林枫雅图书发行有限公司	长春市宽城区北京大街2号图书批发市场
25	昆明春晓图书经贸有限公司	昆明市西山区滇池路南亚风情第一城A5栋4楼

当当网、京东网、亚马逊三大网店及各新华书店均有《悦读》销售，敬请关注

告读者

《悦读》要办好，关键在于作者和读者的关爱与支持，竭诚欢迎各位踊跃提供稿件与信息。来稿来信可寄：江西省南昌市子安路75号 二十一世纪出版社《悦读》编辑部 （邮编：330025）。

Email: yuedumook@126.com Blog: http://blog.sina.com.cn/yuedumook

《悦读》新浪官方微博：**悦读杂志书**

《悦读》创办以来，不时有读者来电来信询问何处能购到此书。读者如在当地书店无法购到，可与本社邮购部联系，电话：0791-86512056，地址：江西省南昌市子安路75号 二十一世纪出版社图书发行公司邮购部。（邮编：330025）